这就是

教育家

ZHE JIUSHI JIAOYUJIA
PINDU HONG ZONGLI

品读洪宗礼

◆袁振国 主编

教育科学出版社
·北京·

卷 | 首 | 语

　　"要培养一支德才兼备的教师队伍，造就一批杰出的教育家"。

　　"要提倡教育家办学"，"要像宣传劳动模范，宣传科学家那样宣传教育家"，"造就一批杰出的教育家"。

　　　　　　　　　　　　——温家宝

目 录

从洪宗礼现象获得的教益和启发

■ 王湛[*]

应邀参加"洪宗礼语文教育思想研讨会",感到很高兴。这次研讨会在洪老师执教从业、辛勤耕耘近五十年的泰州中学举行,具有特殊的意义,也给人以"故人具鸡黍,邀我至田家"的美好感觉。

洪宗礼老师从教近半个世纪,在教育教学、教材编写和教育科研三大领域都成就斐然,对教育事业、出版事业奉献甚丰。教育工作者和出版工作者都可以从洪老师的成果和实践中受到深刻的教益,从多方面得到借鉴和启发。我也曾经做过语文教师,因为脱离语文教学实践已二十余年,从语文教育方面谈向洪老师学习的心得,恐难说得深切,我就结合自己比较熟悉的教育行政管理工作,谈一些想法,谈谈我从洪老师的实践与成果中获得的教益和启发。

第一点启发是关于教育家的成长和教育家办学。近年来,中央领导同志多次提出要"教育家办学"。温家宝总理在2007年人民代表大会上的《政府工作报告》中也大声疾呼要提倡"教育家办学"。我领会这有三点重要意义。第一,进一步表达了办教育要尊重人才的观念。第二,办好教育要尊重教育规律、教育工作者自身的规律。要由了解教育规律、遵循教育规律的人来办教育,不能简单地用行政命令、行政工作的老一套来指挥办教育。第三,教育要坚持科学发展。当前,教育发展的着力点要放在加强内涵建设,提升办学水平,提高人才培养质量上。坚持科学发展,必须更加强调依靠教育家办学。温总理的热情呼唤如黄钟大

---

* 王湛,教育部原副部长、江苏省原副省长、江苏省人大常委会原副主任。

吕，遗憾的是，对如何落实"教育家办学"，却缺少周密、有力的部署；教育行政部门和全社会对教育家办学的宣传都很不够；依靠教育家办学，在教育工作中自觉发挥教育家作用，也显得很不够。事实上，在中国基础教育领域里有一大批教育家，他们主要在学校教学和管理一线，兢兢业业地从事着教书育人的工作，不仅为社会和国家培养了各类优秀人才，而且洞悉教育规律，精通教育业务，在长期实践中积累了丰富经验，并在此基础上升华为理论成果，用于指导工作实践，为丰富和深化教育理论作出了贡献。洪宗礼老师就是在基础教育一线成长起来的优秀教育家，是江苏基础教育领域内教育家的优秀代表。洪宗礼老师近五十年的教育工作道路，生动地说明了教育家主要成长于教育教学和教育管理的第一线；一位优秀的教育家，对教育事业作出的贡献是巨大的。泰州市、泰州中学为洪宗礼老师这位优秀教育家的成长创造了良好的条件，给予了热情的培养和关爱，而且在发挥洪老师这位优秀教育家的作用方面给予了高度的重视和支持。我们应该热情地宣传像洪宗礼老师这样的优秀教育家，应该更加自觉地依靠并且在教育工作各个领域中发挥像洪宗礼老师这样优秀教育家的作用，推动中国教育事业科学发展。

第二点启发是关于教材建设。课程在学校教学中处于核心地位，而教材是实施课程的最主要的载体和资源。从1999年开始准备，2001年开始实施的新一轮基础教育课程改革的总体目标是要更新教育理念，深入实施素质教育，改革人才培养模式，培养适应新世纪经济社会发展需求的一代新人。在改革的具体目标设计上，对课程功能、课程结构、课程实施、课程评价和课程管理都提出了改革的新要求。而这些改革的目标和要求都集中地反映和贯彻到教材上，在教材编写、建设和管理上，都要有充分的体现。课程改革以来，实验教材按照课程标准组织编写，较好地体现了课程改革的新理念；新教材在注重反映经济、社会、科技发展新要求的同时，注重联系学生的生活经验，重视实践能力和创新能力的培养，提倡以学生为主的探究式学习，对学生情感、态度、价值观的培养得到加深。教材对学生的亲和力明显增强。

一大批新教材的试用，受到学生的喜爱、家长的普遍好评。课程改革中这一大批新教材大大提升了我国教材编写的水平，有效地保障和支持了课程改革的健康顺利进行。在这次课程改革中，根据我国区域、城市之间差异明显和多地域、多民族、文化多样化的特点，在课程管理上给地方和学校必要的自主权。在教材编写、建设和管理上，也给地方和广大教育出版工作者以更多发挥自主性、创造性的空间。教材编写在 20 世纪 80 年代提倡"一纲多本"的基础上，明确提出"国家鼓励和支持有条件的单位、团体和个人编写符合中小学教育改革需要的高质量、有特色的教材，特别是适合农村和少数民族地区使用的教材"。正是在这样的方针指引下，一批有志于教材编写和建设的教师、专家学者，有丰富实践经验的中小学教师和教育科研单位、新闻出版单位踊跃参与新课程教材编写出版工作；一大批适应课程改革要求，富有时代特征和地方特色的实验教材问世。据教育部基础教育司统计，2001 年至今，已编写出版义务教育阶段新教材 197 种，平均每学科 8 种；高中新教材 67 种，平均每学科 4.5 种。基本适应了新课程的需求，初步满足了地方和学校对教材丰富多样的要求。应该说，课程改革实施以来，是我国教材建设最有生气、最有活力、建设成果最丰富的时期。

洪宗礼老师在他长期致力于中学语文教材编写，并积累了丰富经验的基础上，在江苏省教育厅的大力支持下，组织了一支高水平的队伍，主持编写了一套新的初中语文教材。这套教材不仅在江苏，而且在全国 26 个省区使用，受到广泛的好评。洪宗礼老师主编的语文教材的成功实践，生动反映了新世纪课程改革以来我国基础教育教材建设的生气蓬勃的局面，也有力地证明了国家在新时期坚持的鼓励和支持多方力量参与教材编写和建设的方针是正确的，中国基础教育课程和教材建设必须依靠全国的力量，依靠在基础教育一线积累丰富经验的优秀教育家，沿着这个方向前进，我国教材编写建设的水平将会不断提高。

第三点启发是关于教育科学研究。洪宗礼老师在教育科学研究领域里取得了显著的成就，特别是由他和柳士镇教授、倪文锦教授共同主编的十卷本《母语教材研究》，是我国系统研究中外母语教材的奠基之作，也是近年来教育科学研究的一项高水平并具有深远影响的重大成果。这部著作视野宽广，内容厚重。它的出版对我国正在深入推进的基础教育课程改革将产生积极的推动作用。这部著作是高等学校、教育研究机构和中学教育、编辑出版部门百余位专家学者共同合作的成果，更是洪宗礼老师长期从事语文教学和语文教材编写的经验的结晶。我想说说翻阅这部著作时由此产生的有关教育科学研究的感触。

中国的教育科研力量主要有三支队伍，一支是在高等院校，一支在专门的教育科学和教育政策研究机构，一支在遍布全国城乡的数十万所中小学校。长期以来，在出版刊物、媒体拥有话语权的主要是前两支队伍，而对教育教学实践支持最多、影响最大的则是第三支队伍，即在中小学教育教学一线坚持从事教育教学研究的教师们。一般说来，他们的研究课题偏重于微观层面，成果的理论系统性往往弱一些，他们的理论素养和科研条件与前两支队伍的研究人员相比有明显差距，但是，中国基础教育一线的教师对从事教育科研有自觉，有动力，有传统。他们的研究，不仅紧密联系自己或身边的教书育人的实践，素材生动，思想鲜活，而且能够从正在做的事入手，针对教育工作的急需破解难题。实践是他们研究的出发点，也是他们研究的归宿。稍有所得，即以致用，既破解了工作中的难题，提高了教育质量和管理水平，从事研究的教师又在研究中锻炼了自己，提高了自身的素质。这在我们新一轮基础教育课程改革中反映得很充分。立足于课程改革的教本研究与教学培训结合起来，与校本课程的资源开发结合起来。正因为有了良好的研究风气，才有了课程改革的顺利开展和水平的不断提高。这支队伍人数众多，孜孜不倦，如原上离离青草，如烂漫开放的山花；是它们覆盖了原野和山冈，使基础教育的田野洋溢春色，充满希望，成为丰收的田野。遗憾的是，我们对这支教育科研力量重视不够，关心和支持不够。它们需要支持，需要得到接应和提携。全国教育科学规划领导小组在研究和审定"十五"教育科研规划时，也曾有一种意见认为，教育科研的经费有限，全国教育科研规划应该主要集中支持专门研究机构的科研课题，对中小学的科研课题减少立项。但是，领导小组认真分析了我国教育科研的实际状况，面对着中小学教师队伍申报课题十分踊跃的热情和诸多富有强烈针对性和开拓性的课题，领导小组还是坚持充分关注并大力支持一线中小学教育科研课题立项，带动各级教育行政部门支持中小学教师开展教育科学研究。如果各级教育行政部门进一步关心和重视中小学教师教育科研工作，高等院校、专门研究机构的力量与中小学教师的教育科研力量能够自觉地、紧密地结合起来，参与中小学教育一线教师开展的科学研究，互相合作，取长补短，那么我国教育科研与实践的联系和为实践服务的能力将得到明显增强，植根于基础教育实践的教育科学研究将会产生一批有重大价值和重要影响的成果。基础教育科学研究园地上也会成长出一批参天大树。洪宗礼老师在总结自己的语文教育经验时强调："百仞之松，本伤于下而末槁于上。"我想，在教育科研领域里，要"本固于下，必末荣于上"。洪宗礼老师和各方面专家合作的《母语教材研究》的成功问世，就是一个生动的例证。

以上三点感想，是我从洪宗礼老师卓越的教育工作成就中得到的教益和启发。

演绎教师专业发展的黄金法则

■钟启泉*

诸家评介洪宗礼先生的新作《这就是教育家——品读洪宗礼》，记录了洪宗礼先生50个春秋在语文教学与研究道路上留下的深深足迹，生动地再现了一位名师的专业发展历程。这不仅可以使我们分享作为一个教育者的成功的喜悦，而且对新手教师的专业发展有着重要的启示意义。

一、立足课堂，扎根一线教学实践

课堂是教师专业发展的舞台。教师的专业发展在课堂教学实践中落实，在教师日复一日的专业生活中，在一份份教案、一堂堂课上体现。实际上，教师专业发展过程就是教师不断提高教学质量的过程。洪宗礼老师50年扎根中学语文教学实践，担任校长20年，做教材主编25年，主持国家重点课题12年，从不离开教学实践。他自己说："50平方米的课堂应是教师自我提高的练功房，三尺讲台是教师最好的练功台，教育对象——学生则是最能促进教师提高的好助手。一个要求提高自己的教师，应该自觉地在教学实践第一线上磨练，坚持不懈，乐此不疲。"他的探索首先是从课堂教学开始的，他在实践中逐渐形成了自己的语文教学思想。他倡导"语文教育链"的概念，阐述了"五说"语文教育观、"双引"教学论，锤炼了引导的教学艺术。正是由于根基深植于他的教学实践中，他的语文教育思想是鲜活的、富有生命力和启发意义的。教学实践，促使他开展教学实验；教学实验，让他认识到优化教材的重要性；编写教材，让他萌发了系统地研究母语教育的宏愿……他的视野越来越宽广，他的步子越迈越大，他从一名中学教师成长为一位语文教育家。

二、不断探究，迈向语文教育的学术前沿

教师的专业发展依托于日常教育实践，但如果只实践而不研究，零散的经验缺乏总结和提升，教师有可能只是日复一日地重复自己的实践，所谓的专业发展当然不可能实现。从这个意义上说，对于教师的专业发展，研究心是最可贵的。

而且，这种研究要紧紧围绕自己的实践，研究的目的是改进实践，在研究与实践的螺旋上升中实现自身的专业发展。

洪宗礼是语文教师、语文教材的编制者，更是语文教育研究者。与一般人不同，洪宗礼始终带着一颗理智的研究心，不断地审视、反思和评判自己的教学实践。他深入思考和研究，不断总结和提升经验，勇于自我超越和开拓创新。他的研究指向他的实践，指向他所使用的教材、他所从事的语文教育。他在扎扎实实地教学实践的同时不断著书立说，从教学研究到编写教材，从教材实验到主持课题，从局部改革到整体改革，从零散的总结到系统的理论提升，从教学论到课程论，从研究教法到编制教材，他在研究和改革母语教育的艰难道路上跋涉。20世纪80年代中后期以来，他敏锐地抓住我国改革开放和课程改革的大好时机，不断提高语文教材的编制水平。"洪氏教材"不仅具有民族的和国际的视野，而且为我国的语文课程、教材、教学研究，树起了一座新的丰碑。90年代中期至今，他集十余年之功，跨学科、跨单位、跨国界组织研究队伍，追求国际视野，追溯百年的发展，攻下了10卷本《母语教材研究》，为我国的语文教育研究作出重大贡献。他是不辞辛劳的实践者，更是不断求索的探究者。他在语文教育思想、教学方法、教材建设等每一个领域，都有自己的发现，并最终达到了语文教育研究的学术前沿。

三、大爱无疆，把对母语、对学生、对教育事业的热爱统一起来

关注过洪宗礼老师课堂的人都知道，洪老师的课堂是富于智慧、充满生机活力的课堂。他的课堂涌动着一种称之为实践智慧的东西，拥有丰富的实践智慧正是教师专业发展的至高境界。教师专业发展就是实践智慧不断形成和累积的过程。这里的实践智慧并非课堂上教师面对"突发事件"时的灵光乍现，而是在实践反思的基础上形成并由特定的教育情境所激发、通过教师的教学行动表现出来的。超越了"母爱"的师爱——教师的"教育爱"，是教师实践智慧得以生成的源泉。热爱学生、相信学生、尊重学生，正是洪老师语文教育事业蒸蒸日上、专业发展臻于完善的关键。正是源于对学生的"教育爱"，在课堂上惜时如金的他对暂时答不上问题的学生"慷慨地""等他60秒"（见附录：课堂教学实录）；正是基于对学生的"教育爱"和信任，他在作文教学课上巧妙地化干戈为玉帛，将学生冲突机智地转化为教育良机（见附录：课堂教学实录）。事实上，也正是为了让学生乐学爱学，他萌发了编教材、研究教材的念头，最终主编完成了10卷本皇皇巨著，树起了中国语文教材研究的丰碑。对学生、对母语、对教育的热爱成就了洪宗礼老师的事业，成为他专业发展的不竭动力。

洪宗礼老师的心中始终装着学生，装着钟爱的母语教育事业。他致力于要给学生真善美的语文课堂，他把学生的发展视为根本。在教学方面，他说："我从来不是教语文，而是引导学生学语文，让学生学会学语文。""语文课要把学生引入五彩斑斓的语文世界。这个世界是内涵丰富的世界，是情感充沛的世界，是语言灵动的世界。"在教材编制和研究方面，他说："几十年来我不只是用手和笔在编写教材，而是怀着对莘莘学子的爱，用炽热的心和沸腾的血在铸造一座座母语教育大厦。"也正是有了这样的大爱，他才达到了人所不及的高度。

洪宗礼老师数十年如一日，真正做到了"教学即研究，研究即教

学"。教学研究成为他的生活方式。从洪宗礼老师的案例，我们可以抽取教师专业发展的核心特质，这就是：追求教师的实践知识与理论知识的协调发展。每一个教师的专业发展，归根结底，无非是满怀着"教育爱"，不懈地追求实践知识与理论知识的统一发展。否则，就难以形成"反思性教育的实践"，难以成就"教育学术的高度"。我想，这就是教师专业发展的黄金法则。

坛英杰教

1

1 根植沃土，繁茂参天

|许嘉璐|*

　　洪宗礼老师的名字我是熟悉的；他在中学语文教学改革、教材编写方面的贡献我也略知一二，但是始终与他无缘谋面。2007年9月，在《母语教材研究》出版座谈会上我们才得以相识，让我从此对他有了进一步的了解。

　　会场上陈列着他主编的《母语教材研究》，皇皇十卷，五百余万字，从开题到定稿，历时十多年，一百多位中外专家参与其事。姑且不论这部巨作填补了我国语文教材研究的空白、为今后我国乃至他国语文课程和教材继续开拓前行提供了路标和资粮，单是卷帙之大、耗时之长——说明研究之艰难与严谨——就足以令人震撼了。一位在中学执教近五十年的教师，却能率领着如此庞大、高水平的学术团队完成这样一个空前的课题，这需要他胸中先有怎样的丘壑，又需要有怎样的胆识和感召力呀！

　　初见洪老师，一时真难以把一系列具有开创性、对我国语文教育改革起了重要作用的研究成果和面前这位朴朴实实、丝毫没有某些专家惯有的那种做派的老头联系起来。我很想和他多聊聊，向我的这位同龄的同行请教：近五十年的教学生涯是怎么走过来的，何以从中年到老年的二十多年里，撰写和主编了千万字以上的论文、专著；他用了什么方法把在许多学生看来显得烦琐、机械、枯燥的语文课讲得生动活泼，学生不但语文水平迅速提高，而且心智也得到开发的；他一

　　* 许嘉璐，全国人大常委会原副委员长，曾任国家语委主任。

直没有离开过讲台，他是怎样处理繁重的教学任务和大量学术研究的关系的；……但是那天会上发言的人多，热烈而紧凑，中间没有休息，我又因会后还要赶回人民大会堂，不能借着和他共进工作午餐的时间请教，只好遗憾地和大家告别。这时，凤凰出版集团的领导和洪老师提出，要我为即将出版的《洪宗礼文集》（以下简称《文集》）写篇序。推辞不得，遂应之。

不久，收到了凤凰出版集团寄来的一箱清样：他们知道我的习惯，不得已要给某书写序，一定要读过全书才敢动笔。清样已到，说明洪老师的《文集》已经付印在即了。我的天哪！没想到《文集》竟达二百多万字！而我从民进中央主席和全国人大的岗位上退下来以后，属于自己的时间似乎比过去更少了。我把《文集》的校样放在书房显眼的地方，让它时时提醒我赶紧阅读、动笔。但是几个月来始终没有较完整的时间，哪怕三两天，可以坐下来。——我说过的，我不断提醒同道和弟子们尽快摆脱浮躁，要沉静，而我也变得越来越浮躁了。就这样，为洪老师写序的事竟然一直拖到了 2009 年元旦的三天假期。

《文集》出版在即，我用了整整两天时间，快速地把两千多页清样浏览了一遍（只能说是浏览，如此的速度，哪里是"读"！）。我再一次被震撼了！几个月前想向他请教的所有问题在这里都找到了答案。洪老师对中学教育的钟情、对自己母语的热爱、对教学改革的执著，探索之路的坎坷、积劳成疾几次与死神擦肩而过然而矢志不改的倔强性格、50 年执教和研究道路的喜怒哀乐，都刻在这一页一页的 A4 纸上了。面对着重似千斤的清样，我自愧弗如！洪老师，正是那种在路上遇见时应在三步之外就要向他深深鞠上一躬的人！

我不只是因为他在语文教学理论研究领域的成绩或在编写中学语文教材方面的贡献而对他肃然起敬的，更是因为在他辉煌成就背后的无私精神、与时俱进永不停步的品格。因为，以他这样一名小城市里的中学教师的身份，头上没有博士、教授的光环，如果没有一种超人的坚韧刻苦，如果没有长期心无旁骛的埋头实践和科学的方法，不断把自己的和他人的经验、思考及时升华，如果缺少了包容和忍耐，或者有一点点门户之囿，就没有他现在所取得的一切。社会常常只重结果而不问过程，而我认为论事论人恰恰应该从过程以观结果，这样所得到的才是活生生的人和事，才能从中悟到超越了具体的人和事的真谛。我就是这样来读洪老师的。

洪老师自述在50年中登上过三个峰巅：教学、教材、研究。这正是所有应用学科发生、发展、结果的共同规律。他不是坐在书斋里从书本到书本的研究家，而是在语文教学的大海里长距离遨游，切身体验了水之冷暖深浅，摸索出最佳姿势和换气方法，而后总结出理论的。他深为语文教学的"少慢差费"而苦恼、焦虑，因为他深深地爱着自己的母语，深深地爱着他的每一个学生，他希望所有的学生都能和他一样为汉语的丰富优美而自豪，进而能够很好地使用母语、热爱中华文化，并且由此变得更聪明，将来都能成就一番大事业。因此他不满足于自己的课堂教学效果，他要探究语文教学的规律，要把感性上升到理性。

他首先抓住了教学的根本：教材。

凡是从事教育工作的人几乎都知道，"三教"——教材、教法、教师，是教育教学的要素；其中，教材又是基础、核心。没有好的教材，再好的教师也无用武之地，再好的教学方法也难以发挥。用教学方法的改革促进教材的改革，借助教材内容和体系的改革把教改成果巩固下来，这是洪老师的大胆独创。

从1982年开始，他走上了一条崎岖而漫长的探索之路。

他成功了。他所主编的语文教科书被称为"苏（江苏）版"教材，和国家组织编写的教材并驾齐驱。

洪老师深感语文教学理论的贫乏在严重地制约着改革和提高，于是奋而学习，钻研，创新。他首先对百年来我国现代语文教育不断演变的历史做了相当细致深刻的研究，找到了规律。在这基础上，他总结了自己的经验，系统地提出"双引"（引导阅读，引导写作）、"五说"（工具说、导学说、学思同步说、渗透说、端点说）和"一本书，一串珠，一条线"等简易明了而内涵丰富的概念，澄清了以往种种模糊的议论，而给他思路的正确性作证的，则是二十几年来随着他所主持编写的教材不断改进而获得的越来越好的教学效果。这一成就是他在继承了我国古代语文教育的经验教训和叶圣陶、陶行知等现代语文教育先驱们的思想，吸收了同代人的成果，参考了多国大纲和教材，立足当代，放眼世界才取得的。凡是做过大型科研的人都可以想象到，洪老师和他的同道，要搜集多少资料、读多少书、开多少会，有过多少次争辩、熬过多少不眠之夜！

洪老师理论研究的一个重要特点是理论与实践紧密结合。研究的课题是从实践中来的，目的是要为中国的母语教学建立符合汉语实际、学生实际、新时代语文教育实际的理论体系；研究的材料也都有前人、旁人教学实践所留下的遗产和痕迹；研究过程中每一阶段的成果立即用以指导教材的修改和教学方法的改进。惟其如此，所以洪老师才是真正的大家！他说，只教不研是"傻把戏"，只研不教是"假把戏"，有教有研才是"真把戏"。说得多好啊！他几十年来一直根植于祖国教育发展的沃土、自己勤勤恳恳耕耘的沃土之中，他"玩"的是地地道道的"真把戏"。所以他多方面的成果才能繁茂参天。他的"三种把戏说"足可以让许多第一线的教师振奋，让某些专家们清醒了。

洪老师的实践经验当然是极其丰富的。他的每一条经验同样经历过"实践—理性—实践"的不断循环。我读他的教学实录——感谢这些实录的整理者，记录得真传神——犹如又进到中学的课堂，和孩子们一起沐浴着春风。洪老师变化无穷的思路，捕捉学生思想火花之敏锐，语言之恰当、风趣，常常出人意表。在我"进入"他的课堂时，时而不由得赞叹，时而忍俊不禁。现在，当我坐在计算机前敲打键盘时，他在讲《一双手》时那循循善诱的机智语言、突然出现在课堂上的半截老松木、孩子们在不知不觉中联想到自己父母那双沾满粉笔末、油污、泥浆的手时的情景还留在我的脑海里；我的眼前仿佛出现了作文课上李勤同学笔下班长"白雪公主"戴荔的神态，姚逊写李响的龅牙引起的风波，"模拟法庭辩论"课上学生表现出的法制意识和聪敏……语文教学，难！难处不在于课文的字面，而在于引导学生把隐藏在纸背后的东西挖掘出来，化为己有。正因为这样，所以语文教学确如洪老师所说，是门艺术，而他就是位杰出的艺术家。

教学有法而无定法。洪老师丰富的教学经验是难以克隆或移植的。除了时间、地点、学生等情况一校一样、一班一样、一人一样外，如果没有他的这种想到学生和教学就忘乎一切的境界，也难以既得其形，更难得其神。不错，他的教学艺术来自于刻苦和认真，来自于他丰富的知识和善于联想，而这一切的根源则是许多人所缺乏的，把教好学生视为自己的天职和生命。

如果洪老师停留于自己高超的教学方法和突出的教学效果，那就不是现在的他了。他永不满足，他要从这里出发去攀登前人和同时代人还没有完全征服过的高峰，为的是能让全国所有的学生都得到良好的语文教育，祖国的语言文字、文化传统得以延续和光大。于是，才有了我在前面所说的二十多年的教材编写，十多年的教育科学研究。终于，在他年届古稀的时候，三个高峰都被他踏在脚下了。

教育，是最容易引起全社会关注、议论和不满的事业，因为它关系到个人、家庭、国家、世界的未来，而且几乎人人都有发言权。这是好事。全国的教育工作者和相关的行业、部门正在探索教育怎样才能适应经济全球化、科技现代化。教育改革没有终点，在相对稳定的前提下，变革、完善是绝对的。当前，我国的教育事业在创造了人类教育史上罕有的奇迹（在短短的几十年里，在一个13亿人口的国度，用并不充裕的资金，普及了九年义务教育，大学教育开始进入大众化阶段）之后，教育质量问题被越来越突出地提到了日程上。还是那句老话：教育的问题归根结底要看"三教"，而"三教"的灵魂是教学理论，基础是教材，关键则是教师。而"三教"水平的提高，自然包含着以改革的视角思考，不断创新。感谢洪宗礼老师，他融"三教"于己身，改革、创新是他生活的关键词。他为千千万万个同行树立了榜样，鼓舞了士气，让更多的人明白了，只要像他这样认准方向，坚定地走"好为人师"的路，好学深思，不耻于每事问，日积月累，就一定会成为令学生、家长、社会满意的教师。

我高攀一下吧。我发现，我与洪老师竟有许多共同点：同龄，同乡，同时走进教师行列，同样全家都是"教书匠"，同样为了钟爱的事业"忍痛割舍"了年轻时的许多爱好，同样遇事爱问个为什么，同样几次与死神相遇却未随之而去，同样不知老之将至，等等。但是，我强烈地感到了我们的差距。几十年来，他始终专心致志地研究中国的语文教育，他善于团结国内外各有所成的专家，他敢于啃教育科学的硬骨头，……洪老师，也是我的老师！

洪老师说，语文教育的前辈们人人都是一本大书。的确如此。我们每个人都在有意无意地读这些大书。其实洪老师自己也是一本大书，至少对我是这样。我在拜读《文集》清样的时候，记下了几千字的摘要笔记，为的是把这篇序能写得全面些，完整些。但是写到这里却发现并没有达到自己的预期。这是因为洪老师的一生太丰富了，他的《文集》太丰富了，我只能任由我的手沿着读后的所感所思写下去。或许没有特意设计文章的架构写出的文字更容易真实？好在《文集》的第六册收录了一些专家、同行和报刊的评介，特别是我的老友、最了解洪老师的顾黄初教授以一篇《奇迹的启示》序文，足可以让读者深入地了解洪老师，这就减轻了读者对我这篇序的期待。

最后，我想重复一下不少人对洪老师说过的话：洪老师，你在继续为汉语、语文教育、为未来奋斗的同时，也要注意身体，年岁不饶人哪！敬祝你教、研取得新的成绩，祝你健康长寿！

2 脚踏实地，仰望天空

洪宗礼老师是我尊敬的老师。1972 年至 1976 年在泰州中学学习时，就知道洪老师是一位才华横溢、作风严谨、妙趣横生的老师。后来，不断看到他关于教育教学改革的文章，听到他编写教材成功的故事。特别是近十年来，他在语文教学、教材研究方面取得巨大的成就，产生广泛影响，蔚成大家风范，更使我敬意倍增。现在，洪老师的教学经验、研究成果、心路历程汇聚在《洪宗礼文集》之中，有了深入学习、了解洪宗礼语文教育思想的宝贵资料。读完这部文集的样稿，我深为洪老师的成就，为母校，为家乡而自豪，为我国语文教育思想、母语教材理论的发展创新而欢呼。

认识洪老师的人，无不对他的认真、严谨，对他的激情、执著，留下深刻的印象。细读洪老师的《文集》，品味洪老师的人生，陡然从心底里跳出八个字来：脚踏实地，仰望天空。

洪老师从一名普通中学语文教师，成长为一位令人景仰的语文教育家，其间经历了近半个世纪的漫长岁月。前 20 年，他致力于语文教学实践；后 30 年，他致力于语文教材编写，其中最近十多年，他致力于中外母语课程教材的比较研究。他在每个阶段，对每个领域的研究，都不是肤浅的，而是实在的、深入的。他脚踏实地，一步步走过来的历程，显现出一条"教学实验—教材编写—理论研究"的独特轨迹。

作为语文教师，他脚踏语文教学的实地。初为人师，为了"站好

---

* 袁振国，中央教育科学研究所所长，教授、博士生导师。

❶ 教坛英杰

9

讲台"，他写下"情操高，教艺精，教风实，知识博，基本功硬"十六字箴言，边教学边修业，写札记写论文。从教数十年，始终以饱满的激情，不间断地投身于中学语文教学实践，进行教学改革试验，成功探索了"双引"教学法，提出了构建语文教育"链"的思想，确立了"一本书、一串珠、一条线"的"单元合成，整体训练"的教材体系。

作为教材主编，他脚踏语文教材编写的实地。从亲身经历的教改实践中，他强烈地感觉到，教法学法改革，无不受制于教材。教材不改革，再好的教法也不能奏效，正确的教育思想、内容也难以得到体现。从1983年起，他就以精编、精改、精研的"三精"精神和严肃、严格、严谨的"三严"态度，积极探索语文教材新体系，主编了三套经国家审定通过的、广受一线师生欢迎的初中语文教材，并旁及写作教材和思维训练教材，构成读、写、思三者并驾齐驱的系列教材。

作为课题主持人，他脚踏教育科研的实地。从20世纪90年代起，他先后主持了国家教育科学规划"九五"、"十五"重点课题"中外母语教材比较研究"，从古今比较、中外比较的双重维度，纵观历史，立足现实，放眼世界，努力探索适合我国国情的语文教育改革之路。这项研究贯穿中国110年、涉及世界45个国家和地区，集合了国内外数十所高校、科研院所的先后共两百多位专家，以"立诚"、"忘我"、"唯实"、"团结"的精神，完成了10卷本的《母语教材研究》皇皇巨著。

洪老师之所以能够在平凡的岗位上取得常人难以企及的成就，关键是因为，他脚踏实地，但却不困于脚下。他还是一个仰望天空的人。这使我不禁想起温家宝总理在同济大学的演讲中的一段话："一个民族有一些关注天空的人，他们才有希望；一个民族只是关心脚下的事情，那是没有未来的。"洪老师就是这样一个胸有大志，怀有大爱，当仁不让，贡献社会的仰望天空的人，他正是继承了中国人文精神中的宝贵精华：立志、立德、立言、立功。

立志。在洪老师身上，始终涌动着旺盛的生命激情和心无旁骛唯有教材的痴情。这种激情和痴情都源于同一个原因：对传承、弘扬祖国语言文化的使命感和责任感，对培养好下一代的责任感和幸福感。这种崇高的使命感、强烈的责任感是他战胜一切困难的永久动力。

立德。这个德就是热爱祖国，热爱祖国语言，热爱学生，热爱语文教育事业的大德。洪老师始终怀着一颗对祖国的"热爱之心"、对莘莘学子的"赤诚之心"、对语文教育事业的"痴迷之心"、对语文教学改革的"研究之心"，从事和审视自己的语文教学实践、教材编写和研究工作。这种爱，使得他可以抛弃功名，可以放弃利益，并从中获得极大的愉悦和幸福。

立言。儒家讲究述而不作，洪老师既述又作，而且，述而不止，作而不止。为什么？因为他搞研究不是为了自我欣赏，其目的是为社会、为人民做奉献。这与他的使命感和责任感是一脉相承的。这种追求和这种精神，正表现了他治学态度的极其严谨，对工作的极其认真，甚至到了苛刻的程度。

立功。迄今洪老师已连续成功地编写了三套初中语文教材，均顺利通过国家教材审定委员会的审查，列入国家教材书目，推荐各地选用。最新的一套国家课程标准实验教材的实验面覆盖了26个省市自治区的六百多个县市区，为实施九年义务教育和推行素质教育起到了不可忽视的作用。洪氏教材对形成"一纲多本"的教科书编制新格局产生了很大的推动作用。他主持完成的十卷本《母语教材研究》，"范围之广，内容之深，规模之大，参与人数之多，模式之新，成果之卓著都是前所未有的"；这项研究，"将作为里程碑载入中国语文教育的史册"。

实地，是基础，是具象；天空，是理想，是抽象。脚踏实地的努力是通往理想的桥梁。正是崇高的理想、坚定的信念、执著的追求和不懈的努力，驱使他进入痴迷着魔的忘我境界；正是脚踏实地的孜孜探求，成就了一位教育家。

3 从教师中走出来的教育家

|沈 健|*

　　洪宗礼老师 50 年如一日，在泰州中学授教语文、研究语文、编写语文教材，由一名普通教师成长为著名特级教师、江苏省名师、荣誉教授、享受国务院特殊津贴专家，是一位从教师中走出来的教育家。50 年来，洪宗礼老师积极探索、勇于创新，在母语教学科研与教材编写方面，取得了丰硕的成果。他领导的团队主编了初中《语文》教材，经国家审查通过，使用面覆盖 26 个省市。二十多年来共印刷超亿册，目前每年八百三十多万学生在使用，数以千万计的学生读着洪宗礼老师主编的教材成长起来。

　　洪宗礼老师主持的中外母语教材研究课题是全国教育科学规划"九五"、"十五"重点课题，我省为此专门成立了"江苏母语课程教材研究所"。课题组历经 12 年，集中了海内外一百六十多位专家学者的智慧，研究了中国百年来和世界四十多个国家及地区当代的母语课程教材，覆盖了全球 8 大语系 26 个语种，形成了五百余万字的研究成果。这项课题是开创性、奠基性研究，具有重大的理论意义和实践意义，对于加强我国母语课程教材建设，进行中外母语课程教材比较研究，推进我国母语教育事业发展，必将产生重要而深远的影响。

　　在教学科研与教材编写的实践中，洪宗礼老师在总结国内外母语教育经验的基础上，逐渐形成了丰富的语文教育思想，特别是关于"语文教育链"的思想，为当代母语教育提供了新鲜的经验。

---

　　* 沈健，江苏省教育厅厅长，教授、博士生导师。

洪宗礼老师师德高尚，敬业奉献，他的人品有口皆碑。他以独特的人格魅力和卓越的学识水平，团结了一大批专家学者，在平凡的岗位上作出了不平凡的业绩。洪宗礼老师是江苏人民教师这一优秀群体中的杰出代表。当前，我省教育事业改革发展处于一个新的历史起点上，正在由教育大省向教育强省迈进。在建设教育强省、率先基本实现教育现代化的进程中，我们需要更多的像洪宗礼老师这样的爱岗敬业、积极创新、教书育人、无私奉献的人民教师。希望全省人民教师都向洪宗礼老师学习，为人民的教育事业贡献自己的聪明才智。

4 功在当代泽被后世的教育家

| 朱永新 | *

从 1960 年踏上讲台开始，到创立"五说"语文教育学说和"双引"语文教学法，到编写"单元合成，整体训练"初中语文教材，再到研究中外母语课程教材，将近半个世纪以来，洪宗礼完成了从一名普通教师到名师，再到功在当代泽被后世的教育家的发展、成熟和凤凰涅槃。他可称当代知识分子的杰出代表和优秀楷模。对他几十年如一日，以毕生精力，聚民间力量，用汗水、心血和智慧，在语文教学、语文教材和母语教材研究等方面创造的辉煌成就，我一直深表钦佩。对他做人做事做学问的热情和专注、执著和毅力，更是一直羡慕称颂不已，并一直把他引以为师。

洪宗礼是在泰州这片热土上成长起来的"草根"教育家。历史上，扬泰地区学者文人辈出。赵朴初到泰州时写词称颂："州建南唐，文昌北宋，名城名宦交相重。"他点到了范仲淹和晏殊。1026 年范仲淹倡议，在泰州所辖的黄海之滨筑起一道 180 里长的护海堤堰，挡住滔滔海浪，保护了盐池农田和数百万百姓。这样的工程在一千年以后的今天也堪称壮举。一千年过去了，随着海滩东移，范公堤尽管已为内陆公路，但人们对它的敬仰依然如故。还有教育家胡瑗，也是给泰州带来荣耀和留下宝贵文化财富的乡贤。"致天下之治者在人才，成天下之才者在教化，教化之所本者在学校。"

千年烟雨，时光流转。如今在泰州能寻得的历史痕迹，也许只

---

* 朱永新，全国人大常委，中国教育学会副会长，教授、博士生导师。

有胡瑗留下的安定书院以及那棵纵贯古今的银杏树了！据说古树至今千年，仍枝繁叶茂，郁郁葱葱，令人真切感受到千年时光的流逝和凝聚。而安定书院正是洪宗礼老师一辈子从教的泰州中学的前身。我以为，洪宗礼老师和他的人生事业，根植于江苏特别是三泰地区的本土文化。在他身上，我们可以看到范仲淹、胡瑗、梅兰芳、朱东润等先哲乡贤的学问涵养和人格魅力，可以看到"明体达用"和"先天下之忧而忧，后天下之乐而乐"的治学精神和社会担当精神。作为一个江苏人，我为古"安定书院"和"泰州学堂"的土地上又出现了洪宗礼这样的学者而高兴，为我们的家乡人才辈出而高兴和骄傲。

我由衷地认为，洪老师是当代知识分子的优秀楷模。在西方社会，给知识分子下的定义或者说一个普遍的共识是：知识分子是有社会良知、有批判精神、有责任感和正义感的人。无论古今中外，知识分子最可称道也是最为本质的人格特征是社会担当精神。他们是能够用自己的专业为社会服务的人，是能够超越个人和小团体私利而对国家和民族给予真诚关注、无私奉献的人，是能够时时关心自己脚下的路又常常抬头仰望天空的人，是能够认真思考生命意义又积极追求高尚的人，是能够面对世俗洁身自好或面对权贵敢于坚持真理保持骨气的人。洪宗礼老师正是这样的人！他身上有知识分子最可贵的人格特征——批判精神和社会责任感。他的教学改革、教材编写和母语教材研究，都是以此作为贯穿始终的；而最难能可贵的是，他既常常仰望星空，又时时脚踏实地。一个人，坚持几十年做好一件自己认为是有益于社会的事，这需要何等的眼光，何等的毅力，何等的社会牺牲精神啊！几十年来，他耐得住寂寞，坐得住冷板凳，他的成功是知识分子人格精神的成功。我相信，这种精神和他的事业、成果一起，应该可以成为当代中国教育的一笔宝贵财富。作为后辈学人，我为他骄傲，我为当代知识分子中有他这样的典范而庆幸和自豪。

多年来，洪宗礼老师的身边聚集了江苏、上海、北京及海内外众多的同志同道者，少长咸集，群贤毕至，文人相亲相爱，这是洪宗礼老师本人的幸运，是中国基础教育的幸运，也是我们这个时代的幸运。作为一个搞教育的同行，我为洪宗礼老师的成功而举杯庆贺！为他拥有如此众多专家学者名师的支持，为他拥有如此丰富广泛的人脉资源而高兴和庆贺！

5 功著于语文教育界的佼佼者

| 朱绍禹 | *

  由当代语文教育专家、著名特级教师洪宗礼先生等主持撰写的国家级重点科研成果十卷本《母语教材研究》已作为国家重点图书、江苏省精品工程重大项目出版呈现在读者的面前。在同一时间内，一次就拿出十卷大著，这在我国母语教育史上，可以看作是一件具有里程碑意义的大事。

  依我看，这十卷本著作的编辑、出版，具有以下四方面的意义：一是对现职中小学语文教师的意义，他们可以通过比较对照，改进和完善自己的教学和研究；二是它对语文课程与教学论研究工作者的意义，它为他们扩充了研究领域，可以从事单一国家或多国的对比研究；三是它对在读这一学科的研究生的意义，它可以作为他们的必读教材，提供他们不可或缺的信息资料；四是对最高教育行政部门的意义，它可以为国家制订语文课程标准提供参考样本。

  本文想专就其研究意义特别是其对教材建设的意义略作阐述。

  首先有必要略微回顾历史。

  清末民初以来，我国的教育包括母语教育持续地与世界教育包括母语教育接轨。外国的教育制度、课程设置、教材编写、教法运用、教师培训等信息同时传入我国。从此我国的母语教育，虽然仍以汉字、汉语、汉文学、汉文化为内容，但在课程安排等形式上，却借用了来自外国的一系列因子，并一直延续下来。而且这种既冲突又融汇的过

---

* 朱绍禹，全国高等师范院校语文教学法研究会原会长，东北师范大学教授。

程还在继续。

这 10 卷本著作以《中国百年语文课程教材的演进》为起点，最突出也是最吸引读者之处，一是内容的广博多样，二是表达的事与理相结合。

从内容方面看。它的广博多样分别体现为领域之广和国家之多。前者涵盖了母语课程的设置、母语教材的编写、母语教法的运用、母语教师的培训，乃至母语教学环境的构建等，凡母语教育内容，几乎无所不包。后者包容国家之多，也属前所未有。过去，我们只评介了美、日、俄、英、法、德等少数国家，而且其评介文字多为零章碎简，或偶得一见。而这 10 卷本，却引领读者的视野扩展到四十多个国家和地区。不仅包括了我们本应知晓的印度和埃及等国的相关情况，而且涉猎到国家虽小却同样富有文化底蕴的以色列、捷克等国家。仅此，可见十卷本著作内容的汪洋丰沛、地域的宽广辽阔了。

从表达形式方面看，它做到了事理结合。它讲道理，能言必有据，而不徒托空言；它讲事实，大体能做到事出理随，而不是有事无理。它不单告诉读者某国的母语教育是怎样的，而且还分析为什么是这样。它使读者了解哪些和我国母语是共同的，哪些是不同的甚至是对立的以及异同的原因。它能使读者获知的不单是外显的东西，而且从中可窥见其政治制度、经济状况、科技发展、文化传统，乃至社会心理和风俗习惯等及它们与母语教育发展的关系。

据我所知，为了寻求难以到手的信息资料，本著作的主编洪宗礼先生，除多方结识在我国工作的外国专家外，或委托我驻外使馆人员，或委托身在国外的友人，或亲自出国考察千方百计进行收集，更多则是转托友人之友人帮忙收集。即使途径曲折，也务求到手。其用心之专，用力之勤，期望之切，虽非仅有，也确属罕见。这就使得这部书不仅以其物质成果示人，而且其主编的执著精神也足以启迪读者。因而也就赋予了这套书特具的生命力。

6 站在学术前沿和道德高地上

|韩雪屏|*

洪宗礼从江苏泰州地区的一名普通中学语文教师起步，发展成为一个令世人瞩目的语文教育家，其间经历了将近半个世纪的时间。前20年，他致力于语文教学实践，以"五说"和"双引"为标志，形成了他的语文教学理念；继20年，他致力于语文教材编撰，又以三套经过国家审定并推行到全国26个省、市、自治区，发行1.4亿册的教科书，实现了他改革语文教材的理想；最近10年，他致力于中外母语课程教材的比较研究，终于又以皇皇16卷本，约八百三十万字的成果巨作，为我国语文课程与教学研究打开了一个千姿百态的窗口。于是，洪宗礼在他走过的道路上，为我们树立起三座高耸的丰碑！

洪宗礼现象的社会意义是多重而深刻的。它给予人们的启示之一就是：学人应站在学术前沿和道德高地上，追求学品与人品的兼而善之。

综观洪宗礼的为学道路，我们可以清楚地看到这条道路上显现出一条明显的"研究教学—研究课程与教材—研究历史与外域"的车辙印迹。

与一般人不同，洪宗礼始终带着一颗理智的"研究心"，从事和审视自己的语文教学实践，因此，他才能在扎扎实实进行教学的同时写出《我的语文教学之路》《写作与辩证思维》等一系列著述。但是，当他面对语文教学大面积呈现出少、慢、差、费的状况时，他开始意

---

* 韩雪屏，全国高等师范院校语文教学法研究会原主任，内蒙古包头师范学院教授。

识到要提高语文课程教学质量，必须着眼于有关全局的语文教材编制和教材制度改革等重大问题。于是，他毫不犹豫地开始了在研制和改革语文教材道路上长期而艰难的跋涉——二十几年内连续编撰修订出三套通过了国家审定的、行销全国的义务教育阶段语文教科书。从此，洪宗礼主编的语文教材和其他多套经国家审定通过并推荐使用的教材一起，打破了新中国成立几十年来一套教材管天下的历史，实现了"一纲多本"的教科书编制新格局；开创了民间组织编写教科书并通过国家审定、推广使用的新气象。由此，"洪氏教材"开始与人民教育出版社、语文出版社和北京师范大学出版社等编制的教材形成了并行的局面。这种新格局和新气象唤醒了基层教育部门、学校和广大教师自主选用教科书的权责意识，有力地促进了教科书制度的多元化发展。

洪宗礼是一个永不满足现状的人。为了不断提升我国语文教材的编制水平，他又把目光转向了我国语文课程教材的悠久历史，转向了国外母语课程与教材的广袤领域。他想叩问中国语文课程教材深邃的历史长空，为汉语文教育寻根；他想叩开母语课程教材的国际大门，为汉语文教育开窗。"寻根"为母语教育研究建立时间观念，引导人们以历史的方法研究母语课程教材，鉴于史而治于今。"开窗"为母语教育建立空间观念，引导人们从国际视野中观察纷繁的母语教育现象，从中抽象出母语课程教材的普遍规律与汉语文课程教材的特殊规律。这些从事科学研究的基本哲学思想和方法论，成为贯穿他长达50年治学生涯中的宝贵财富。他从1996年开始连续主持了全国教育科学"九五"、"十五"规划中关于中外母语课程教材比较研究的两大重点课题；站在母语教育国际化、全球化、现代化制高点上，力求使我国的母语课程教材建设在国际视野与本土情怀统一的新起点上有突破性的进展。于是，人们就看到了我国具有一百一十多年历史的语文课程与教材饱经沧桑的面貌，就走进了当代四十多个国家和地区、8大语系26个语种的五彩斑斓的母语教育文化长廊。这项研究为我国教育科学事业，为课程、教材、教学研究领域，提供了绝无仅有的宝贵资料，成为这些领域中后继研究难以逾越的里程碑。

由此我们也清楚地看到了洪宗礼在将近五十年的母语教育研究历史行程中的两次重大转向：一是从教学论迈向课程与教材论的纵向延伸；一是从本国当代语文教育现状跨入国际母语教育时空的横向拓展。洪宗礼之所以能够纵横捭阖而又游刃有余地完成这种转换，是与他一贯坚持的求知、求真的精神分不开的。正如他自己所说"既要脚踏实地，又要东张西望。东张西望可以获得信息资源，脚踏实地才能创造产品"。"东张西望"地求知、求真，使洪宗礼进入了"问学无禁区"的创造性境界。因此，洪宗礼在年逾六旬之后又回到了零点，开始向他并不熟悉的中外母语课程教材比较研究的领域挺进。

求知、求真，使洪宗礼能够不断地发现语文教育科学研究中的"富矿层"，及时探明需要研究的"当采层面"、"当采课题"。求知、求真，还使洪宗礼能够充分发挥在层次转移中原有层次的"换能效应"。所谓"换能效应"，指的是各种运动的形式之间能量的转换机制与机理。洪宗礼在教学实践中逐渐形成的教学理念，使他发现了"必须改革语文课程教材"这一关键枢纽；他研制和编撰语文课程教材的实践和理论，又使他具有了高屋建瓴地鉴别国外母语课程教材的眼力，具有了"搬而化之"的学术胆略。这就是洪宗礼为什么能够不断地把握机遇，适时地从教学论转向课程论，从本国语文教育研究转向国际母语教育研究的内在原因。

两次及时而成功的转换，不断地把洪宗礼推向了语文教育研究的学术前沿。随着这种转换，他逐渐把教师、编者、理论研究者三种不同的学术元素集于一身，锻造出难能可贵的合金型学术品质，奏响了他学术品位的高格调！

中外母语课程教材比较研究，是一个过去较少有人涉足的边缘领域，因为它需要多种专业学科研究人员的通力合作。为了完成这个研究课题，洪宗礼明确地意识到必须借助他力。于是，他思贤若渴，通过各种关系，经由拜访、恳谈、写信、电话等多种方式，殚精竭虑地从国内外物色研究人选。课题组组建伊始，他就向人们主动敞开了他的有自知之明、虚怀若谷的高尚胸襟。

　　洪宗礼经常把"中外母语课程教材比较研究"课题组叫做"非常集体"。这个集体之所以"非常"，一方面是因为它担任了不同寻常的研究任务；另一方面是因为这个组织不仅人数众多、地域分散，而且研究人员的专业领域宽泛，研究类型不同，研究人员的学术背景和地位也存在着明显差异。当洪宗礼为这个课题研究编织起一个宽广而绵密的人脉网络之后，他就毫不犹豫地以非凡的胆识和气度、义无反顾地背负起这样一项非凡的任务和这样一个非常的集体。因此，他总是戏称自己是"小马拉大车"。他说"小马拉大车未必合理，但小马的凌云之志不可夺"！

　　洪宗礼在组织和指挥这个"非常集体"的有效运转上，更表现出他内在的人格魅力。用人就要信人、敬人。洪宗礼对于"非常集体"中的每一个成员都十分信任、敬重，注意发挥每个人的一技之长。在这个"非常集体"中，分歧与矛盾在所难免。每当遇到意见分歧或产生矛盾，他既敢于秉理直言，又善于立诚婉言。他不唯上，不唯权，敢于抑制傲气、拒斥霸气；他以诚为本，敬人为先，善于疏导怨气、鼓舞士气，表现出高超的"融人"艺术。他在回顾这一段工作的时候，理智而又动情地说道"人和是第一位的，它重于天时与地利。天时地利是客观存在，对任何人都是公平的。人和是需要自己努力，要靠合作群体共同来营造。"为了完成这一里程碑式的工程，洪宗礼敢于自加压力，能于借助他力，善于组织合力。洪宗礼以他敬人、信人、融人的胸襟，向我们展示出他高尚的人格魅力。

　　于是，人们最终看到了作为课题组主要负责人和研究成果主编的洪宗礼，是怎样坚守住了他始终珍视为第一位的"道德高地"！

　　"洪宗礼现象"是一面明镜，它在每个学人面前熠熠发光，引人反观自我，反躬深思。"洪宗礼现象"是一面旗帜，它在学品和人品两个方向上猎猎飘扬，召唤和指引着年轻一代语文教学传人勇往直前！

7 这就是洪宗礼

｜王栋生｜*

70 岁过了，洪宗礼这匹老马，还在拉着一辆大车。

曾有语文界的朋友问：泰州在什么地方？是啊，泰州是什么样的城市？常有老师也这样问。我懂这问话的含意。那意思当然比较含蓄，好像做成了那么大一件事的人，应当是生活在大都市，住在有大门的大院里。可 70 岁的洪宗礼仍然爱他的泰州。而同时我也想到，在大都市的厅堂内，那些朱轮华毂、拥旄万里的人物，好像也没有折腾出什么像样的事来。成功的却是自称"小马"的洪宗礼。

不久前，洪宗礼把他的《语丝》给我看，虽然和他认识多年，说起语文教育，说起语文教材的编写，也常听其咳珠唾玉，但这份记录他的思想痕迹并饱含智慧的文字，仍然震撼了我。

理想主义者的理想

教育本来就是理想的事业。有些人总把教育科研也当作工业生产线，以为电闸一推，成品就出来了。在一个浮躁的时代，教育界也不免急功近利，追名逐利之徒几乎把一切可利用的资源用尽了，透支了。洪宗礼懂得，教育像农业，像林业，不可能一夕成功。虽然洪氏教材以"民间"的身份出现，种子却播向祖国大地，几百万人使用，像常春藤一样，历二十余年不衰。

---

* 王栋生，南京师范大学附中教授级高级教师，著名杂文家。

洪宗礼很早就认识到，我们的教育教学最大的问题，在于没能培养学生的创造精神，没能发展其思维能力。因而他说："不能把语文教材仅仅作为获取知识的例子，也不能把教材看成学生欣赏的知识花盆，……应把它视为引导学生自主探究学习的'路标'，成为自主发展、自我构建的'催化剂'，成为学生学会创造性学习之本。""学生的创造性思维、非凡的灵感，往往产生于极其细小的闪念、极为普通的一瞬间。教师要特别留意这'闪念'和'瞬间'。善于察言观色，透过学生的一言一行、一姿一容，把握学生的情绪和心理变化，相准'一瞬'之机，发现学生积极思维的嫩芽，排除堵塞思路的障碍。"这些思想，早年便渗透在他的教学中，以后又渗透在教材编写过程中。在教材组，洪宗礼总是鼓励大家更多地为学生着想，努力创造有利于开发学生思维的天地，只要有新的设想，他都兴奋异常。常言说"老马识途"，是指老马识旧途，可是洪宗礼这匹老马一直在探寻新路。

洪宗礼说："我在改革中天天在经受痛苦，也天天在享受快乐。"这是思想者的快乐，没有什么比一个人经历痛苦的思考之后探寻到真理，进入自由澄明之境更愉快的了。有时在电话中听到洪宗礼的爽朗的笑声，我就知道，他前些天遇到的难题迎刃而解了。

韧者的耕耘

说起洪宗礼这几十年遇到的困难，一言难尽。洪宗礼不愿多说，可是谁都知道，顺利之时毕竟太少。洪宗礼坚信："贫瘠的土地照样可以丰收，成事在天，谋事在人。"他又说："奋斗可以成功，探索可以成功，失败也可以转化为成功，只有饱食终日而无所事事的人不能成功。"这种朴素的观点是懦夫懒汉永远无法理解的。

仅仅有勇气，还不够，洪宗礼的韧性在业内可能是最有名的。只有了解他的人知道，他的这几十年遇上的困难有多少！他的坚韧，有时像一座山，让你无法改变他的意志；而有时则温和灵动如长长流水，在他的娓娓而谈中，常常是春雨雨人，夏风风人。合二而一，便是完整的洪宗礼。

在母语教材研究所，听洪宗礼讲述自己的教材和课题，常常不觉日暮。他像在土地上耕作的老农民，手拄着他的犁，和我谈庄稼，他只谈耕作的愉快，谈如何抗旱排涝，却很少谈及收成。用他的话说，就是"收获何必等明天，今天的奋斗就是明天的收获"。那样长久的劳作，很少有人能把它当作乐趣。在急功近利的时代，有谁会制订10年20年的长远计划？洪宗礼信任他的土地，他相信用汗水浇灌土地，能让母语研究这株苗长成参天大树。在这个浮躁社会，论文、课题漫天飞舞，业绩成果五光十色。在许多人眼中，科研没有春种秋收，更非十年树木，而是像生产线，"早出成果，快出成果"成了口号，操作者恨不能一天等于20年……可是有谁明白：十年磨一剑，谓之侠；一天磨十剑，那是卖菜刀的啊。

瞿秋白在总结鲁迅的精神时，批评过当时知识界的风气："……一忽儿'绝望的狂跳'，一忽儿又'萎靡而颓丧'，一忽儿是'嚣张的狂热'，一忽儿又捶着胸脯忏悔"，"而牧人们看见小猪忽儿发一阵子野性，等忽儿可驯服了，他们是不忧愁的。"描绘得真切形象，这类活剧早已有之，并仍然存在于今天的教育界。而洪宗礼的始终如一的追求，像是个异数。他穷二十多年之功所获得的经验，将成为公共财富，长久地影响语文界。

除了语文教材，除了语文教育，洪宗礼能不能说点别的什么呢？很少。他的精力和兴趣全在教材建设上。什么是一个人最热爱的事，这件事就可能是他的宗教。我私心经常忖度，这个世界上，别人是如何过完一天的？但我一直知道，洪宗礼的每天会是怎样度过。他没有任何娱乐活动，基本上没有休息。很多人到哪里都会称忙喊累，唯独到了洪宗礼的研究所，到了洪宗礼面前，就不好意思喊累了。2003年随他去俄罗斯，他在飞机上谈教材，声音盖过引擎轰鸣；面对蓝色的波罗的海，他说，那边就是北欧，芬兰的语文课标我看过了，它是如何如何的。我当时想过，一个人的宗教情结，至多不过如此，而语文和教材，就是洪宗礼的宗教。常有人背后说洪宗礼活得太苦，可是在洪宗礼眼中，人生价值在于奋斗，没有奋斗能力，比什么都苦。洪宗礼说："无我才有我，无为才有为。"他丢下的"我"，是世俗的肉身，获得的"我"，是他的语文世界；他有所不为，才显现出他作为一名教师的有所作为。

一个人的宗教

洪宗礼邀请我参加他的教材编写工作，我得以经常近距离和他接触。《语丝》中的许多话，都是他和编委的谈话。比如，"沙发要有弹性，教材与教学像画画，都要留白，留有学生自己发展的空间。水满则盈，月满则亏，求多求全只会把学生成才之路堵死"，"因瑕弃璧不足取，锄艾恐伤兰也不必。学术上就是要反对绝对化、片面性。搞教材改革应持这种公允的态度。"这些就是他常说的话。

任何人的知识都是有限的，特别在当今高速发展的社会，怎样才能让一套教材长久地发挥作用，并使之逐步具有科学性和经典性，对这个问题，洪宗礼进行了深思熟虑。他认为教材的编写者应当是有胸襟的学习者。在编写过程中，他说得最多的一句话可能是，在编写中要"敢于自以为是"，拿出自己的主张来，放手大胆地干，成型时则要"勇于自以为非"，虚心听取不同意见，因为鼓励人提反对意见是教材自我完善的良方。编教材如同筑舍道旁，各种意见都会听到，洪宗礼能以一种客观态度对待各种反映，"反对意见中，往往有合理因素，应当用心品悟；赞扬声里，也许充斥溢美之辞，听之不可飘然若飞"。因此，编者们在编写过程中，都畅所欲言，增进了解，最大限度地听取不同意见，把编写过程当作发展自身业务修养的契机。

我参加洪宗礼教材编写组比较晚，记得第一次交稿后，接连两天，洪宗礼打电话找我，我开会回来，电话又来了。问他有什么急事，他说我写的一段文字很好，但他反复考虑，想动几个字，要和我沟通一下。我有些意外，觉得洪宗礼太过认真了，休说作为主编，即使作为"老洪"，在我的文字上改几个字又怎么的？但洪宗礼就是洪宗礼，他既要保证教材的质量，也尊重每个人的思考和劳动。教材编写组的许多老朋友都说，和洪老师在一起工作，心里总是很愉快，不仅仅因为他尊重别人，也因为他总把困难的事留给自己。

无论是编教材还是做课题研究，他总是思贤若渴，有握发吐哺之风。在我和他的交往中，每次他向我介绍一位新朋友，总是先赞扬人家的成就，介绍他们的长处。以他的资格和成就，仍然能团结各路朋友，这一点很多人做得不如他。

如果你看了洪宗礼的教材，以为那就是洪宗礼，如果你看了《母语教材研究》，以为那就是洪宗礼，如果你看了《语丝》，以为这就是洪宗礼，可能都难尽其义。洪宗礼活着就是为了语文，一个人的生命和事业融在一起，已经分不清你我，这是什么境界？法国哲学家巴什拉在其《火的精神分析》一书中有句名言："一棵树远不止是一棵树。"了解洪宗礼的生命历程，当知此言之隽永。

8 语文教育界的瑰宝

| 欧阳汝颖 | *

自改革开放后，洪宗礼先生教学的卓越表现和所编制教材的实施成效已通过内地的同行传来。我很好奇地在思索，这位本来是一名在前线工作的教师，如何能在教材的编写，甚至在教育科研领域取得如此的成就？因此我千方百计地找机会认识先生。后来聆听过先生发表的演讲、对语文教育提出的见解以及向先生当面讨教后，我完全明白了先生的成功，是来自他对语文教育事业的热爱、坚持、全程的投入，所付出的无比毅力和所具备的独特远见。

感谢先生的厚爱，让我参与了母语教材研究的撰文工作。我虽然只负责撰写部分港澳地区的资料，但先生却不厌其烦地通过电邮、长途电话给我提供宝贵的建议。先生处事严谨、求真、一丝不苟，令我深深感受到真正学者的治学态度。他尽心尽力地对我等后学的提点，让我受益终身。

月前收到整套共 10 卷本的巨作，我目瞪口呆，实在无法想象先生为这套创世巨著投放了多少的心力，我内心的激动和对先生的钦佩，是无法用言语来形容的。

先生的科研成果，不仅为母语教育同行提供了宝贵的讯息，开拓了我等的国际视野，引导我等从多角度认识母语教育，更重要的是以身作则，示范了崇高无私和认真的科研态度，为我等后辈树立了好榜样、好典范。

---

* 欧阳汝颖，香港中文教育学会会长、香港大学教授。

洪先生是语文教育界的瑰宝。我们以结识他为荣,为他的成就而骄傲!

汉语虽然在很长时期内是香港地区 90% 以上居民的母语,但碍于香港很长时期的殖民地地位,汉语教育的发展受到了很大的压抑。香港回归以前,殖民地统治者一直参照英语作为第二语言的课程模式设置母语课程,大大妨碍了学生的母语能力发展。回归后,汉语的母语地位得以重新定位,先生在 2000 年编写的中外母语教材比较研究课题系列成为我们首次为香港设置母语课程的珍贵的参考资料。这系列中的著作如汉语文教材评价、选粹和比较,以及中外母语课程标准译编,更成为香港的大学研究院的课程学和中国语文教育课程的必读典籍。先生虽然因忙于编撰工作而多次婉拒我们的邀请前来香港交流讲课,未能让广大的语文教育工作者受惠,可是先生的著述,已为我们的母语课程设置提供了宝贵的指引,先生对香港所作的贡献,表面是间接的,可是影响是深远的。

本人自 2000 年开始也尝试从事母语教育的比较研究,虽然具备多语能力,科研资源及资讯亦较为充足,但仅仅比较了 12 个地区当前的母语课程与教学,已花了不少时间和人力。先生最近领导出版的母语教育研究系列,其覆盖面之广,资料的详尽实属空前。先生在过程中投入的热情、专注和精力,实在难以想象。这套世纪巨著,为从事母语教育的境内外同仁提供了宝贵的讯息,开拓了我们的国际视野,更促进了我们对母语教育定位的反思。先生的贡献,以"功德无量"四字来形容,当之无愧。

先生在过去几十年积累深湛的学养,广泛的人际脉络,统筹巨大的科研工程的宝贵经验,这些都是不可多得的。语文教育领域内,还有很多课题等着洪先生领导开发;众多的语文教育同仁,在期待着得到洪先生的教益!

创新²

创新²之路

1 开拓母语教材建设的创新之路

|顾明远| *

　　语文课程是基础教育中最基础、最重要的课程。语文是学习知识的基础，语文学不好，就难以学习其他学科的知识，也难以与其他人交流。因此，每个国家都十分重视语文课的教学。母语是本民族的语言，是一个人最早学会的语言。一个国家的语文教学往往就是指母语教学。多民族国家的语文教学除了本民族的母语教学外，一般也要学本国通用的语文，便于交往，具体情况要依据各国的政策而定。

　　母语课程是传承人类文明、弘扬民族文化、培养道德情操、促进智慧发展、掌握交流技能的途径。母语教材是母语课程的内容载体。母语教材编好了，才能实现母语课程的目标。因此，在母语课程目标确定以后，编写母语教材就是十分重要的环节。过去我国实施统一的教学大纲和教材时，教材是由专门的编者编写的。20 世纪 80 年代中期以后，实施一纲多本，教材编写的单位和个人就多了起来。虽然大纲是统一的，但编者的理念、观点不同，选材不同，编出来的教材就不同。现在国家改为颁布课程标准的制度，只提出课程的目标要求，不提出统一的大纲，编者的空间就更大了。如何把母语教材编好，历来是语文课程中的重要问题，而且有时意见分歧很大，例如语文课的工具性与文化性就争论了几十年，对课文的选择、古今中外比例的确定、文体的配置也有不同意见。因此，对母语教材进行深入研究，以促进母语教材改革是十分必要的。

-----

* 顾明远，中国教育学会会长，教授、博士生导师。

　　长期以来，语文教师只管按照编好的教材进行教学，很少去研究教材如何编写。其实，语文教师对编写教材最有发言权。他们天天与课本打交道，也最了解学生学习语文的情况。但是限于体制障碍和时间问题，教师往往站在编写教材之外。洪宗礼老师作为全国著名的语文特级教师，他在长期语文教学实践中深感语文教材的重要，也深知当前语文教材存在的问题。因此他在二十多年以前就开始研究起教材来，迄今已连续成功编写了三套初中语文教材，均顺利通过国家教材审定委员会的审查，列入国家教材书目，推荐各地选用。最新的一套新课程标准实验教材的使用面覆盖了 26 个省区。首都北京的海淀区也已连续使用了五六年，师生给予了好评。

　　国家教育科学"九五"规划时期，洪宗礼老师申报了"中外母语教材比较研究"的国家课题。我们评议小组的专家们都认为这个课题很新颖、很重要，洪宗礼老师对语文教学很有经验，有研究基础，因而一致同意批准了这个课题。课题组在洪老师的带领下，与南京大学、南京师范大学合作，开展了广泛而深入的研究，召开了多次专家会议甚至国际会议，研究取得了重大突破，成果表现在二百余万字的一套五卷本《中外母语教材比较研究》上。该成果获得了江苏省哲学社会科学优秀成果一等奖。教育科学"十五"规划期间，洪老师又继续承担了"中外母语教育比较与我国母语课程教材改革与创新研究"国家重点课题。这是对前一课题的继续与深化。经过 5 年的努力，又取得了丰硕的成果，2003 年已经出版了一部专著《当代外国语文教材评介》，十卷本《母语教材研究》已于 2008 年出版。从各卷的书名就可以看出，课题组全面系统地研究了中国大陆及港澳台地区百年来语文课程标准、教材，并对百年来的课文进行评析；研究了世界五大洲四十多个国家和地区的语文课程、教材和他们的教学经验，内容十分丰富。二期课题研究填补我国语文教材研究中的空白，不仅丰富了教育科学研究宝库，对我国当前课程改革也起到了借鉴、推动的作用。

　　我与洪宗礼老师是在审批课题时认识的，2000 年他的第一个课题结题时我参加了成果鉴定专家组，亲自聆听了洪老师的研究报告，拜读了他的研究成果。他作为教学第一线的语文老师，不仅亲自主持、具体指导了此项重大课题研究，而且担负了课题研究的经费，他把他编写教材的稿酬都投入到这项研究中。他的精神着实令我感动。"十五"课题的研究，难度更高，投入更多，共聚集了众多来自国内外高等院校、科研机构的一百六十多位专家学者，研究更加深入。我想，由一位中学教师来主持这样的重大课题，在我国还是第一次。课题研究所以取得如此大的成绩，是与洪老师的辛勤劳动分不开的；课题组能够组织这么强的力量，聚集这么多海内外专家参加，是与洪老师的人格魅力和忘我精神分不开的。

2 教材实验：教育名家成功之路

|顾黄初| *

晚清政府于 1904 年施行"癸卯学制"，语文就在新式学堂独立设科，从那时起到现在，中国现代语文教育的发展已经历了逾越百年的历史。在这一百多年间，中国文化教育界的累代学者，特别是其中一批又一批"睁眼看世界"的杰出知识分子，通过一次次尖锐复杂的理论争鸣和一项项科学求真的实验研究，在改革进程中不断思考、不断探索、不断发现、不断开拓，取得了令人鼓舞的实绩。

但是，正如历史已经证明的那样，凡是改革总不可能一帆风顺。特别是在封建积疾已延续了几千年的中国，语文教育教学要革新祛弊，谈何容易。在思考、探索、发现、开拓的风雨历程中，总是伴随着怀疑、踌躇、退缩，甚至还会时时听到嘲笑乃至呵斥的声音。在那个新旧交替时代，现实常常昭示人们：老传统未必都是痼疾，舶来品也并非都是珍品，重要的是要放出眼光，慎重择取。如何选择，怎样取舍，见仁见智，全凭实践检验。从这个意义上说，中国现代语文教育改革之路，不能不是一条革新的进步思潮与袭旧的陈腐意识相互碰撞又相互纠结，精髓与痼疾并存的"老传统"跟珍品与劣货同在的"舶来品"相互碰撞又相互纠结，不断出现理论交锋的艰难跋涉之路。更由于语文学科特殊的复杂性，中国近现代社会又处于重要的裂变期，再加上中国特有的地域差异所造成的经济、文化严重的不平衡性，使这种"艰难跋涉"有时几乎陷入"举步维艰"的困境。

---

* 顾黄初，扬州大学教授，著名语文教育家。

这就难怪教育界的一些前辈如叶圣陶、徐特立诸公，在谈到语文教育的现状时，都要焦虑地慨叹，语文学科的教材和教法，"五十多年来似乎没有多大改变"。从本质上来考察，阅读教学固然"改变不大"，只是读几百篇选文；写作教学"几乎没有改变"，还是教师出题目、学生按题作文这一套；至于听话、说话训练似乎还不如20世纪20年代推行新学制那时来得规范。连曾经担任过人民教育出版社社长兼总编辑、相对比较年轻的叶立群也说："语文教材，主要是中学语文教材，在编辑方法和体例上，半个多世纪以来，改革不大。如何改革，见仁见智，很不一致。"

这种"很不一致"，表面看来是在教材的"编辑方法和体例"方面，但究其实还主要是因为对语文教育中若干根本问题的思想观念"很不一致"。理论争鸣的时起时伏就是最好的证明。这类"争鸣"，既有对立的根本观念之争，也有认识上某种分歧之争，也有新旧意识之间你中有我、我中有你一时不易分辨的复杂矛盾之争，碍难尽述。

例如，新中国成立之前就有语体之争（先有文言与白话之争，后有白话与大众语之争）、语文课程目标之争、中学生国文程度是否低落之争等。新中国成立之后，最初由于特殊的政治需要，处处事事强调统一，所以并未产生什么争论，一直到1953年以后，中共中央成立语文教育问题委员会，胡乔木同志出任主任，决定试行语言、文学分科改革，这才引起新中国成立后第一场论争，即汉语、文学分科改革的利弊得失的讨论。随之而起的是关于语文教学目的与任务之争，即文与道的相互关系之争，以及语文课该不该上成政治课、该不该讲成文学课之争。争论之后刚形成共识，分科依然变成合科，重新制定大纲（1963年大纲），重新编制重视语文"双基"教学的新课本。短暂的平静，原本以为可以为探求语文教学规律做一些改革尝试，谁知1966年"文革"风暴袭来，岂止是语文教育，一切都陷入混乱之中。

还是姓"政"（或姓"思"）的问题。"文革"期间，语文是姓"政"，它是"阶级斗争的工具"，是"为无产阶级专政服务的工具"。现在，国家进入改革开放、推进国家社会主义现代化建设的新的历史时期，语文还是姓"政"吗？多数人认为语文在1976年"十年动乱"结束后，人们又重新意识到改革语文教育的重要性和迫切性。最首要的是要解决教材问题，而要解决教材问题，前提是要弄清楚语文究竟"姓"什么，是姓"语"还是应该姓"思"。洪宗礼当时就发表了长篇论文《试论语文的工具性》（1978），全文两大部分，主要论述两大问题：一论语文是基础工具，二论文与道的统一。我当时曾用一句话对该文作了评价："在当前的背景下，如此旗帜鲜明地阐述语文学科的'工具性'，是在教学思想上坚决肃清'左'的思潮影响的积极反映，十分难能可贵。"但还是有人提出不能仅仅强调姓"语"，还得重视姓"政"（政治性），起码还得姓"思"（思想性）。于是引起了一场语文姓"语"，还是既姓"语"又姓"思"的讨论。

到了20世纪90年代后期，由于语文高考中出现了"标准化"试题，这个"指挥棒"竟使正常的语文教学滋生了某种追求"标准"的僵化倾向，"语文姓'语'"的正确命题遭到了空前猛烈的抨击，原来的"语文姓'政'"或"语文姓'思'"之风这时忽然转而成为"语文姓'文'"。不过，这个"文"并非指"文字"，先是高扬文学大旗，是指"文学"，后又转而成为"人文"。据说这是从国外引进的语文教育"新理念"。在世纪之交，世界多元文化形成一股强劲的潮流猛烈冲击着各国传统文化的固有阵地。"从国外引进"，已经成为经济领域和文化教育领域使用频率极高的词语。这就难怪全国中语会理事长、著名语文教育家、杂文家、诗人刘国正先生不能不认定："高校特别是师范院校的中文系要大力加强外语教学。""学中文可以不必通外语，这是闭关锁国时期形成的落后思想，现在是抛弃这种思想的时候了。"这是对的。事实上，早在20世纪20年代，关心语文教育改革的前驱者中，胡适、陶行知、夏丏尊、朱自清、廖世承、艾伟、陈鹤琴等，无一不是精通外语、学贯中西；就连吕叔湘、张志公诸先生也都是从中外语言的比较研究中找到了中外语言的共同规律和各自的个性特点。只不过是眼下这样的杰出人才极其匮乏而已。国正先生的呼吁是解决这一时弊的一剂良方。

记得在 20 世纪 50 年代末，全国范围内展开所谓"文道之争"的时候，叶圣陶先生就说过这样的话：与其空发讨论，不如"把力用在实处"，为提高学生的语文能力多做些实事。到 80 年代初，当有人问他语文教学要怎样做才算成功时，叶老这样回答："语文教学，谈者纷纷，书刊不少。我以为多谈不如见之实践，教出学生来，善读善写，有识见，能应用，斯为成功之语文教育工作者。"可见，在叶老看来，争论的目的在清除分歧、达成共识，但因此而在一些似是而非的名词术语或大致相近的概念上绕来绕去，定要争一个我是你非不可，那就大可不必。重要的是"付诸践履"，"把力用在实处"，让受教的学生真正收到助益，这才算成功。在改革开放之初，为了尽快推进国家经济建设，小平同志曾果断地指出，不要在姓"社"还是姓"资"上争论不休，实践是检验真理的唯一标准，允许试验，就要坚持"摸着石头过河"，主张"不管白猫黑猫，捉到老鼠就是好猫"。大而之于国家建设，小而之于一门具体学科的改革，都要允许试验，让事实说话，在实践中探索，在实践中增强才干、积累经验，最终到达成功的彼岸。空谈误国，同样，空谈也可误事。

就是在 20 世纪 80 年代前后和 90 年代后期的两场有关语文教育问题的历史性大讨论中，江苏省泰州中学语文特级教师洪宗礼坚信实践出真知，经过不断的奋斗与拼搏，终于完成了他的语文课程教材研究历程中的两次历史性的大飞跃。

第一次是从理论探索到教材革新的飞跃。

洪宗礼的理论探索源自主客观两个方面的因素。一是有话要说。这是从主观方面说的。洪宗礼是幸运的。在 20 世纪的最初岁月，他从苏北师专毕业，就怀着"一定要当个好教师"的宏愿踏上神圣的教坛。他初为人师就经历了双重洗礼：一重洗礼是全国范围内正掀起"语文教学目的任务"和"语文课基本特征"两大热点问题的讨论热潮，"循文以明道，缘道以析文"的辩证文道观和"语文课就是语文课"的课程性质观，给他以深刻的影响；另一重洗礼是江苏省重点中学泰州中学是所名师荟萃的名校，早已被江苏省教育厅确定为进行中学学制、课程、教材改革的试点学校，从"三三制"改为"四年一贯制"，从旧制课程教材改为新编课程教材，洪宗礼在诸多名师的指点下，全身心地投入，得到了多方面的磨练。作为耕耘在第一线的语文教师，他深知教学的甘苦，在"教然后知困"的过程中深谙语文教学的全部奥秘，他有充分的发言权。二是有话该说。这是就客观形势说的。老一辈语文教育家们的急切呼吁，使他心灵再次被震撼。经过"十年动乱"，据调查所得，全国中小学毕业生语文水平极度低下、语文教学长期高耗低效的状况亟须改变。老前辈们对此不能不感到焦虑：语文教学少、慢、差、费的状况是个迫切需要改变的问题。为此要大力研究语文教学，尽快改革语文教学。既然是迫切的问题，就需要大力研究，一切都不能再迟缓，必须尽快行动。老人们的急切心情，充分表露在文字上。就是在这样的氛围中，洪宗礼觉得有话该说，这是自己的责任。便继"试论语文的工具性"之后，又写了"重在引读"、"想，是一个总开关"、"给学生一双鹰眼"、"练字·练话·练文"等一系列重要论文。这些发表在 20 世纪 80 年代前后的二百多篇论文，经精选后辑成题为《中学语文教学之路》（与程良方同署名）的论文集于 1986 年出版。这部论著的出版，意味着洪宗礼理论探索已获得初步成果，奠定了他作为语文教学领域一代名师的理论基础。

洪宗礼是个勇于实践又勤于思考的人，他忽然想到一个更深刻、更尖锐的问题：这些理论探索的成果，如果是正确的，那么怎样才能使第一线的教师读后产生共鸣并随即转化为他们的教学行为呢？他在沉思中产生了困惑。

我和宗礼是亦师亦友的关系。1963 年我调入扬州师范学院工作，1960 年洪宗礼从苏北师专毕业。苏北师专是扬州师院的前身，一贯为人谦和的宗礼，总是尊我为"师"。当时我还在扬州师院函授部工作，为编辑《语文函授》的需要，结识了不少来自第一线的中学语文教师，我总是把这些热心于教学改革并取得某些实绩的人尊称为"师"。日子久了，彼此互尊为"师"的志同道合者也便成了亲密无间的朋友。那天，宗礼刚把他编成的一批文稿寄给了出版社，心头顿感轻松，但同时也怀着某种期待："今后的路该怎么走？"到母校来想听听我的意见。我听了他的问话，脱口而出："编教材！"

虽说是"脱口而出"，在我却是多年研究现代语文教育史后得出的结论。辛亥以后直至新中国成立，这四十多年间，且不说小学语文教育界的吴研因、俞子夷、沈百英、魏冰心等大家，有自己的独到见解便自己主编小学语文教科书；就是中学语文教育界的穆济波、叶圣陶、傅东华、朱文叔、赵景深、孙俍工、夏丏尊、朱自清等大家，也都曾根据自己对语文教学规律（当然包括读写规律）的理解，尝试着独立或合作编著中学国语（或国文）教科书。旧中国的教育当局明文规定实行"审定制"，但实际上却是"自由制"，各大书局可以延聘教育名家来编著语文教科书，让各自的特色全部彰显，由各学校来自由选购。再版次数多，证明编著有水平、有特色，各校教师都爱用。可见，只要自己对语文教育的特点和规律确有独到的见解，而这些见解又来自于自己的教学改革实践，那么要让这些具有革新意义的见解在教学第一线的教师中引起共鸣，并转化为革新了的教学行为，唯一有效的办法就是"编教材"。让革新的教材来制约教法，使教法也走上革新之路，同时也用革新了的理念来提升语文教师的素养，最终达到提高语文教学效率的目的。

机遇终于来了。1986年，原国家教委在初步推行九年制义务教育的同时，成立了新中国成立以来第一个"中小学教材审定委员会"，变原来的"编审合一"制为"编审分列"制，鼓励国内各高等师范院校、各教育科研机构，甚至各中小学中有创见、有能力的个人或集体，按国家的统一要求来编制各学科教材，从中遴选出优胜者予以试用并逐步推广。这就给热心于教材改革的有志者以实现宏愿的机会。

"编教材"，洪宗礼认准目标便立即付诸行动，并在行动中力求完美。以列入国家教材办规划的九年制义务教育初中语文教材为核心，旁及写作教材（《作文百课》《三阶十六步》）和思维训练教材（《写作与辩证思维》《中学生思维训练》），构成读、写、思三者并驾齐驱的系列教材。所以有人称洪宗礼是语文教材改革家，应是名至实归、恰如其分的。

我是原国家教委全国中小学教材审定委员会第一、二、三届中学语文审查委员。洪宗礼主编的那套教材，内容和体例都有一定的特色，名为"单元合成，整体训练"，也使审查委员们有新鲜感。更令审查委员们感动的，是洪宗礼那种对编好教材的执著精神。北京大学中文系的知名文史专家冯钟芸先生是我们的组长，喜称洪宗礼是"拼命三郎"。他那种敢为人先，在继承传统的基础上突破常规的拼搏精神；为追求知识传授和能力训练的科学序列而废寝忘食的痴迷状态；认真听取审查意见，立即制订修改方案，要求编写组成员"自以为非"、"举一反三"，务必要把教材改好的从善如流、雷厉风行的工作作风以及永不满足、永不停步，不断指挥自己的团队向更高更远的目标奋进的大将风度，得到了历届审查委员们的高度评价。

要知道，一套自以为完美的语文教材（哪一位主编在送审之前不认为自己的教材是最"完美"的呢？）是一个整体，抽掉一篇课文，改动一项目标，变换一种呈现方式，甚至是改写一道思考练习题，"牵一发"势必要"动全身"，难度是很大的。洪宗礼把教材视同自己的生命，在他看来，改好他的教材就如同使他的生命肌体更加健康、更加具有活力一样；更何况教材的质量高低又关涉成千上万使用这套教材的莘莘学子，责任无比重大，所以他总是义无反顾，迎难而上。

审查委员们对那套教材的总的印象是改一次提升一次，不断修改就越日臻完善，到最后，教材的面貌竟去芜存精，焕然一新。难怪洪宗礼在编写组经常这样说："我姓改。"这里所说的"改"，不只是指按照审查委员们提出的意见认真修改，还指在广泛听取意见特别是听取使用这套教材的一线教师们的意见，凡是正确的、有利于提高教材质量的都虚心接受，毫不含糊。为此，到世纪之交，当年审查通过的十多套义务教育初中语文教材，凡属地方送审的，即使是已经列入国家教材规划的，也大都因各种原因"无疾而终"，唯独"洪氏教材"以崭新的姿态与人教版教材双峰并峙，成为初中语文教材的双璧。

这里就不能不提到他的第二次飞跃，从某种意义上说，这是一次具有更深远意义的飞跃。

叶圣陶先生曾经说："执一不二，光知守而不知变，不求变，不善变，是极不适宜于做人之道的，尤其是在多变激变的 20 世纪 80 年代。"洪宗礼对"多变激变"的时代特征有清醒的、充分的认识，因此在他的实践成果中总能看到不断渗入的时代新质，在他的理论思考中总能发现活跃着新的理论元素。即使是在 1997 年下半年掀起的那场从"忧思"到"审视"的所谓语文教育问题的大讨论中，他所看到的也是其中某些"合理内核"，而把自己的关注点锁定在"改革"、"创新"两大时代主题上。在 20 世纪末，教育部全面启动了新一轮的课程改革，随后不久便出台了《基础教育课程改革发展纲要》，制定了包括语文学科在内的 20 个学科义务教育课程的标准。作为在初中语文教材建设中打拼了十多年并作出重要贡献的洪宗礼，必须正视这新一轮课程改革的必要性和紧迫性，必须正视新颁发的义务教育初中语文课程标准。尽管这个标准的制定，理论准备不足，布点试验又匆忙，在许多方面还有待实践检验，但洪宗礼用他特有的敏感性和鉴别力，把该标准中一些新元素，概括成六大理念：人本理念、整合理念、主体理念、开放理念、弹性理念、民主化和人性理念，并据此改进自己的国家课程标准初中语文实验教材。与此同时，他又开始了一场更深层次和更广范围，而且几乎是"悄无声息"的战斗——研究中外母语教育的历史和现状，进而探求中外母语课程教材建设的共同规律和个性差异，力图给我国的语文教育改革找到一条科学有效的途径。

这样一种宏大的愿望，凭洪宗礼这样一个中学语文教师（尽管他早已是江苏名校泰州中学的副校长）有可能去实现吗？

是的。这个课题是个价值极高而难度极大的课题，可以毫不夸张地说，是个世界性难题。许多国家级出版机构和教育科研单位曾尝试，有的未坚持到底、中途歇手，有的至今未取得明显成果。然而泰州中学的洪宗礼，却"异想天开"，竟要啃一啃这块硬骨头，敲一敲这座藏金蕴玉的宝库之门！

经过前后 12 年的合力攻关，竟然啃碎了这块骨头，敲开了这扇大门，取得了初步的但极其辉煌的成果：第一战役，完成了《中外母语教材比较研究》（5卷）和《外国当代母语课程教材评介》（1卷）。第二战役，完成了规模更大的10卷本专著《母语教材研究》。两大战役，其成果共16卷，约八百三十万字。特别是第二战役，前后聘请和邀集国内外专家、学者一百六十多位，其中相当一部分是中外母语课程教材研究的顶级专家和权威教授。课题研究所投入的人力之多、人才之广、权威性之高、凝聚力之强，是在国内教育科学研究中所少见的。

对于这项研究成果的价值，已有国内外众多专家、教授，以及从中央到地方各级教育行政部门具有远见卓识的领导人作了高度评价，这里不再赘言。我想强调的有两点：

一是课题主持者洪宗礼、柳士镇、倪文锦在《母语教材研究·总论》中提到通过研究所获得的"五个方面的成果"和"十条共识"，在我看来是20世纪初语文独立设科以来的一百多年间，对于现代语文课程教材建设来说，其理论意义和实践价值最高的一项成果，切切实实地把这些成果转化为改革实践的具体行为，我国百年来众多从事母语教育改革尝试的先哲今贤的历史性企盼可望逐步实现。我们再也不能让这些成果成为一纸空文和一句空话，而使中国语文教学高耗低效的状况依然故我，那我们就真正对不起子孙后代了。在这一方面，洪宗礼为我们作出了榜样。他在这十多年率众奋进的艰难历程中，总是坚持一贯的作风，边研究、边思索、边考量、边择取，把自己主编的那套义务教育初中语文课本，精益求精，编得更加出色，以致成为当代基础教育初中段中最有特色、最具创新风貌因而也最受师生欢迎的一套语文课本。可以这样说，洪宗礼把自己主持的重大研究课题的成果及时转化为进一步完善自己的教材使之成为精品的行动，又为我们作了表率。

二是洪宗礼在课题研究中，不但吸取中外母语教材编制中一些优长之处来进一步净化、精化自己的教材，而且他在语文教育研究中多年积累的那些理念和见解也得到了进一步的系统化、精致化、哲理化。试看《洪宗礼文集》中编入的最新撰写的几篇语文教育新论，如《我的语文教育观》《语文教育随想录》《语文教育链》《语丝》《求索》等，其视野的开阔、议论的精粹、观点的辩证、眼光的深邃，达到了又一个新的高度。这也为广大热心的读者在研读这 16 卷皇皇巨著时，潜心钻研，善于吸纳，联系自己实际，提升自己素养，努力攀登学术高峰，成为名副其实的学者型、科研型教育专家，提供了范例。

一位著名高校的著名教授知道了洪宗礼的事迹后不禁感叹：这真是个奇迹！确实如此，洪宗礼经历之所以具有震撼人心的力量，就是因为他想了人们不敢想的事，做了人们不敢做的事；他不但想了做了，而且做的比想的更为出色，想的比做的更为深远。我所说的两次飞跃，实质上是他创造了两个奇迹。

用革新了的理念来编制革新了的教材，理念与时俱进，教材面貌也随之日新。在中国现当代语文教育史上，有谁见过一套教材经不断修改、不断完善，一版再版，竟一直沿用了二十多年，看来还要一直延续下去；使用范围从一个县级市扩大到一个省辖市，再扩大到若干个省，最后扩大到全国 26 个省、市、自治区，600 多个实验区（县、区），使用的学生有数百万名，连北京市以文化教育著称的海淀区的初中师生们也欢迎并使用这套教材？至少我没有见过。

多少年来，不少教育科研机构和国家级专业出版机构，梦想要引进国外母语课程教材建设的第一手资料，拿这些"舶来品"来同我们自己的母语课程教材作系统的、全方位的比较研究，可是梦想仍然只是梦想；而洪宗礼主持的这个规模宏大的研究课题，居然把这个梦想初步实现了。

洪宗礼创造的奇迹，给我们的启示是多方面的：

有"志"就能创造奇迹。南京大学文学院教授、已故著名国学大师胡小石先生曾嘱咐学生们："做学问，头必须昂于云天之外，脚又必须站定大地之上。"洪宗礼就是一个立志高远而又脚踏实地的人。这样的人才有可能创造奇迹。

有"恒"就能创造奇迹。心志不专，行常犹豫，不能成大事；只有"咬定青山不放松"，坚定信念，矢志不渝，才有可能创造奇迹。

有"人和"就能创造奇迹。天时、地利、人和，是事业成功的三大要件。在洪宗礼看来，对于一个编写组、一个课题组、一个团队而言，天时和地利是客观存在，个人几乎是无能为力的；只有人和是主观可以左右的，和谐合作的氛围是可以创造的。洪宗礼凭借着他所创造的"人和"环境创造出了奇迹。

我还要说，归根到底，有"爱"就能创造奇迹。洪宗礼对祖国的语文教育改革事业爱得执著，爱得深沉，爱得痴迷，让病魔畏而却步、束手无策，所以他能击退包括病魔在内的一切阻力，最终创造了奇迹。

3 语文教育"链"模型建构与价值功能

|倪文锦|*

在自然界，有食物链之说；在生物学界，有生物链之说；在金融界，有资金链之说；在产业界，有产业链之说……链者，环环相扣，首尾相连之谓也。任何一个链，它的有机构成和运作，标志着一个新系统的建立和新功能的发挥；它的断裂，则意味着该系统的解体和功能的破坏或丧失。在语文教育界，明确提出语文教育"链"构想的，当推洪宗礼先生。有关语文教育"链"的内涵，洪先生的著述以及其他研究文章论述颇多，本文仅从语文教育"链"的模型建构与价值功能两方面作一粗浅的探索。

一、语文教育"链"模型建构

1. 何谓语文教育"链"

洪宗礼先生认为，所谓语文教育"链"是指为探索语文教育体系建构的基本原理以及各要素之间的逻辑联系，探索科学的语文教学的序而建立的系统。它能从宏观与微观的结合上相对地、比较客观地反映语文教育的全貌及其内在联系，揭示语文教育的客观规律。因此，如何通过构建语文教育的这一生态链，形成良性循环，以有效保证语文教育目标的达成，这是长期萦绕在洪先生脑际并致力解决的一个根本问题。

---

* 倪文锦，全国高等师范院校教学法研究会副会长，杭州师范大学教授、博士生导师。

在现代科学方法论中，模型建构是一种重要的研究方法。模型建构的主要特点是：排开事物次要的、非本质的部分，抽出事物主要的、有特色的部分进行研究。它将事物的重要因素、关系、状态、过程，突出地显露出来，便于人们进行观察、实验、调查、模拟，也便于进行理论分析。通过模型研究，获得对客观事物原型的更本质、更深刻的认识。为此，洪先生积几十年语文课程教材教法实践与理论研究之经验，在系统科学思想的指导下，以教育心理学理论为依据，用模型建构的方法，绘制了"语文教育链"，这是一个难能可贵的尝试。

从方法论的视角审视，构建语文教育"链"，就是运用科学方法论，把语文教育过程中教师启发学生学习知识、引导历练、发展能力、获得方法、养成习惯和提高思想文化素养等各种语文实践活动构建成一个系统，使之形成纵横结合的科学体系。

语文教育"链"模型如下图所示：

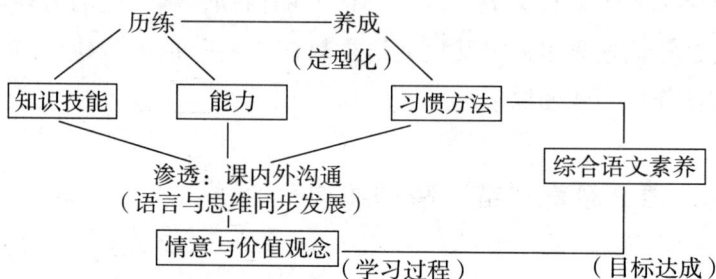

语文教育"链"建构图

语文教育"链"模型具有以下一些特征：

（1）系统性

语文教育是一个复杂的系统。不仅它的内部构成要素繁多，系统运行没有刻板的程序，而且它的外延与生活的外延相等，与时代、与社会、与学生密切联系……这种复杂性导致"瞎子摸象"的现象在语文教育中屡见不鲜。有人"摸"到了语言文字，以为"说文解字"是语文教学的本职工作；有人"摸"到了语言文章，就把文章学视为语文教学的经典；有人"摸"到了语言文学，就坚持要把语文课上成文学课；也有人

"摸"到了语言文化，就以为学语文应该回归四书五经……这种孤立的、静止的、缺乏联系的观点正是缺乏系统思想的表现。

洪先生认为：语文教育是一个庞大的教育工程、社会学工程，研究这一工程，是不能孤立进行的。"横看成岭侧成峰"，从不同侧面看语文教育、语文课程教材，都只能窥视它的一个侧面，往往会只见树木不见森林，甚至会一叶障目，以偏概全。用系统思想研究语文教育和语文课程教材，就要把对它的一切微观研究置于整个教育的宏观系统的研究之中。他主张"要多角度、全方位地从宏观和微观的结合上进行深入细致的不同层面、不同维度的整体研究，用心寻找语文教学诸种结构元素之间的联系及其最佳结合点，不断探求其规律性，并构建其学科体系"。

在洪先生的语文教育"链"中，语文教育是一个多层次的复杂系统。它包括三个维度：一是内容维度，二是过程维度，三是关系维度。

从内容维度看，语文教育"链"把语文教育分为"知识技能"、"能力"、"习惯方法"、"情意与价值观念"四个部分，这些因素共同构成语文教育内容要素。

从过程维度看，语文教育"链"揭示出语文教育主要是通过"历练"、"养成"、"渗透"三种语文教学行为或手段来完成的。这些教学行为方式和教学内容之间存在着对应关系。要获得语文知识、技能，掌握语文学习方法，形成语文能力，养成习惯和培养情意品德、形成价值观，就必须经过严格而科学的言语实践，持久而深入的文化熏陶，历练养成，渗透积淀，缺一不可。

从关系维度看，语文教育"链"用"中介"、"定型"、"语言思维同步"等揭示上述内容要素和过程要素之间的关系。要把语文知识转化成语文技能（能力），必须经过言语实践，进行科学训练，因此历练是"中介"。掌握方法、形成能力，并加以内化，熟练到自动化的程度，也成了习惯，洪先生将它称作"定型化"。同时，语文教育过程中情意价值观的渗透，也离不开语言与思维同步，因为由此才能达成语文素养的全面提升。

由此可见，语文教育"链"是由语文教育"内容"、"过程"和"关系"三个子系统联为一体的大系统。

（2）整体性

作为一个系统，语文教育"链"体现了系统是由若干要素以一定结构形式联结构成的具有某种功能的有机整体。它具有一般系统共同的基本特征：整体性、关联性、等级结构性、动态平衡性等。

以往，人们对语文教育的研究不可谓不多，但总体上说，这些研究大多是从不同角度进行的程度不同的局部性开掘和研究，它们往往只是单侧面的、经验性的，理论思维不够，只能部分揭示或反映语文教育的某些本质和原理。分散的、单一的、个案的、局部的研究固然是学术研究的基础和重要环节，但它们不能代替整体的学术观点和系统的理论思维。系统论认为，任何系统都是一个有机的整体，系统中各要素不是孤立的存在，也不是各个部分的机械组合或简单相加。要素之间相互关联，构成了一个不可分割的整体。因此，如何站在理论的高度，从语文教育的整体出发，探讨语文教育的本质和规律就显得尤为迫切。洪先生认为，要客观而辩证地分析各种矛盾关系，力求抓住它的主要矛盾，从而变烦琐为简约，变肢解为综合，使语文教学的各个方面、各种因素结合成一个和谐协调的有机整体，能够发挥系统的整体功能和综合的教学效应。

洪先生的语文教育"链"就明显地渗透着一种整体建构的思想。他指出，语文这个科学组合的有机综合体，"恰似一个多棱镜。我们应当运用系统思想和矛盾的法则，揭示语文教学内容诸多方面要素的辩证统一关系，弄清这个多棱镜的'庐山真面目'"。他从实践出发，反对语文教育中片面机械地强调某一方面或要素的做法。他曾经说过："语文教学是一个纷繁复杂的多面体，语文教学追求的不是'碎砖片瓦'，我们要运用系统思想，进行深入细致、不同层面、不同维度的整体研究，用心寻找语文教学诸种结构元素之间的联系及其最佳结合点，不断探求其规律性，并构建其学科体系，要使语文教学的各种因素、各个方面结合成一个和谐协调的有机整体。"

如果"内容维度"呈现的是一个个节点，"过程维度"呈现的是各个要素之间转化的手段，"关系维度"呈现的是各个节点、要素之间的联系，那么上述三个维度就构成了语文教育"链"立体的动态的运行框架，三个层面的综合作用揭示了语文教育整体的运行特点、方式和基本规律。语文教育"链"强调系统整合，旨在发挥语文教育的整体功能，通过要素与要素、要素与系统之间的相互作用，促使系统目标达到优化，深化人们对语文学科及其教育的认识和理解。

（3）科学性

一般认为，语文教育系统的运行由于没有固定的程序，因此语文教育没有科学性可言。什么是科学？符合规律就是科学。所以，科学性也就是符合规律性。洪先生认为，语文教育是模糊的科学。说"模糊"，是因为语文教育的整体效应很难精确度量，语文教学也往往很难固定标准答案，但"模糊"并不是提倡教学"杂乱无章"，而是要求教者把握语文内在的联系，遵循语文教学自身的规律。这又是"科学"。当然，这里的"科学"也不要求什么丝丝入扣，更不必去刻意追求理科那样的严密性，所以它又有一定的模糊性。这正如人们所说，"教学有法"，但"教无定法"。"教学有法"，指的是教学是有规律的，它具有一定的法则、原理。"教无定法"，指的是具体的教学方法不是一成不变的，而是灵活多样的（"模糊的"）。前者着眼于科学性，后者则着眼于艺术性。要使教学收到最佳效果，必须做到科学性与艺术性的统一。然而，现实生活中不少人对"教学有法"、"教无定法"的理解，往往存在很大的偏颇：一讲"教学有法"，便恪守成法不变，教条主义、公式化；一讲"教无定法"，又成"运用之妙，存乎一心"，只可意会，不可言传；教学上的程式化和主观随意性即是这种偏见的突出表现。其实，教学艺术的丰富多彩，并非就是"天马行空，独来独往"；教育科学的严谨系统，也非刻板教条。

我们讲语文教育"链"，力求体现科学性，是指它能够揭示不同层面各种要素的构成，各个要素之间的关系和整个运行机制。就像人体是一个有机的生命系统一样，各个脏器、组织、器官在生理上相互联系，通过经络系统有机地联系起来，构成一个表里相联、上下沟通、协调共济、井然有序的统一整体，保持协调平衡运行，才能保证生命体的健康。语文教育同样如此，是一个复杂的、有机的言语生命生成系统。知识技能、方法习惯、情感态度各个要素只有彼此协调，共同发挥作用，才能达成语文教育目标。巴班斯基曾经把辩证的系统论观点作为教学论研究的方法论基础，以整体观点、动态观点、综合观点、相互联系观点、最优化观点等指导教学论研究，提出了教学过程最优化理论。显而易见，洪宗礼语文教育"链"思想与巴班斯基的理论是一致的。

现在人们往往担心提倡教学的科学性会妨碍和否定教学艺术性的发挥。正是这种片面的认识，使我们的教学长期以来盲目地把主要精力用于对教学艺术的追求上，而忽视对教育规律的探讨。事实上，"科学"常常表现为一定的"程序"或"规格"，用来判断是非的标准较明确，形态相对稳定。而任何艺术的成长历程，又总是经历由步步"入格"（掌握规格或程序）到步步"出格"（灵活运用规格或程序）。因此，语文教育"链"提倡语文教育的科学性非但不会妨碍和否定教学艺术性的发挥，恰恰相反，它能帮助和促进教学艺术的提高，缩短教学艺术形成所需要的时间。

二、语文教育"链"构成：覆盖三大领域，突出四大要素

1. 三大领域

洪先生构建语文教育"链"模型是以教育心理学理论为依据的。用现代教育心理学的观点来看，课程目标的本质是对学习结果的预期，因此教育心理学关于学习结果的分类与课程目标的分类往往具有高度的一致性。如布卢姆等将教学目标分为认知学习领域、动作技能学习领域和情感学习领域三个方面。每一领域由多个亚类别组成，子类间具有层次性。学习过程由下层向高层发展，下层目标是上层目标的支撑。加涅对学习结果进行了分类，提出了五种学习结果：言语信息、

智慧技能、认知策略、动作技能和态度。他将学习结果分为认知（言语信息、智慧技能、认知策略）、动作技能和态度三方面。加涅的"言语信息、智慧技能、认知策略"三项大致可以归入布卢姆的"认知领域"；而加涅的"态度"则相当于布卢姆的"情感领域"；"动作技能"领域的学习则是两种分类系统所共有的。再如安德森的关于陈述性知识、程序性知识、策略性知识的分类也大致分布在认知、动作、情感等方面。尽管这些分类各有侧重，但都倾向于把学习目标或结果分为知识（信息或陈述性知识）、技能（产生式或程序性知识）、策略（特殊的程序性知识）和态度（情感）等类型。

从洪先生的语文教育"链"的内部构成看，它完全覆盖了认知、动作、情感三大领域。语文知识大致是言语信息学习，自然属于认知领域；掌握语文学习方法（养成习惯）属于认知策略的学习；语文技能、能力属于智慧技能领域；情意与价值观念属于情感领域。不仅如此，洪先生对奠定语文教育"链"思想的许多论述，如五"说"语文教育观以及要素构成观、整体建构观、综合效应观、语言文化观、科学模糊统一观等，谈的虽然是语文，但与布卢姆理论注重知识的积累和学习过程的循序渐进，与加涅理论注重学习主体的认知特点，发展思维和培养解决问题的能力，与安德森的广义知识论等，非常契合，对学生综合语文素养的提高具有切实的意义。

2. 四大要素

语文教育是一个由各种要素构成的复杂系统。说它复杂，是因为语文教育目标多元，内容繁多，层次繁杂，过程漫长，因此对复杂系统要素的划分要有科学依据。从语文教育内容看，语文教育"链"突出"知识技能"、"能力"、"习惯方法"、"情意与价值观念"四要素，是经过严格筛选的。

毫无疑问，语文基础知识、语文基本技能是语文教育的基础。正如洪先生所说，语文基础知识与语文基本技能是构成语文能力的主要部分，它犹如语文教育大厦的墙基，教学中必须夯得扎扎实实。因此，它们是构成语文教育"链"的基本要素。一般而言，技能可以从属于能力，这里也可以把"知识技能"、"能力"整合为"知识与能力"。

掌握方法是培养能力的关键。换一个角度，也可以把方法视为认知策略，是智慧技能，也即智力的一种表现。学得语文知识、习得语文能力，都离不开学生艰苦的智力劳动。我们注意到，语文教育"链"中"语言与思维同步发展"，不仅指语言是思维的直接现实，同时也指语文知识、能力的获得与以思维能力为核心的学习主体的智力发展是同步的。因此，智力也是构成语文教育"链"的基本要素。

语文教育具有深刻的移情性。作为表情达意载道的载体，语文课程中的言语作品无一不是思想观点、情感态度、价值观念与语言运用的统一体。所以，语文教育就不可能回避它的思想性与情意性。这就是洪宗礼先生"工具说"的特质，即谋求语言和形式的统一，以取得语文课程与教学的"综合效应"。因此，语文课程的情意价值观念，也就成为构筑语文教育"链"的基本要素。

从根本上说，知识是人类的认识成果，是智慧的结晶；能力是人们从事某种实践活动所表现出的心理特征水平；智力即认识能力，是人们认识客观事物的能力。如果说知识是人的智力活动的一种"物化"，那么人的实践则是这种"物化"的唯一源泉。语文知识是人类语文实践在人们头脑中反映的产物，学生之所以需要学习语文知识，是因为它能够正确指导他们具体的语文实践。这种指导作用，正是人的智力的体现。因此，智力是联结语文能力和语文知识的中介。由此，我们可以得出这样一个因果循环链：

（实　践）	（认　识）	（理　　论）
语文能力	智　力	语文知识

中　介

如图所示，语文能力不仅依赖于语文知识，也依赖于智力；语文知识不仅依赖于语文能力，也依赖于智力；智力不仅依赖于语文能力，也同样依赖于语文知识。随着语文实践的增加，人的智力活动的发展，不断形成新的语文知识，从而进一步指导人们的语文实践，使语文能力不断提高到新的水平，并逐步使人们的语文实践从必然走向自由。这是一个循环往复、螺旋上升的过程。

一方面，知识是基础，是向能力转化的前提。一个人如果不学习知识，不从人类的认识成果中吸取营养，他的能力必然很差，所以无知即无能。没有知识谈何转化？无知绝不会思考、论证，更不会创造。所以知识与能力往往有它的一致性。但我们不能由此得出这样一个结论：只要知识学得多，能力就一定强。从上图可知，能力的形成并不直接依赖于知识，而是与智力直接相连，并且必须通过实践。一个学生只注重学语文知识，而不进行语文的基本实践，尽管可以部分地增强思维能力，但语文能力结构必定是不完备的。这是因为，知识是静态的，能力是动态的。一味死记硬背，学的知识可能很多，但还是死的，能力并没有得到相应提高。另一方面，知识的获得也离不开一定的能力。能力总是在学习知识的过程中产生，在掌握和运用知识（包括知识的方法）的过程中成熟和发展的。所以，所谓语文能力，指把语文知识运用于语文实践，能够分析和处理语文实践中的各种问题。没有听、说、读、写的语文能力，对语文知识的吸收也就发生困难。可以这样说，一个人语文能力的大小强弱，直接制约着对语文知识吸收速度的快慢和程度的深浅。

再看能力和智力的关系。它们既有区别又有联系。简单地说，能力属于实践活动的范畴，它要解决的是会不会、能不能的问题；而智力属于认识活动的范畴，它要解决知不知、懂不懂的问题。但两者又有联系：认识总是在一定的实践活动中进行，世界上不存在脱离实践活动的认识；同时，实践活动又必须有认识参加，世上同样没有无认识参加的实践活动。学习的本质就在于手脑结合，认识与实践的统一。语文教学培养能力与发展智力是并行不悖的。

最后看智力与知识的关系。从总体上说作为人类智力活动的结晶，知识属于整个人类，而非认识个体所拥有的知识。但学生作为认识的个体，他们的智力发展是同他们掌握的知识分不开的。现代认知心理学的研究表明，学习过程指具有内在结构的知识与人的认知结构（已有知识经验）的相互作用，从而使知识在人们头脑中获得新的意义。学生正是通过这样的过程，建构新知的意义，认识和理解周围环境。在这个过程中，他们的智力得到了开发。因此，所谓智力的高低，实质上主要指认知结构的完善与否。至于智力与知识的相互联系，则主要表现在两个方面：一方面是认识结构会对知识的摄取产生直接的影响；另一方面在于知识结构可以转化为认知结构。在语文教学过程中，学生可以凭借良好的认知结构和这种结构的迁移不断获得新知识，而认知结构不完善则容易产生负迁移，影响新知识的接受。同时，合理的语文知识结构不仅可以简化知识，导致新知识的产生，有利于知识的运用，而且可以使学生建立起精确的、高度分化的认知结构；结构不合理的语文知识，则容易使学生的认知结构趋于模糊、混乱。我国历代教育家极为重视"举一反三"、"闻一知十"、"触类旁通"等，其实质就是重视通过合理的知识结构去塑造学生良好的认知结构。语文知识越是能归结为一般理论，其适用性就越普遍，对开发智力就越有价值。

关于语文知识，大家不赞成语文课程照搬语言学、修辞学、文学等知识，因为事实证明，原封不动地照搬这些知识并不能有效地培养和发展学生的言语实践能力，但这并不意味着语文课程没有知识或不需要知识。从课程论的角度看，我们对语文知识既不应该也不可能予以回避。所以问题的实质不在于要不要知识，而是需要什么知识的问题。轻视和忽视语文知识是不足取的。

三、语文教育"链"功能

模型构建是一种重要的科学操作与科学思维的方法。它为解决特定的问题，在一定的抽象、简化、假设条件下，再现原型客体的某种本质特性；它是一个中介，便于人们更好地认识和改造原型客体、构建新型客体。从实践出发，经概括、归纳、综合，可以提出各种模型，模型一经被证实，即有可能形成理论；也可以从理论出发，经类比、演绎、分析，提出各种模型，从而促进实践发展。优秀的模型是客观事物的相似模拟，是真实世界的抽象描写，是思想观念的形象显示。从模型的功能而言，如同其他模型一样，语文教育"链"也显示出以下一些特征。

1. 构造功能

系统论告诉我们，任何系统都是一个有机的整体，系统中各要素都不是孤立的存在，或简单相加和机械组合。所以在研究某种复杂事物时，为了更方便明晰地发现和把握复杂事物的本质规律，就要把这个事物简化、概括、提炼，把它划分为若干部分、成分、过程等，揭示出事物在不同层面的各种要素构成，这是系统建构的第一步。然后具体研究各要素之间的关系，进而把握复杂事物的内部构造和运行机理。系统论的一个核心思想就是系统的整体观念。要素之间相互关联，才能构成一个不可分割的整体。语文教育"链"先通过要素分析，然后探求要素之间的联系，以一个立体的网络结构的图景为我们提供关于语文教育的一种整体形象，包括系统内各个部分的次序以及相互关系。

2. 解释功能

大家知道，与其他学科相比，语文学科的知识体系、能力训练序列、范文系统、教材编辑和教学过程有其自己的个性。也许知识体系不那么严密，逻辑体系不那么明显，训练序列也比较模糊，它遵循的是一种心理的、情感的和实践的原则。怎样认识这个体系，语文教育"链"把这些原本复杂含糊的信息以简洁的方式描述和呈现给读者，发挥了解释或说明的功能。

3. 启发功能

一般而言，模型的启发功能，主要指引导人们关注某一过程或系统的核心环节，以达到更深刻理解的目的。如语文教育"链"中为什么有知识、能力、智力和情意价值观的相互作用，这可以启发研究者考察学生的语文学习心理过程。因为学习的心理过程，一方面是感觉—思维—知识、智慧（包括运用）的过程；另一方面又是感受—情感—意志、性格（包括行为）的过程。前者主要与智力因素，即注意力、观察力、思维能力、联想力、想象力的活动有关，后者主要与非智力因素，即动机、兴趣、情感、意志和性格等有关。所以作为完整的心理过程，语文教育"链"反映了语文学习活动总是在智力因素与非智力因素相互交织、共同作用下进行的。

4. 预测功能

模型的预测功能，可以在某种程度上提供事件的进程和结果，根据系统内的变化描述可能的结局。如以往的语文教学把语文教育内容肢解成上百个"知识点"，然后大搞机械训练、重复训练、盲目训练，其结果，必然会导致少、慢、差、费。因为这不是有意义的言语实践，其发挥的功能必然是负面的。而"知识"如果能明确是指语文教育内容中必需的语文知识，"历练"是指基本训练、科学训练，那么重视语文的基本知识和基本技能训练，其可能的光明结局也是可以预测的。而时下一些地方不去考察语文知识的内涵和语文训练的实质，一味地淡化知识、淡化训练的做法，必然会导致语文教学质量下降的预期也是不可避免的。

四、语文教育"链"价值意义

众所周知，教育的根本问题是培养什么样的人和怎样培养人。在明确培养什么样的人这一方向以及人才培养规格以后，落实在具体的学科教育中，问题的关键就转变为用什么内容培养（教学什么）和怎么培养（怎样教学）。为了解决这一长期困扰语文教育的难题，洪先生尝试构建语文教育"链"。这一尝试的价值意义主要如下。

首先，它简化了语文教育系统的头绪。

语文教育"链"以几个简明的概念覆盖和囊括了这个系统内部的诸多元素，努力展现出语文教育系统基本元素之间的关系及其运行规律。因此，语文教育"链"既可以使一线语文教师（特别是青年教师）比较容易地把握语文教育教学的基本元素和规律，也可以使语文教育研究工作者以此为蓝本，吸收它的哲学与教育心理学的理性精神，从各个不同方面继续深入展开对语文教育系统的研究，进一步夯实它的理论基础。我们今天研究语文教育"链"，不仅在于认识这一系统的特点和规律，更重要的还在于利用这些特点和规律去控制、管理、改造或创造新的系统，使它的存在与发展更合乎人的目的与需要。也就是说，研究语文教育"链"的目的，不是终结对语文教育这一复杂系统的认识，而在于使系统达到最优化。

其次，它体现了对复杂事物研究的思维方式的革新。

谁都承认，语文教育是一个复杂的大系统，而复杂的事物不能被概括为一个主导词，不能被归结为一条定律，不能被划归为一个简单的概念。如果只是简单地把事物分解成若干部分，抽象出最简单的因素来，然后再以部分的性质去说明复杂事物，这是简单机械的分析方法。传统的研究方法的"化简"和"割裂"——就是把复杂还原为简单；把事物不同层次或不同方面的特质截然分开，追求绝对、划一、永恒，企图以一种范式完全取代另一种范式，一劳永逸地解决事物的所有问题。这种简单的思维方法反映到我们语文教育中，常常表现为非此即彼，用一种倾向掩盖另一种倾向，使教学走向极端。而洪宗礼构建语文教育"链"，就突破了过去一元化的简单思维方式和二元对立的思维模式，采用复杂思维方法，进行系统建构。目的是要客观而辩证地分析事物的各种矛盾关系，力求抓住它的主要矛盾，从而变烦琐为简约，变肢解为综合，使语文教学的各个方面、各种因素结合成一个和谐协调的有机整体，发挥系统的整体功能和综合的教学效应。他说：系统思想是开启母语研究大门的钥匙。母语教育是一个庞大的教育工程、社会学工程，研究这一工程，是不能孤立进行的。用系统思想研究母语教育和母语课程教材，就要把对它的一切微观研究置于整个教育的宏观系统的研究之中。他采用的是整体思维、关系思维、辩证思维、生态思维，所以系统思维、整体建构是洪宗礼语文教育思想的重要特征。

最后，它反映了研究者对母语文化价值的追求。

在语文教育"链"中，显性的文字中虽然没有"文化"二字，但这个模型的立足点却实实在在是文化。洪先生构建的语文教育"链"既是生态链，又是文化链。这里面有课程文化、教材文化、课堂文化。不仅语言文字是文化，而且语言文字承载的也是文化，学习语言文字就是学习文化。

当代社会认知心理学和建构主义认为：语言既是人内在心理的一种社会机制，又是一个国家、民族的内在心理构成的社会系统。从教育文化学的角度来看，语文教育"链"所揭示的语文教育的过程其实就是将一个民族的文化结构和系统，内化成学生自我的精神构成，使得公众文化、民族文化转化为个体文化、自我的精神、态度和价值观念。语文教育就是这样一个文化化人的过程。洪先生认为，在语文教育中，语言和文化是密不可分的共同体，语文课程文化只有借助语言才能表达出来；学习者也只有在语言研习的过程中才能培育、感受、涵泳语言文化之美，获得文化熏陶。研究语言就是研究文化。他强调母语课程教材改革者必须直面母语课程教材的文化价值，务必致力于加强民族优秀文化的理解和吸收、创造和发展。因为任何一个民族的语言文字不仅仅是一个单纯的符号系统，它反映了一个民族认识客观世界的思维方式，蕴含着民族精神的深厚积淀；它是维系民族精神和民族感情的心理纽带，是民族生命的组成部分。民族文化是一种取之不尽的宝贵资源。越是民族的就越是世界的，是说我们的文化要有自己的传统，自己的立足点，自己的性格。从母语教材文化建设的角度看，挖掘民族文化的优秀资源，保护好民族文化遗产，是推动当代文化发展，建立文化创新机制，保障民族文化生生不息的文化源泉。今天的母语教育和课程教材改革，就是要站在历史发展的高度，以更广阔的视野塑造母语课程教材文化。

总之，语文教育"链"上述的价值功能启示我们，面对复杂的语文教育问题，需要引入模型研究的方法，而通过对模型进行简约、鲜明、准确且具有普遍性和启发意义的研究，必将有助于我们不断提升语文教育研究水准，努力提高我们解决语文教育实际问题的能力。

4 "五说"语文教育观
——语文教育"链"的理论支柱

| 倪文锦 |

洪宗礼的语文教育"链"是有其深刻的思想基础的。其中，他的"五说"语文教育观就是典型的代表。"五说"，即工具说、导学说、学思同步说、渗透说、端点说。这是基于语文课程性质、特点与教学的复杂关系而进行的较为全面的、系统的学科教育体系理论建构。"五说"语文教育观是洪先生语文教育思想的重要成果，也是他整个语文教育思想的五根重要支柱，其理论意义和实践价值不可低估。

一、"工具说"：在传承中坚守语文学科本质

对语文学科性质问题的探讨一向是洪先生的研究重点之一。与我国语文教育界对于语文学科性质的认识一样，30年来，洪先生对语文学科性质的理解也在不断深化、丰富和完善，但他坚持"工具说"这一语文个性特质的立场毫不动摇则是一贯的，他对语文工具性所赋予的基本内涵也是明确的。

他认为"学科的性质，决定着教育的目的、任务、方法和效率。确认语文的基础工具性质，是语文教学的基点，也是语文教学改革的根本点和出发点"。基于这一认识，他早在1978年撰写了"试论语文的工具性"一文来专门探讨这个问题，这篇文章也奠定了其语文"工具说"的基本思想。

洪先生说："不管语文教学的内容如何纷繁复杂，作为语言文字，

它毕竟是基本工具，教师必须认识语文教学的核心价值，努力帮助学生提高理解和运用祖国语言文字的能力，逐步养成良好的运用语文的习惯，掌握终身受用的语文工具，为将来从事工作和继续学习奠定良好的基础。"语文学科的思想教育、文学教育、知识教育，只能在语文训练的过程中进行，不能把语文课上成政治课，也不能把语文课上成文学课、社会自然常识课。语文教师要始终把语文基础知识教学和语文基本能力训练作为语文教学的基本任务，把语言教育作为语文教育的基础和核心，如果学生缺乏听、说、读、写的基本训练，不具备驾驭语文工具的能力，那么无论言语作品具有多么伟大的人文精神，多么崇高的思想境界，都是不起作用的，都是外在于他们的精神世界的。

事实确实如此。语文的工具性、思想性（人文性）犹如一个硬币的两面，对于一个成熟的作者或成熟的读者来说，两者是合二而一的。但对于一个初学者或不成熟的读者来说，情况会有所不同。这里确实存在着一个层次问题，他理解语言文字所包含的思想内容的确有一个由表及里的过程。语言是思想的"物质"外壳。所谓披文入情，就是先解决"物质"外壳层面的问题，然后才能深入探讨内蕴的思想情感问题。如果连基本的字面意思都不能理解的话，他就根本不可能把握语言材料所蕴含的思想内涵。这犹如一个缺乏音乐细胞的人是无法感受伟大的音乐作品一样，再美的音乐对他都是不起作用的，都是对牛弹琴。

我们注意到洪先生在谈语文工具性时，坚持认为"语文这个工具，它与一般生产工具"具有不同之处，那就是"语言文字是思想文化的载体"。他强调，说语文（口头语言与书面语言）是工具，是指它是一种媒介。语言文字的媒介意义，决定了它是"学习的工具、交流的工具、思维的工具和文化传承的工具"，在人类社会生活中发挥表情、达意、载道等多种功能。所以上语文课就不仅仅是学习语言文字本身，同时也接受思想教育、精神陶冶，这就是所谓文与道的统一，语文训练与思想教育的统一，工具性与思想性（或人文性）的统一。

洪先生认为，所有的工具只有在使用中才能掌握，掌握语文工具并臻于熟练也不例外，这就决定了语文学科有很强的实践性和应用性。"纸上得来终觉浅，绝知此事要躬行"。学生学习和掌握语文工具必须通过自己的"历练"，重视语言训练是语文学习的必由之路。因此，语文教学不应当只满足于语言的认知、语言的理解、语言的积累，还必须重视语言的运用，加强历练，即语文实践，促进知识向能力、素养转化，实现知与行的统一。

现在有不少人误以为，语文教学重视语言训练就必然会丧失人文精神，而弘扬和回归人文精神最直接简便的办法就是以文学教育为主。表面上看，它似乎为语文教学找到了治病的良方，实际上这反而迷失了语文教学的根本。我们以往的语文教学不是没有文学教育，但人文精神真正得到弘扬了没有？由此看来，人文精神丧失与否与文学教育似乎也没有必然联系。相反，语文教学要坚持思想性，要弘扬人文精神，是无法绕过语文训练这道坎的。语文，尽管目前大家对它内涵的理解有许多分歧，但我们必须尊重新中国成立之初学科正名的初衷，尤其是它所反映的"言"、"文"一致的学科特点。而语言的学习自然包括语言与言语。因此，无论是叶圣陶先生的"'口头为语，书面为文'说"，还是吕叔湘先生的"语言文字说"，只要我们不作偏狭的理解，语文的内涵都非常清楚。在基础教育中，语文与其他学科的区别就在于，学习其他学科，语言只是一种媒介，只有语文学科的学习才需要研究与探讨语言本身，即不仅要理解它表达了什么，还要研究它是怎样表达的，以及为什么这样表达。由此不难看出，从学科特点而言，作为交际工具、思维工具和传承文化工具的语文，对它的掌握并臻于熟练始终不能脱离语言的工具性，重视语言训练是语文学习的必由之路。换句话说，脱离或忽略语言工具特点的语文课都不是真正意义上的语文课。其中的道理很简单：没有工具性，何来思想性或人文性？

洪先生的"工具说"同时还传达了他的"语言文化"观。他指出："在语文教育中，语言和文化是密不可分的共同体，语文课程文化只有借助语言才能表达出来；学习者也只有在语言研习的过程中才能培育、感受、涵泳语言文化之美，获得文化熏陶。"这一认识与国际上的一些最新研究成果也是一致的。

关于语言与文化的关系，法国结构主义人类学家列维·斯特劳斯曾做过这样的归纳：语言作为文化的一个结果，语言作为文化的一个部分，语言作为文化的一种条件。斯特劳斯的意思是说，语言不仅可以理解为是文化的产物，或者是文化的组成部分，语言还可以理解为是文化的一种基础，一种条件，语言是比文化更基础的东西。人类文化活动和文化成果，就是建立在语言的基础之上的，是由语言提供基本成分和结构的。如果说，语言是文化的产物，强调的是文化对语言的决定作用；语言是文化的一个部分，强调的是语言对文化的从属关系；那么，语言是文化的一种条件这一观点，强调的则是文化对语言的依赖性，强调的是语言对文化的决定作用。因此，语言与文化之间无论存在什么关系，它们都是紧密地联系在一起的，学习语言就是学习文化。

从文化的角度研究语文课程，它对语文教材的编制产生越来越大的影响，因为教材编制的本质就是文化的选择。多年来，我们的教材建设中的一个重大失误就是缺乏对"文化内容—教育内容—教科书"的区分及其对动作程序的把握。我们应当依据教育宗旨，首先从浩瀚的人类"文化内容"中精选出作为"教育内容"的核心知识，再围绕核心知识搜集、组织大量的素材，然后才进入教材的编制工作。而自20世纪90年代以来，"文化"已经成为21世纪各国母语课程教材改革的核心问题，吸纳人类优秀文化已经成了改革者的自觉追求。因此，将母语教材的文化建设纳入"人类文化"的框架之中是一种正确的抉择。毋庸讳言，随着人类文化交流的日益频繁，文明程度的不断提高，一方面，地球正在日益变"小"，文化的民族性正在经受前所未有的冲击；另一方面，这种因国家、民族、地域背景不同而形成的文化特征，恰恰正是构成多元文化格局的最关键的、最基本的要素，必将越来越受现代人的关注和珍视。在全球经济一体化的背景下，审视因不同国家、民族和地域而形成的文化是很有必要的。民族性是一种取之不尽的宝贵资源，越是民族的就越是世界的。重视民族文化的独特个性，是抵制文化霸权主义，弘扬民族优秀文化，培养民族精神的重要举措。从母语教材文化建设的角度看，挖掘民族文化的优秀资源，保护好民族文化遗产，打造民族文化品牌，是推动当代文化发展，建立文化创新机制，保障民族文化生生不息的源泉。正是由于坚持语文不仅是传承文化的工具，也"是人类文化的重要组成部分"的正确认识，所以洪先生主编的初中语文教科书的文化品位在全国多套语文教材中也是独树一帜的。

总之，"工具说"是洪先生"语文教育的基点"，也是他构建语文教育"链"思想的一个核心。

二、"导学说"：教学过程中的主体间互动

"导学说"是洪先生语文教育思想的一个重要内容，也是他构建语文教育"链"的哲学基础，旨在阐述教与学的关系，体现教学过程的发展规律。洪先生认为："教学过程主要是由教师和学生两个功能体的双向交往活动来完成的。从本质上说，教学的过程就是实现教师主导性和学生主动性统一的过程。教学，就是教学生学；不仅要教学生学会，而且要教学生会学，即不但要学会知识，具有运用知识的能力，而且要掌握学习的门径、方法，养成熟练地运用语文的习惯。"这一言简意赅的表述是"导学说"的精髓所在，它突出了教师和学生是两个不同的功能体，师生的活动方式是围绕教学内容的"双向交往"，教学目的是通过教学生学，使他们不但"学会"更要"会学"，教学过程是实现"教师主导性和学生主动性的统一"。这一思想，揭示了语文教学中教师和学生各自的地位，双方应该发挥的作用，以及相互之间的关系。它为克服传统教学教师单向灌输、控制学生的弊端，从而有效激发学生学习的积极性、主动性和创造性提供了指导，也为教师如何正确认识和处理自己的教和学生的学这一对矛盾指明了方向。

　　谁是教学过程中的主体？这是一个在教学论中长期争论不休的问题。如果单单从静态角度思考，在教学活动中要么学生是学习主体，要么教师是施教主体。但事实上，离开了学生学的主观能动性，教师的"教"就无从发挥；反之，离开了教师的主导作用，单靠学生自学也是不现实的、不可能的或者是低效的。在教学目标与学生现实发展水平的矛盾运动中，教学目标是矛盾的主要方面，它处于支配的地位，决定着教学活动的方向。而学生处于被支配的地位，教学目标规定和制约着他们的学习活动。但学生又是学习活动的主体，他们的发展水平与教学目标的接近和同一，归根到底是他们自身不断努力的结果，他们是矛盾得以转化的内因和根本动力。教学过程的实质就在于千方百计地通过各种途径，采取各种方法，充分地发挥学生的主观能动性，尽快地实现这种转化。这就告诉我们，学生的"学"是教学活动的目的，而教师的工作，正如乌申斯基早就指出的那样，"不是教，而只是帮助学"。陶行知先生也说："我认为好的先生不是教书，不是教学生，乃是教学生学。"洪先生关于两个"功能体"的表述，明白无误地表明了教师是施教的主体，学生是学习的主体，但教学不是越俎代庖，不能用教师的"教"代替学生的"学"。在教学过程中，教师的主导作用和学生的主动学习都是有效教学的必不可少的条件。因此，教师的主导作用和学生的独立性、主动性，并非水火不能相容，两者在实现教学目标的过程中，是对立统一、相辅相成的。这就是说，要把教与学的对立关系转化到师生"双主体"交往互动的动态性中来考虑，即实现教师主体性与学生主体性的统一。在这一过程中，学生从不知到知，从少知到多知，从浅知到深知，从熟知到真知，从理解到运用都会发生种种转化。实现这些转化的根据始终是学生的学，而教师的教则是转化的外因。这就是洪先生"导学说"的主要内涵。但是，承认学生是学习的主体，决不是重复教育史上的"儿童中心论"，它并不否认教师的指导帮助和教材对于学生认识的重要反作用。这是因为，没有教学的外部条件，学生通过自学还不能独立地实现向教学目标的转化。在所有外部条件中，教师的指导帮助是最重要的一条。这种作用在很大程度上决定了矛盾转化的进程和速度。现代化教学的最基本的特征，就是要求用最少的时间去争取最好的教学效果。这对教师的作用提出了更高的要求，它决定了必须发挥教师的主导性。

在洪先生看来，教师和学生作为两个不同的功能体，他们虽然同为主体，但发挥的功能是不一样的。学生是"学习的主体"，是指学生是"认识的主体"，是"发展的主体"。教师在进入教学过程之前，首先要确认学生的主体地位，确认学生是有独立人格、有主观能动性和自我发展潜能的活生生的人。只有首先确认了这个前提，教师才能在教学中定位自己的角色，学生才能发挥主观能动性。教师必须懂得一切教学活动都是为了学生健康人格的形成，为了学生的个性发展这个道理，从而真正把学生看成学习的主人，最大限度调动学生学习的积极性。洪先生的导学思想就是这种主体意识的体现。坚持"学生主体"就是要在教学的各个环节中，确认学生是发展的主体，把发展的主动权交给学生。教学活动始终按照学情展开，既照顾到大多数学生，也应该考虑到学生的个别差异，一切为了每一个学生的发展。强调学生的主体作用，就是在整个教学过程中把学生被动接受的"要我学"，转化为主动进行的"我要学"，充分发挥他们自身的主观能动作用。

洪先生的"导学说"深刻地反映了当代教育理论的许多先进思想，给我们以有益的启示，其中最主要的有以下三种。

1. 主体性教育思想

主体性教学是指以培养与发挥人的主体性为价值取向，以发挥师生的积极性、能动性和创造性为前提，以创设平等、民主、和谐的教学环境为条件，以知识为载体，师生主动参与，主体共同发展的一种新型教学观。它强调教师作为施教主体在教学过程中的主导作用，强调学生作为学习主体的主动参与和自我发展，使二者的主体作用得到最大限度的发挥，是一种师生共为主体、双向互动的教学。马克思说："人始终是主体。"主体性教育强调学生是学习的主人。一切教育活动必须以面向学生，激发学生的主观能动性、积极性和创造性为前提和目的。只有充分发挥教育者和受教育者双方的主体性，才能培养主体性强的人。主体性教育原理认为：学生素质的形成过程是知识、技能、道德观念内化的过程，如果不调动学生主体内部的积极性，这个"内化"就不可能实现。强调学生的主体作用，就是在整个教育过程中教师把学生作为认识和发展的主体，充分发挥这个主体自身的主观能动作用，把学生原本被动接受的"要我学"，转化为主动进行的"我要学"，并以此作为工作的出发点和归宿点。主体地位是现代教学关注的核心要素，主体参与是现代教学的本质特色。学生只有真正主动地参与，其主体地位才得以落实。学生是否主动参与活动，这是衡量语文教学效果的重要标志。但我国传统的语文教学，长期以来忽视人的自主性、主动性和创造性，这与现代教育高度宣扬人的主体性是背道而驰的。正是有感于此，进入新时期以来，包括洪先生在内的我国学者就开始以主体性教育思想积极推进各学科的教育改革，并努力应用于教学实践，取得了丰硕的成果。这种主体性教育思想成为洪先生建构语文教育"链"的重要思想资源之一。

2. 教学交往论

现代的"教学认识论"虽然承认教师和学生之间的主体性地位，但是由于两个主体之间存在着诸如不同的知识背景、身份、地位等客观差异，往往造成学生"虚假主体"现象，也就是教师这一施教主体对于学生主体地位侵扰，这样不利于学生主体作用的发挥。而教学交往理论则重视探讨教学中的交往活动，是当代教学理论研究的一个重要成果。教学交往理论把教学过程视为一种交往过程，即教师和学生之间的互动过程；师生交往过程存在着若干交往公理，其目的是为了"解放"学生；为了使教学成为"解放"的过程，师生交往必须遵循合理交往原则。因此，交往是多个主体间的相互作用，而不是单个人主体单方面的作用或过程。

叶澜教授说："教育起源于人类的交往，人与人交往，也隐含了教育构成的基本要素。"交往是人类社会生产和生活中普遍存在的基本活动，是人类社会性的重要表现形式。从社会学角度来审视，教学是由教师的"教"与学生的"学"组合起来的共同活动过程，教学的本质是以教学内容为中介进行的有目的"对话"、"交流"、"沟通"的交互影响过程，这是一种特殊的人际交往活动过程。教学交往，既表现在认识上，又表现在伦理、情感上，是多层次的综合交往关系。没有人与人之间的多样化交往，教学活动就无法有效进行。在这个意义上说，交往乃是教学认识的前提和条件，没有交往就没有教学。

把教学过程的本质定位为交往，就是强调教学是教师、学生、文本之间的对话和理解，承认教学是以客体为中介的师生之间交往的过程，其目的是实现师生之间的知识、智慧、生命意义的共享。交往是以对话的形式表现出来的，师生双方都是作为真实的完整的人而存在。在对话这种交往形式下，人与世界、人与"文本"之间相互认同，使学生真正感受到其学习的过程就是自己的生活过程。与以往的"特殊认识论"相比，教学交往理论显然更为重视教学的形式、方法和教学对于学生学习生活的当下意义。这种认识强调人与人的交往实践活动的观点，在一定意义上反映了教学的本质特点。洪先生的"导学说"及其实践可以说是在语文教学中对教学交往理论的一个很好的注解。

3. 主体间性理论

当代西方哲学正由"主体性哲学"向"主体间性哲学"转变，教育过程中的主客体的对立关系也转为主体间互助交往关系的思考。

传统的教学认识论将教学看作是一种特殊认识过程。在这个过程中不但教学内容是客体，学生也被视为客体，这就容易压抑学生的主动性。新型教学认识论认为：教学不仅是一个认识过程，还是学生一个自主建构过程，是学生和教师，师生和文本（教学内容）之间多向互动交流的过程。主体间性超越了在主客关系中个人主体性理念，而把主体性置于主体与主体的关系之中。每个主体都是关系中的主体，主体之间是"和而不同"的关系。这样就可以保持个人作为主体的根本特征，又可以防止主体性的自我异化，强调主体间的相关性、和谐性和整体性。

在语文教学过程中，作为学习主体的学生和作为施教主体的教师，他们是独立的"主体"，但又都受"主体间性"的制约，两者都是关系中的主体。洪先生多次说，在教学中，师生双方都得发挥积极性、主动性和创造性。一方面，不能因强调教师主导作用而忽视学生的主体性、独立性；另一方面，也不能片面强调学生的主体地位却忽视了教师"主导"作用的发挥。在语文教学过程中，教师的"主导"作用与学生的"主体"地位是彼此关联的、统一的，两者只有和谐的结合才能共同完成语文教学任务。因此，一方面，从内部看，师生都应具有主体意识、主体能力、主体人格，从外部看，都应具有独立性、主动性和创造性；另一方面，师生双方又在"平等对话"的交往中相互联系、彼此统一为一个"学习共同体"。

三、"学思同步说"：语文学习的心理学基础

洪先生"学思同步说"的提出是基于人们无论思考什么都得运用语言这一基本事实。从简单的概念、判断到复杂的推理过程，都得依靠语言进行。语言与思维关系密切，不可分割，决定了语文教学中听、说、读、写与"思"应该是同步进行的，语言与思维的发展也是可以做到同步的。因此，在语文教学中要进行语言与思维的同步训练。用他自己的话说，就是"在语文教学中，学生的听、说、读、写能力的发展，无不依赖于想。想，还涉及人们的立场、观点和方法。听、说、读、写与想始终是同步进行的，人们无论想什么都得运用语言，从简单的念头到复杂的思维活动，都是依靠语言。总之，想，是听、说、读、写的总开关。"因此，他主张在语文教学中要进行语言和思维的同步训练：一方面，通过思维的训练促进学生语言能力的提高；另一方面，在发展学生语言能力的同时，有效地促进学生思维能力的发展。在语言与思维的关系问题上，洪先生一贯强调，"思是语言学习的总开关"（"想，是听、说、读、写的总开关"是他的另一通俗说法）。"必须积极地想，合理地想，全面地想，辩证地想。打开了想这个总开关，语文教学读、写、听、说四盏灯才能大放异彩。"

我们平日说话、写文章，包含了话语内容（说什么）和话语形式

（怎么说）两个方面。人们并不是先有一个无形式的内容，然后在这内容之外去寻找一种形式把它表达出来，而是一定的形式才能使一定的内容成为现实存在。这两者的关系其实也是语言与思想的关系。语文教学只有把立足点移到"怎么说"、"怎么写"的话语形式，即思考语言文字是如何把人的思想、情感、价值观在作品中得以实现，才有可能真正做到学思同步。因为只有想清楚了，才能说清楚、写清楚。由此可见，洪先生的"学思同步说"抓住了语文学习的一个关键，也是他构建语文教育"链"的一个聚焦点。

孔子曾曰："学而不思则罔，思而不学则殆。"学与思是紧密相联的。洪先生认为，每个学生的内心深处都蕴藏着充足的"思维潜能"，在语文教学中能否调动学生思维的积极性和创造性是语文教育成败的关键。因而，"思"在他的语文教学中格外受到重视，在语言学习中进行思维训练也成了他的教学必需。

洪先生并不是专业的语言学、心理学专家，他对语言与思维关系的认识来自于他长期的语文教学实践，来自于教学中的发现。在阅读教学中，他发现：一些学生读文多遍，却收获寥寥，原因就在于"学而不思"、"思维浅表化"。于是他引导学生在阅读中勤思善思，知表知里，知其然，又知其所以然，体悟课文深邃的思想和文化内涵，以及作者用词造句的匠心。他对思维的重视突出表现在作文教学里面。他认为"会想才能会写"是一条基本写作规律。作文是学生语言表达能力与思维能力的综合体现。他发现：形象思维能力强的学生，文章往往写得生动、形象；逻辑思维能力强的学生，作文往往说理分析透辟、深刻；创造性思维能力强的学生作文往往富有见地。反之，学生作文离题万里，大多因为思维缺乏方向性；作文杂乱无章，一般是由于思维混乱；作文词不达意，文理不通，除了缺乏语言训练之外，往往是思维缺乏准确性。另外，他在语文教学中又发现，学生的语言与思维的发展有时又不完全一致。比如也有些思维敏捷、灵活的学生，语言表达能力较差。语言与思维在某些条件下的这种既适应又不适应的现象说明：不能认为语言发展了，思维就自然发展了；思维发展了，语言也自然发展了，甚至以为两者可以互相取代。语言与思维互相联系，互相依存，互相促进，是辩证的统一，却不能"合二而一"。教师在教学中只有把语言训练与思维训练有机地结合起来，进行科学有序的训练，才能活跃学生的思维。洪先生从语文教学的实际经验出发，阐明了思维与语言的关系，并坚持在语文学习中同步进行语言与思维的训练不仅是难能可贵的，也是符合语言和思维的心理学原理的。

洪先生对语言与思维关系的认识有两个个性非常鲜明的特点：第一，他认为语言与思维是"统一"的，但这种统一是"辩证的统一"，而不是"合二而一"，因此他明确反对"等同论"。这就和思维与语言"等同论"，思维与语言相互"代替论"划清了界限。第二，他的"思是语言学习的总开关"，"会想才能会写"，"打开了想这个总开关，语文教学读、写、听、说四盏灯才能大放异彩"等观点清楚地表明他眼中的两者关系是思维能力先于言语能力，也即思维决定语言。与此同时，他也强调语言对思维的重要作用——思维的发展要受制于语言。因为"语言与思维互相联系，互相依存，互相促进"。这也为他的思维与语言同步训练、思维与语言同步发展奠定了基础。

这在心理学上是可以得到证明的。思维是"人脑对客观事物的本质属性和事物之间内在联系的规律性所作出的概括与间接的反映"。之所以说是"间接"的反映，是因为这种反映是通过符号表征系统（如概念、表象、手势等）间接地完成，而不是像照相机那样直接对事物作出反应；之所以说是"概括"的反映，是因为这种反映不是对客观事物的全部属性及其外部现象的复制，而是对事物的本质属性及事物之间内在联系规律进行抽象的基础上所作出的概括性反映。由于认知能力（即思维能力）的发展，都要先于言语能力的发展，所以必然是思维能力的发展影响言语能力的学习与发展。但语言并不是完全被动的，它会在很大程度上从多方面影响并制约思维。这是因为思维加工材料中最重要的一种就是基于语言的概念。而所谓基于语言的概念，是指运用语言中的词或词组来表示的概念。而词是代表一定意义、具有固定语音形式并可独立运用的最小语言单位。词组则是由两个或两个以上的词所组成的、尚未成为句子的语言单位。换句话说，语言的最基本单位（词）和基本单位的组合（词组）构成思维的最主要加工材料——概念的载体。由于概念与其载体（词或词组）彼此不可分割——离开语言的词或词组不可能建立起科学的概念系统，也就不可能在此基础上形成人类的高级思维，所以学术界往往把概念和思维的关系基本上就看成是语言和思维的关系。正是基于这种认识，马克思主义经典作家作出了"语言是思维的物质外壳"的著名论断。

通过以上分析，我们不难发现"学思同步说"对今天的语文教学仍然具有重要的指导意义。这种指导意义主要表现在以下几个方面。

1. 一般认为，目前人类普遍使用的、最基本的"思维加工材料"一共有三种：基于语言的概念、反映事物属性的客体表象（也称属性表象）和反映事物之间联系的关系表象。与"概念"、"属性表象"、"关系表象"这三种基本思维加工材料相对应，有三种人类思维的基本类型（或基本形式），它们分别是逻辑思维、形象思维与直觉思维（以关系表象作为加工材料是直觉思维的基本特征之一）。这就要求我们，在语文教学中对学生进行思维能力培养的时候，不仅要重视逻辑思维能力的培养、形象思维能力的培养，还要重视直觉思维能力的培养。而这一点恰恰是被多年来的语文教学所忽视的。

2. 目前人类普遍使用的"思维加工方式"主要有"分析、综合、抽象、概括、判断、推理、联想、想象（包括再造想象和创造想象）……"等多种。若对思维加工方式按所属思维类型作进一步的划分，那么，属于逻辑思维的有：运用概念进行分析、综合、抽象、概括、判断、推理等心理加工方式；属于形象思维的有：运用属性表象进行分解、组合、联想、想象（包括再造想象和创造想象）以及抽象、概念等心理加工方式；属于直觉思维的有：运用关系表象进行直观透视、空间整合、关系模式匹配、瞬间作出判断等心理加工方式。直觉思维之所以具有这类比较独特的加工方式，是由于其加工材料（关系表象）主要是"空间视觉表象"这一特点所决定的。这就表明，在语文教学中，为了全面培养学生的思维能力，应当根据不同的思维类型采用能与其各自心理加工方式相适应的不同教学策略与不同教学方式。从当前的实际情况看，如何通过语文教学来培养学生的逻辑思维与形象思维能力，在语文学科教学法和语文教育学专著中已有较充分的研究（当然也还有不足），而对语文教学中如何培养学生直觉思维能力的问题，则几乎仍是一片空白。语文教师如能加强这方面的探索，必将对创造性思维的培养大有裨益。

3. 语言和思维虽然密切联系，但是，两者并不"等同"，更不能相互"代替"，因此在语文教学中，我们就不能将语言混同于思维，不能把语文能力（即读、写、听、说能力）的培养和思维能力的培养等同起来。从学思同步的原理出发，我们既要通过思维能力的培养促进学生语言能力的发展，又要通过培养语文的读、写、听、说能力，促进学生思维能力的发展。

4. 逻辑思维、形象思维和直觉思维是人类思维的三种基本形式，它们没有高下之分，好坏之别，必须同等重视。按照系统论观点，系统的各个组成要素之间是相互联系、相互作用的，语文教学不能把三种思维割裂开来、彼此孤立地去培养，而要将三者紧密结合在一起，这样才能充分发挥系统的整体功能。

四、渗透说：语文教育生态观

洪先生提出的"渗透说"，指的是语文学科的内部各个要素之间，语文学科和其他学科之间，语文教育和社会生活之间都存在着密切联系，需要相互渗透，整体考虑，旨在突破传统语文教学的封闭体系，实现"开放效应"。尤其是语文学习的外延与生活的外延相等，语言运用随处可见，语文知识到处可学，语文能力随时可练，它们对学生的语文素养产生潜移默化的影响。因此，以开放的态度认识、利用和优化语文教育的内外部环境是"渗透说"的精髓所在，也是形成语文教育"链"的良性循环不可缺少的条件。

1. 语文学科内部各个要素之间的联系

洪先生认为，语文作为多因素的综合体，在它的内部各因素之间存在着互相依存、互相制约的关系。读、写、听、说之间，语言形式与思想内容之间，智力因素与非智力因素之间都密切相关，互相渗透。各因素的组合、渗透而形成的合力应大于各分解因素之和。语文内部的这种渗透性，决定着语文教学质的规定性和效度。语文教学的一个重要任务，就是要最大限度地协调各因素之间的关系，努力实现优化的整合，使知识结构与能力训练、知识教育与语文教育、智力发展与习惯培养等多元结合，互相渗透，充分发挥其整体综合教学效应。

2. 语文学科和其他相关学科的联系

语文作为工具学科，它与相邻的学科有着广泛而密切的联系。洪先生认为："作为语文课本主体的课文，其内容涉及政治、历史、地理、物理、化学、生物、音乐、体育、美术等各门学科，而各门学科知识又必须运用科学、准确的语言文字来表述。因而，语文教学以课堂为轴心，与其他学科的沟通、联系、渗透是显而易见的，符合语文教育的特点和规律。而语文课中进行各科通用的学法指导则是从更高层次上体现了语文的工具性。""从语文是学习和工作的基础工具这个意义上讲，语文教学的价值不只体现在提高学生语文能力上，更体现在学生德、智、体、美全面素质的提高上。因此，语文教学必须注意语文学科与其他学科的沟通、渗透。一方面要经常引导学生通过语文训练，掌握学习其他学科的钥匙；另一方面要引导学生在学习数、理、化、史、地、生等学科的过程中，把这些教材也作为训练语文能力的'例子'。当然，注意语文与其他学科的联系、渗透，并非取消或削弱语文和其他学科自身的任务，而是要力求相互为用，相互促进，相辅相成，更好地实现本学科的主要教学目标，促进学生的全面发展。"

3. 语文教育和社会生活世界的联系

洪先生认为，语文作为工具学科，它与外部的社会生活有着广泛而密切的联系。"所谓语文学习的外延等于生活的外延，是说语文与社会生活这个'大语文'环境息息相关。它涉及政治、哲学、文学、艺术、自然等各个领域，各个方面。语文源于生活，社会生活的方方面面又无不需要运用语文工具。因此，语文教学固然应以课堂为主要场所，但语文教学又必须置于社会生活的宏观范围之中。要通过多种形式的课外语文活动，巩固、加深、扩大、活用课内所学的语文知识，把课内学习适当延伸到课外，从而既提高学生的语文能力和素养，又拓宽学生的知识视野。正因为语文与社会生活广泛联系，与平行学科互相沟通，所以学生时时处处可以学习语文，感受语文，运用语文。因此，从学生全面发展的需要出发，语文教学应当从教学时间安排上考虑到与学生社会活动、平行学科教学的协调、平衡，在不增加学生过重课业负担的前提下，在国家教学计划规定的课时内，提高课堂教学的容量、密度、效度，以利于学生全面发展。这样，语文教学工作就会超越传统的时空观，真正实现整体化、科学化、最优化。"

我们认为洪先生的这种建立在联系论基础上的"渗透说"对于语文教学的主要意义在于：

（1）有助于克服语文教学中非此即彼的"两极思维"

语文教学中的"两极思维"常常表现为以一种倾向掩盖另一种倾向。以智力因素与非智力因素的培养为例，以前我们的语文教学只强调发展学生智力，而忽视非智力因素的培养，语文教学的效果并不理想。究其原因，就是割裂了这两者之间的联系。所谓智力，实质上就是认知能力，一般认为它由观察力、想象力、思维力、记忆力、注意力等构成，是保证人们有效地认识客观事物的稳固的心理特征的综合。所谓非智力因素，广义地说，智力因素以外的一切心理因素都是非智力因素；狭义地说，非智力因素主要指动机、兴趣、情感、意志和性格。众所周知，教学过程要求学生的全部心理活动参加，然而人的心理活动是个极为复杂的过程，它由多种因素决定，不仅有智力因素，也有非智力因素。因此，学习的心理过程，一方面是感觉—思维—知识、智慧（包括运用）的智力活动过程；另一方面又是感受—情感—意志、性格（包括行为）的非智力因素活动过程。作为完整的心理过程的学习活动，它总是在智力因素与非智力因素相互交织、共同作用下进行的。系统论的整体原则告诉我们，各要素孤立的特征和活动方式及其总和都不能代替整体的性质和运动规律，因此片面地、过分强调某一要素或忽略、轻视其他要素，都会有损于整个系统的功能。智力因素与非智力因素同是学习系统不可或缺的要素，语文教学如果只讲发展智力，不重视非智力因素，不仅是不完善的，而且也有悖于学生学习的客观规律。有人作了一个比喻，人的智力互动过程如果是一个操作系统，那么非智力因素的活动过程则是一个激发、调节、维修保养系统。没有激发或调节不当或缺乏保养，操作系统都容易发生障碍。两者相互渗透，才能奏相辅相成、相得益彰之效。由此可见，只有把发展智力和非智力因素两者有意识地统一于语文教学过程中，才算真正按学习的心理规律办事。

（2）启发我们以生态学的视角思考语文教学中人与环境关系

无论是语文教学内部各种因素的渗透，还是语文与相邻学科和社会生活的渗透，它主要涉及四个方面，即学生、环境、关系、发展。而这四个方面恰恰是生态学研究的关键词。生态学是研究有机体同周围环境之间相互关系的科学（或者说是研究生命系统和环境系统相互关系的科学）。以生态学的视角研究语文教学，我们就应该有新的思路。

第一，语文教育研究的重要对象是人，是有生命的人。在生命系统与环境系统的相互关系中，生命体本身必须要有生长（变化）的可能与欲望，有一种活跃着生命力的内在需求。这样，一旦与适当的环境相接触，便大大增加了这种生长（变化）的现实性和速率。因此，语文教学必须"让学生主动地发展"，要使学生真正成为学习的主体。

第二，要重视研究和优化语文教育环境。如前所述，语文教育环境主要指语文与其他学科、语文与自然、语文与社会（家庭、学校、社区等）、语文与多媒体网络（虚拟环境）四类。要花大力气研究和优化这些环境，尤其是母语环境。一个人从幼儿学语起，作为生命体，他的"根"是深深地扎在民族语言（即母语）的土壤之中的。所以我们说"语文是门民族性很强的学科"。汉语是我们中华民族的共同语，我们要优化民族共同语这个大环境对儿童学习语文的直接影响。再是生活环境，生活环境中处处充满着语文教育资源。开发和利用好这些资源，也是优化学生语文学习环境的内容之一。

第三，环境是动态变化的，语文教育也要与时俱进。随着科技的发展，社会的进步，必然会产生反映新生活的新词汇、新语汇和新的表达方式，因而语文教育研究也必须随之不断更新，不断拓展其领域。这是"环境"在语文行为和交际工具方面所发生的显著变化。这种种新的客观存在，必然要使语文教育在内容和形式方面产生具有"时代新质"的变革。语文教育能紧紧与新的现实相适应，这是"科学化"追求的内在要求。

五、端点说：语文课程的终身学习观念

洪先生的端点说，是基于纵横两方面的认识：从纵向看，语文学习是个长期的过程，可以说贯穿人的一生；从横向看，语文是学习各门功课的工具，能"辐射"到方方面面，遍及各个领域。大家知道，基础教育的根本任务是培养具有思想道德素质和科学文化素质的一代新人。基础教育阶段的各科教育，要为实现培养全面发展的人这个长远目标奠定基础，设好开局，而语文更是一门重要的基础课程和核心课程，是"基础的基础"。它在培养人、造就人的过程中负有的特殊作用，决定了学习与育人是融为一体的。因此，基础教育阶段培养的语文素养应该是规范的、基础的，它不仅是学生向更高层次发展的基础，也是学生学习其他学科的基础，更是将来走向社会生活的基础。语文学科的这种全面性基础就是促进学生发展的发端（端点）。

因此，洪先生认为，中学教育对于学生一生发展来说，是一个起点。"在这个端点上，学生不仅要学习语文基础知识，提高语文能力，培养语文习惯，而且要掌握学习语文的方法。为了达到这一目标，语文教学必须压缩体积，加大容量，提高密度，简化头绪，轻装上阵，在有限的教学时间内帮助学生获取终身受用的语文能力，养成运用语

文的良好习惯。因此，评价语文教学的效果，不仅要看学生是否学完了一套中学语文课本，或者教师传授了多少语文知识，安排了多少语文训练，变换了多少教学方法，而且要看学生在中学语文学习这个端点上，为未来的发展和其他学科的学习奠定了怎样的基础，在未来从事工作、继续学习中运用语文工具拥有了多大的潜能。"这种治标更治本的思想是端点说的内核，也是构成语文教育"生态链"可持续发展的基础。

根据端点说，他主张："在语文教学中，不能仅仅守住一堂课、一本书，而要使每一课、每一单元、每一册课本的学习，都成为学生未来发展的一个端点，成为学生广泛学习的一个扩展点；要充分考虑语文教学体系的合理性，知识和能力结构的完整性，能力培养的全面性，以及教学的容量和密度的合理性。"按照为人的发展奠定基础和形成良好的起点、发端的要求，中学语文教学必须按教学计划、"大纲"的要求，把握恰当的度和量；教学内容和训练也必须适合青少年的认知规律、年龄特征、知识基础和思维状况，不应降低或超越"大纲"的基本要求，更不可脱离中学生的实际需要和可能。当然，这个基础和发端是扎扎实实的，它的能量和效率是较高的，对学生未来的发展是至关重要的，对各类学生的个性发展都是必不可少的。因而，各科教学都要找准自己的坐标点，与其他学科"君臣佐使，配合得当"，从而形成各学科共同的基础和发端，以利于更好地全面贯彻教育方针，培养全面发展的人才，并达到减轻学生负担与提高教学质量的辩证统一。

从洪先生的端点说中，我们至少可以获得以下两点重要启示。

1. 语文教学要有全过程意识，加强反馈

语文教学系统的运行就是过程。从时间看，语文教学总是由若干阶段所组成的独立段落，在进程和顺序上渗透往返，曲折盘旋。教学过程有大小之分。从整体和发展上看，有一堂课的教学过程，有一个单元的教学过程，有一册课本的教学过程，有一个学段，乃至学生从进入小学开始到大学毕业的完整的教学过程，终身教育则更是强调把学习过程贯穿人的一生。所以，重要的不在于究竟要把教学过程划分

成多少环节或阶段，或头痛医头，脚痛医脚，而要在放眼全局的基础上，立足当前，以收到标本兼治的效果。用洪老师的话讲，"要使每一课、每一单元、每一册课本的学习，都成为学生未来发展的一个端点"。

任何活动都有目的、手段和结果三个要素，所以教学定向（确定目标）、教学实施、教学结果（反思）是教学过程的基本要素。它们之间的纵向联系如下图所示。

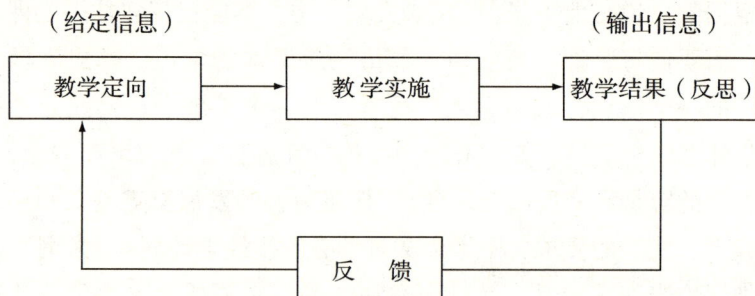

（给定信息）　　　　　　　　　　　　　　　（输出信息）

```
┌──────────┐      ┌──────────┐      ┌─────────────────┐
│ 教学定向  │ ───▶ │ 教学实施  │ ───▶ │ 教学结果（反思） │
└──────────┘      └──────────┘      └─────────────────┘
     ▲                                        │
     │            ┌──────────┐                │
     └────────────│  反  馈  │────────────────┘
                  └──────────┘
```

教学目标是一种给定信息，教学结果则是一种输出信息，但教学过程不是一个线性因果链条，因此一次性地通过教学手段一般不能直接得到与目标完全一致的结果。这就需要反馈，即利用输出信息与给定信息的差异来调节和控制教学实施，使教学做合乎目的的运动。反馈是使教学过程走向有序和保持结构稳定性的必要条件。没有它，教学过程各阶段之间就衔接不起来，就构不成相对稳定的独立段落。成功的教学过程总是通过反馈实现教学结果与教学目标的统一。

2. 语文教学要重视对教学目标的研究

任何教学都是一种有目的活动，教学目标既是一切教学过程的出发点，又是一切教学过程的归宿。过去人们常常把教学目标排斥于教学过程的要素之外，这是错误的。没有活动的目标，何来活动的过程？不把教学目标作为教学过程的结构要素，岂非等于说教学过程是一种无目的的活动！因此，它有悖于教学是有目的、有计划、有组织的活动这一基本属性。传统的语文教学观念认为，教学目标是在教师"吃透两头"（"两头"即教材和学生）的基础上制定的，已充分考虑了学生"学"的因素，再把它交给学生似乎没有必要。所以，传统的课堂教学只有教师制定和掌握教学目标，而不把它交给学生。由于教师总是有意无意地对学生实行目标"保密"，加上它又是在上课之前就已确定了的，这样，教学目标在传统语文课堂教学中就看不见了。当学生对教学目标一无所知时，他们的学习只能盲目地跟着教师的指挥棒转，除了被教师牵着走外，别无其他选择。即使教师制定的教学目标完全正确，也无法从根本上改变他们学习的被动状态；如若教师制定的目标不当，那学生的学习更是陷入盲人骑瞎马的可怕境地。

心理学已经证明，动机是人的活动的推动者，它体现着所需要的客观事物对人的活动的激励作用，把人的活动引向一定的满足他所需要的具体目标。而动机往往同目的是一致的：就对活动的推动作用来说，是动机；就对活动要达到的预期结果而言，又是目的。由此可见，激发学生学习动机最有效的手段就是让他们有明晰的教学目标作引导。学生越是牢固地掌握教学目标，就越能激起强烈的学习动机来推动和促进他们的学习活动。

初学打篮球的人，投篮不中，往往需要从身体姿态上多次地做某种矫正动作。球已脱手，这种徒手矫正似乎毫无意义，然而从屡投不中到频频命中，正是靠这种表面上毫无意义的矫正动作学会的。这就是有明确目标引导的自我反馈。不把具体的教学目标交给学生，使他们对眼前的学习既无法评价又无从调控，实际上取消了他们的自我反馈，以至造成他们明明不满于自己的学习现状也无力加以改进的局面。特别值得一提的是，语文学科是工具性学科，它决定了学生获得听说读写的能力主要靠"练"，而练决非一蹴而就，必须进行多次反复，所以让学生掌握教学目标，进行有明确目标引导的自我反馈尤显必要。

学习是艰巨的劳动，并非每堂课都充满趣味和欢乐。在许多场合，学习是不能吸引人的，甚至是枯燥乏味的，这就要求学生有顽强的毅力，需要有作为注意力表现出来的有目的意志。而且，教学的内容及其方式方法越是不能吸引人，学生就越不能把学习当作智力的活动来享受，也就越需要这种意志。对于缺乏具体教学目标的学生来说，他在教学过程中无法真正通过有作为注意力来表现自己的学习意志，这不能不是传统语文教学的一个致命弱点。相反，正确的、具体的、符合学生学习心理发展规律的教学目标，可以强化学生的意志，磨练他们顽强的学习毅力。当然，教学目标不能过高或过低，并且要有具体的规定，究竟解决哪些问题，解决到什么程度，必须尽量明确。因为学生如觉得教学目标与眼前的学习活动没有联系，这就失去了实际意义。只有通过学生努力能达到的教学目标才是最好的目标。同样，也只有让学生把自己当前的学习活动放到实现教学目标的过程中来评价，教学目标才能成为对学习动机的一种激励，促使他们真正地形成有效的自我反馈。同时，从宏观的课堂教学过程着眼，教学目标的制定决不能零打碎敲，一鳞半爪地进行，而应当有整体规划。即把每篇课文的教学目标放在一个单元、一个学期、一个学年……乃至整个中学语文教学的培养总目标中来加以考虑，进行有计划的科学安排，使这些不同层次的教学目标构成一个相互联系、由浅入深、螺旋上升的目标激励系统，以持久地、有效地强化学生的学习动机和意志。

总之，在语文教学过程中，教师让学生掌握教学目标，充分发挥目标的导向作用，可以说是开辟了一条激发学生学习动机、调节行为标准和强化学习意志的新途径。

综上所述，洪先生的"五说"语文教育观立足于语文教育的整体，归纳了语文教育应该而且可以达到的多种效应。工具说，突出语文教育的个性，谋求文与道的统一，旨在取得"综合效应"；导学说，阐述教与学的关系，体现了教学过程中的发展规律，旨在取得"双边效应"；学思同步说，探求传授语文知识与发展智力的关系，注重智力发展，旨在取得"发展效应"；渗透说，论述语文与生活、与平行学科的联系，探求课内外的关系，旨在突破旧语文教学的封闭体系，实现"开放效应"；端点说，注重分析标与本的关系，把当今语文教学作为学生未来学习、运用语文的一个起点，把语文学习作为终身学习的过程，即强调语文教学的"长期效应"。"五说"力求运用系统思想和对立统一的法则，揭示语文教学内部诸多方面的复杂关系，使语文教学中的文与道、教与学、知与行、学与思、内与外、标与本实现辩证统一，从而发挥语文教学的整体综合效应，谋求语文教学的高效率，实现语文教学结构的科学化与最优化。它为语文教育"链"的构建奠定了坚实的思想理论基础。

5 洪宗礼语文"双引"教育观的再认识

│刘正伟│ *

一、"双引"教育观释义

洪宗礼语文"双引"教育观,又称"双引"教学法。所谓"双引",即引读、引写。概括地说,"双引"教学包含两层含义:第一层含义是最大限度调动学生学习的积极性,引导学生自己阅读和写作;第二层含义是,交给学生学习的规律和方法,引导学生广泛而熟练地阅读和写作。具体地说,"双引"教学就是指在教师启发诱导下,学生通过一篇篇课文的阅读和作文的训练,学会独立阅读和写作。洪宗礼对"双引"教学的阐释是,通过一套教材中各类文章的阅读和写作,能够具有基本的阅读能力和写作能力,养成良好的读写习惯;通过课内的读写训练,能在课外广泛而熟练地运用读写工具阅读一般政治、科技、文艺作品和通俗的期刊,能够写作记叙文、简单的说明文、议论文和常见的应用文。总之,洪宗礼的语文"双引"教育观是在教师引导下,学生由篇及类、由少及多、由课内及课外地进行的系统的、多层次的读写训练。

在洪宗礼"双引"教学系统中,引读教学系统由"五个目标"和"二十三种引读法"构成,其中引读的五个目标分别是重点读、主动读、深入读、仔细读和独立读;二十三种引读法包括扶读法、设境法、

---

* 刘正伟,浙江大学教育学院副院长,教授、博士生导师。

提示法、读议法、揭疑法、反刍法、反三法、比勘法、历练法、小结法、激趣法、求异法、探究法、溯源法等；引写教学系统则包括"死去活来"的八种引写教学思路和"引写十法"（知识引写、例文引写、情境引写、激思引写、导源引写、厚积引写、阶步引写、观察引写、活动引写、说文引写）以及"阶步训练"、"读写思同步发展"、"从读练文"、"自主作文"四种引写模式。其中的"阶步引写法"，亦称"三阶十六步"，"三阶"，即基础阶、提高阶、灵活阶，每一台阶再由十六个步点组成，从而引导学生拾阶而上。

洪宗礼的"双引"教学是他长期从事语文教育的思想与经验结晶。因此，它不仅仅是一种教学法，更是一种教育观。"双引"教育不但蕴含着洪宗礼对语文教育理论与实践的思考，而且，包含着他对培养人和塑造人的深入思考与期待。他提出的"五说"，即"工具说"、"导学说"、"学思同步说"、"渗透说"、"端点说"，就是他对语文教学中文与道、教与学、知与行、学与思、课内与课外、治标与治本等关系与矛盾的认识与思考，是"双引"教育观的具体体现，也是他对人才培养规格和目标的设计。

二、"双引"的最终目的是立人，是培养和塑造具有主体人格的学生

洪宗礼自走上教师工作岗位起，就树立了"育人第一"的教育观。他认为，教师自己学会做人是教师的首要职业条件。只有具备这个条件，才有资格从事教书育人工作。他说，教育历来是塑造人的事业，育人应当是第一位的。因此，他说，教一辈子书，就要育一辈子人。基于"育人第一"的教育观，洪宗礼认为，语文教育的内涵不仅仅包括学习语言知识和读写听说能力的培养，还应包括充满诗意的美育和润物细无声的德育。他指出，每一堂语文课都应该有美的追求，让学生受到美的熏陶，获得美的享受。而德育则应该伴随语文教育的始终。总之，在他看来，语文训练不仅是语言文字的训练，也是人格、人品、

人性的熏陶。

在洪宗礼语文教材编写实践中，塑造人、培养人的理念始终是其核心指导思想。这一指导思想体现在他的"以人为本"以及"教材是学本"的教材编写理念上。所谓"以人为本"，即以学生心理和语言发展规律为主线，以提高学生整体思想文化素质为教学目标。"以人为本"，即以人的发展为本，面向全体学生，全面提高学生语文素养，注重知、情、意、行的结合，为学生的终身学习与发展奠定基础。而他的"单元合成"语文教材即体现了他的教材是"学本"的观念。在教学内容上，为体现"育人"这一根本目标，洪宗礼提出依据"名、新、美、趣、短"的标准，把时代感强、生活气息浓、文化内涵丰富的中外典范作品编入课本。他指出，教材是"帮助学生自主学习之本"，"引导学生学会学习之本"，"促进学生创造性学习之本"，"它是引领学生进行探究学习、独立思考的'路标'，是促进学生自主发展、自我构建的'催化剂'"。因此，在教学中，要做一个成熟型和学者型的教师，必须学会帮助学生将教材变成真正的"学本"。在洪宗礼眼里，"成熟的语文教师，往往都能引导学生自己去学会用教科书学，把教本转化为读本、学本。而更高层次的学者型教师，他们还能在用教科书和教学生学会用教科书学的过程中，和学生一起用慧眼去鉴别教科书的编写水平，判断教科书内容和体系的适切性，评价教科书的优劣长短，甚至指陈教科书中的白璧微瑕，并提出种种修改教材的意见和建议。"如果说在教材编写实践上，"以人为本"体现在把教材当作学生的"学本"上，那么在教学过程中，它则体现在把学生视作"能动的学习主体"上。"双引"教育观的目标主要是培养学生"会学"，而不只是"学会"。洪宗礼曾说过："我从来不是教语文，而是引导学生学语文，让学生学会语文。"的确，在"双引"教学实践中，无论引读教学还是引写教学，洪宗礼自始至终都将学生看作"积极、能动的学习主体"，以启发他们学习的能动性，引导他们尽可能自己去探索，去发现，去练习阅读写作的技能，逐步养成独立看书作文的习惯；并注意把教师的主导性与学生的主动性结合起来，把学习过程中的"知"与

"行"统一起来，最终达到"自能读书，不待老师讲"，"自能作文，不待老师改"的理想境界，实现从"教"到"不需要教"的转化。

如何实现"学会"到"会学"的飞跃，使学生在学习上、性格上、意志上、人格上都能成为真正独立自主的学习主体？洪宗礼在引读教学实践中回答了这一课题。他在教学中十分重视给学生"指路子、授方法、交钥匙"。"指路子"就是在指导学生阅读时，循文觅路，把握作者的思路，从而更准确地抓住文章的中心；"授方法"，首要的是把阅读文章的主要方法传授给学生，如提要钩玄的方法，不动笔墨不读书的方法，默读、速读、朗读、跳读、浏览等阅读方法，以及审题读注、勾画圈点、思考辨析、查阅工具书、自读自测等方法。"交钥匙"，就是要交给学生阅读文章的基本规律，让学生掌握分析文章的解剖刀。在引写教学中，洪宗礼则非常注重在开源、体验、梳理思路、表达技巧等方面的引导。他虽然制定了"三有"的写作规范和习惯，但他主张放手让学生大胆写作，提倡所谓"死去活来"。他还重视修改文章训练，强调通过指导学生作文修改提高作文表达能力。他认为，好的作文不是教师教出来的，也不是教师改出来的，而是学生自己改出来的。为培养学生作文修改能力，在编写语文实验教材时，洪宗礼还专门设计了修改练习，既与单元写作练习紧密结合，又自成体系。如七年级上册共安排了五次修改练习：①认识修改的意义；②掌握修改的符号；③养成修改的习惯；④学会修改的方法；⑤进行修改文章综合训练。引写不仅包括书面作文，还包括口头作文。洪宗礼独创的"说文引写法"，就是探讨通过"说"来促进"写"的一种引写尝试。在教材编写上，从七年级上册口语交际"婉转拒绝"到八年级学生的口语交际活动，都有"说"促"写"的设计。如"当一次主持人"、"假如我是导游"、"清楚连贯地表达思想观点，不离话题"、"听出讨论的焦点，有针对性地发表意见"等话题，始终注意积极鼓励学生发表自己的见解，充分拓展学生自主表达与交流的空间，满足其进行口语交际的愿望，锻炼其口语交际能力和写作能力。

三、"双引"是建设民主和谐的师生关系的核心

（一）相信、尊重、爱护每一个学生

相信、尊重、爱护每一个学生，就是建立"你—我"型的师生关系。相信学生，是"双引"教学的前提，是发挥学生学习主体性、调动学生学习内在动力的先决条件。洪宗礼始终认为，阅读和写作是学生自己的事，学生只有依靠自己的努力，才能养成读写好习惯，培养读写真能力。学生是学习过程中的内因，教师的引导虽然是必不可少的外因条件，但只有通过内因才能起作用。因此教师必须把学生看成真正的学习主人，充分相信大多数学生有自求得之的潜能，即使是基础差、能力低的学生也会有其可引导的地方，只要教师启发得当，迟早会闪出一星智慧的火花。

在"双引"教学中，洪宗礼坚持主体性原则和过程性原则相统一。所谓主体性和过程性相统一，即表现在教学过程中，教师对学生和教学过程给予持续性的教学关注。这种教学关注，不仅是关注每一个学生，关注每一个学生的语言、行为、表情、思维、心理等各方面的信息，教师还要与学生展开积极的、动态的信息交流。这种教学关注，实际上是在充分尊重、爱护学生的前提下努力建立课堂教学的和谐的师生关系。这种和谐的师生关系是一种"我—你"型的关系，而不是"我—你们"型的关系，更不是"我—他（们）"型的师生关系。"我—你"型师生关系的实质是一种师生双方人格精神平等的理解型、交流型的关系。在这种关系中，教师以独立的人格精神影响学生，学生的人格精神在老师的影响下又得到了充分关注和发展。

（二）做一个"善于思考的教师"

建设民主和谐的师生关系，起决定性作用的是教师。在"双引"教学范式中，教师是构建、营造师生关系的主导者。传统的授受范式中，教师是知识的传授者，课堂的控制者。"双引"教学范式中，教师

首先是学生理解知识和掌握能力的"引导者",是课堂活动的组织者,是学生学习的交流者。在"双引"教学范式中,教师的身份特点和作用决定了教师该具备的素养和能力。做一个"善于思考的教师",可以从两个层面解释。第一层含义,"教育的实践表现为'智力事业'。教师是科学、学术、艺术的表达者;是理解并教导学生理解科学、学术、艺术的术语与样式的传统的实践者。"① 它体现了教师的知性性格。第二层含义,是指"能够从他人的视点看待人生的人;在他人需要时能够以语言或行动提供帮助的人";"同时也是能够同课堂中发生的种种困境智慧地作出持续格斗的教师"。这体现了教师的助人特点和机智特点。只有具备这两层含义的教师,才可以称为引导者、组织者、交流者的助人型教师;才会以苦心孤诣的适应清静的最佳方法去解决"卓越性与公平性"、"严格达标与促进人际关系"、"竞争与合作"、"合理的科学性与个体的直觉认知"等在课堂教学中直面的对立与纠葛。洪宗礼上《阿Q正传》一文,课结束了,学生正在等待下课铃声。他先引出并板书明末的"崇祯"帝,接着引出了文中的"崇正"皇帝,然后启发同学思考讨论其原因和联系。漪漪一:"会不会是笔误?鲁迅先生也是人,不是神。"涟漪二:"会不会是印刷排版中的差误呢?"涟漪三:"艺术不等于历史。'崇正'不等于历史上的'崇祯'。"涟漪四:"艺术真实固然不等于历史真实,但是艺术真实必须符合历史真实,而不能违背历史真实。"教师同时又引导学生从文章后半部分中的"'柿油党'代替'自由党'"进行思考,学生最后得出结论是:"把'崇祯'写成'崇正',有深刻的含义。用'崇正'来代替'崇祯',至少是对封建帝王的一种讥讽和嘲弄。"在这精彩的教学镜头中,学生在解答的过程中闪动着思考和探究的光芒,思维过程由表象性逐步走向科学性、批判性和论辩性。洪宗礼能设计这样"一石激起千层浪"的问题,首先因为他本人是一个"善于思考的教师",当学生遭遇解决问题的困境时,他又能适时地提供帮助,使学生由思维的低谷迈向高峰。

---

① [日] 佐藤学. 课程与教师 [M]. 钟启泉, 译. 北京: 教育科学出版社, 2003: 392.

（三）创建"润泽教室"：富有弹性的空间

在充分相信、尊重、爱护学生的前提下，"善于思考的教师"可以建立民主和谐的课堂教学气氛。这种民主和谐的气氛，是在师生双方的合作交流中自然而然生成的，是一种宽容、轻松、开放的境界，而不是以某一方的热闹而导致课堂失控的假民主、假和谐。

在课堂教学中，师生关系的建立往往会出现两种情况，日本教育家佐藤学称之为"假性主体性"和"神话主体性"。前者是指在教学活动中，"教师以讲台为界，未能构筑起同儿童的水乳交融的关系。尽管儿童们的动作与表情总是在发出微妙的致意传情，但是其动作与教师的动作之间没有发生共振关系"。在这种情形之下，学生根本没有实现相互之间的信息传递，因此，学生的反映实际上是"假性主体性"。反之，过分强调教师和学生主体，使课堂陷入绝对自由的另一困境，则是"神话"主体性。要避免上述两种情形的出现，改善师生之间的关系，佐藤学指出，最理想的目标是构建"润泽的教室"。"润泽的教室"，是教师和学生都不受"主体性"神话的束缚，"大家安心、轻松自如的构筑人与人之间的关系，构筑着一种基本的信赖关系，在这种关系中，即使耸耸肩膀，拿不出自己的意见来，每个人的存在也能够得到大家的尊重，得到承认。"这是一种安心的、无拘无束的、轻柔的、宽容的师生关系和氛围，在这里，每个人的呼吸和节律都是那么的柔和、自然。这样的教室空间是富有弹性的教学空间，是以学习为中心的教学得以成立的一个重要条件。它既可以展开更开放的、基于身心自然节奏的教学；又可以展开有如江河流淌般的教学，时而曲折起伏，时而平缓沉稳，时而湍急汹涌，时而游移不定。这样的课堂是学生学习主体性和教师教学主导性的最佳结合和最合理的发挥！

"等他60秒"。洪宗礼老师在上《皇帝的新装》结尾时，提出了一个问题："童话的结尾为什么要让一个孩子来戳穿骗局？"一个男孩猛地竖起手臂，但话刚出口，就被卡住了。洪老师鼓励他"不要紧张，慢慢讲"，但仍无下文。教室里响起了嘲讽的笑声，同学们露出不屑等待的眼神，有人高举手臂欲发言。他则以目光示意其他同学要耐心等待，一边温和地对男孩说："刚才，肯定有什么从你脑中闪过，可你并没有抓牢它，他溜了。"30秒，50秒，60秒，教室里静悄悄的，男孩终于站起来作了令人满意的回答。洪老师高兴地说："嘿，你真把那一闪而过的东西又抓回来，而且想得更清楚、更完整了！"60秒虽短暂，但对这位同学而言则具有终身的永恒价值。"等他60秒"，是艺术，是一种引导的艺术；它更是一种宽容、信赖、鼓励、和谐的师生关系。"60秒"，是这位学生一生的精神财富，它维护了孩子的自尊，防止了伤害，激发了孩子的积极思维，促进孩子的学习和个性成长。

四、"双引"是教师教学机智与教学智慧的体现

如前所述，"双引"教学虽称为一种教学法，但在课堂教学中，它却是教学艺术的体现，是教师教学机智和教育智慧的化身。关于教学艺术的概念，教育界主要有三种解释：一种认为是一种实践层面的积极教学活动；一种认为是一种精神活动或精神现象；一种则介于这两者之间，认为它既是具体的教学实践行为，又是抽象的教育智慧。总之，它是教师专业素养的一种深层追求，是"教学艺术上最为鲜活而亮丽的花朵"，是教学艺术的最高境界，集中体现教师的教育智慧。"双引"作为一种教学艺术，它既是教学机智的体现，又是教育智慧的化身。正因为如此，许多专家非常重视教学机智的作用。加拿大教育学家范梅南曾经指出，符合教学规范的教学机智具有七个方面的作用：机智保留了孩子的空间、机智保护那些脆弱的东西、机智防止伤害、机智将破碎的东西变成整体、机智使好的品质得到巩固和加强，机智加强孩子的独特之处以及机智促进孩子的学习和个性成长。

一般来说，教学机智可以分为积极和消极两种。过去对于教学机智的认识，往往存在着两种偏差：一种把教学中的随机行为都当作教学机智，出现了教学机智的"泛化"现象；另一种又把教学机智仅仅当作对意外事件的处理，出现了教学机智的"窄化"现象。这种"窄

化"了的教学机智是一种消极被动的，主要用来疏导冲突，消弭矛盾，使教学恢复常态。真正的教学机智应该是主动积极的教学行为，有一定预期性。即教师在没有碰到任何意外问题或遭遇尴尬处境的情况下，因为一定情境的触发，突然之间对一个习以为常的问题有了新的认识，产生顿悟，并立即采取了相应行动。教学机智和教育智慧是互相联系的，不可截然分开的。

范梅南指出，教学机智描述了一个人在教育学理解中的实际行动，它具有即刻性、情境性、偶然性、即兴发挥性。他说："机智的行动是充满智慧的，全身心投入的。……没有智慧就没有机智，而没有机智，智慧最多也只是一种内部状态。"这句话一针见血道出了"教学机智"与"教学智慧"的联系与区别，前者是外显的、动作性的，后者是内隐的、静态的。在课堂教学中，真正发挥有效作用的是在课堂教学中一切蕴含教学智慧的教学机智行为。

那么，在教学实践中怎样才能形成良好的教学机智呢？概括地说，它需要教师具备热爱学生的真挚感情、勇于实践的探索精神、良好的思维品质、虚心学习的态度和广博的知识。洪宗礼的"双引"教学艺术将内在的、静态的教育智慧转化为外显的、动作性的教学机智，将教学机智的内涵由被动的、意外的、消极的事件处理扩展到主动的、有意的、积极的教育引导行动。"双引"教学艺术使教学艺术与教学机智实现真正的统一和融合，使教师的"导"和学生的"学"实现最佳的教学状态和教学效率。

试看以下两则洪宗礼关于引导教学艺术的掠影：

做一做"排"的动作。孔乙己"对柜里说，'温两碗酒，要一碟茴香豆。'便排出九文大钱。"洪宗礼老师说，"排"字平常但很有深意。他要求学生做一做孔乙己的"排"的动作，并提示学生，人物的外在动作是他内心情感的直接反映。几分钟后，学生开始表演。甲生：把九枚硬币在桌面上排成一线，然后双手把硬币向前一推。乙生：拿起九枚硬币，一线儿平列在右手掌心上，先得意地看了看，然后倾斜手掌，"哗"地一溜儿泻在台面上。丙生：平展右手，掌心里躺着几枚硬币；他又把掌一收，五指合拢，用拇指和食指一搓捻，再用拇指把一枚枚的硬币按到台面上。九次动作，九个声响，九枚硬币整整齐齐赫然"排"在台面上。在教学中，多数教师采用"提问"、"讲解"等语言形式来分析字词，而洪宗礼在讲授"排"字的妙用时，运用一组动作表演展现形象性的情境，使学生在情境的对比中积极思考，深刻的体会"一字传神"的语言艺术。

"缺颗门牙"的描写。 洪宗礼在上《人物速写——为本班一位同学画像》的作文课上，一位同学写了他的同桌，文中三次写到同桌"缺颗门牙"。同桌抗议，认为不该写他的牙齿，是侮辱人。两人争执激烈，并推搡起来。洪宗礼不动声色，向全班同学提出了罗贯中在《三国演义》中对张飞的描写和课文《一面》中对鲁迅的描写。罗贯中描写张飞"身材高大，豹头环眼"，豹头小而圆，并不美；"环眼"铜铃似的，又大又圆，有点怕人。但恰恰是这四个字，刻画出了张飞一副威风凛凛、英武凶猛的粗犷美。《一面》中的鲁迅先生"黄里带白的脸"、"竹枝似的手指"、"胡须很打眼，好像浓墨写的隶体'一'字"，也恰恰是这些看似不美的描写突出了鲁迅顽强的性格和忘我精神，是一种特殊美。接着洪宗礼提问同学：在青少年身上，"缺颗门牙"表现怎样的特殊美？是"稚气"、"孩子气"，加上"虎眼"、"酒窝"、"白皮肤"、"高个子"、"爱运动"，塑造出了一位活泼可爱、朝气蓬勃的青少年形象。至此，全班都露出了会心的笑声。这就是一场精彩的"教学机智"镜头，它不仅转化矛盾，还进行了积极、有效的教育引导。像这样闪现着机智性的教学艺术镜头还有很多。归根到底，它应该归功于洪宗礼在课堂活动善于"悦纳、沟通和转换"。"悦纳"，即他能用一种平和、轻松、愉悦、友好的心态来接受并应对课堂上学生突然行为表现，有助于营造一种和谐的教学环境，为自然灵活的运用教学机智创造条件。"沟通"，即他善于通过交流达成教师与学生行为意义的相互理解，为教学机智通往教育目标提供途径。"转换"，即他善于将教学中的消极事件转换为有教育意义的积极行为，为教学机智赋予了教育价值，实现了教育目标。

五、"双引"是课程建构与实施的策略与艺术

（一）引导是求活的策略与艺术

洪宗礼的双引教学决非一种机械而僵硬的教学模式。他认为，双引教学艺术的核心是"活"。"活"，是"双引"教学的生命，是"双引"教学的灵魂。在教学活动过程中，他将"活"看成是教师的"相机诱导"，教师的工夫要下在因"机"而"导"上。教师既要有"相机"的判断力和洞察力，又要有"诱导"的艺术，要善于针对不同的教材、不同的教学对象、不同的学习状况，按照教学大纲的具体要求，因文、因人、因时而定法，择"机"而"诱"之。这样的引读引写，才能培养学生较高的读写能力。洪宗礼把这种教学活动过程中的"相机诱导"称之为"活导"。"活导"是整个课堂教学呈现不断发展、不断生成的动态特征。研究"活教"，活用活教教材，把教材教活，是洪宗礼语文教学艺术的不懈追求。当然，"求活"是一种要追求的教学结果，怎样"求活"，这是实现目标的方式和途径，下文中"质疑"和"激思"就是重要的途径。

"活"其实是一种相对的概念，要真正实现语文教学中的"活教"，必须与"求实"相结合，"活与实的统一"，才是"优导"。"双引"教学中体现"活与实统一"的引导方法，如反三法，就是通过教读，以典型性的"一"为例进行"反三"，引出规律。"反三"不是单纯的阅读量的增加，阅读面的扩大，而是要运用类比、分析、归纳、综合、判断、取舍等活的思维方法，是一种创造性的阅读与思维活动。反刍法，主要是在学生初读课文后，教师提出若干问题，引导学生反复比较、品味、辨析，揣摩文章的深意和作者遣词造句的匠心。比勘法，就是把精读文章作为出发点，向四面八方发射出去，运用精读课中掌握的知识和能力，阅读与其相似、相反的文章，提高学生的阅读能力。

（二）引导是激思的策略与艺术

洪宗礼的"双引"教学坚持发展思维的原则，在引导活动中运用多种方法"激思"，如引读中的设境法、求异法、比勘法、点拨法等；引写中的"情境引写法"、"激思引写法"等。比如情境引写法，是教师把学生引入家庭、学校、社会的特定情境，让学生触景生情，书写切身感受。激思引写法，在写作指导中，运用观察、想象、联想等方式激发学生思维；通过家庭、学校、社会的一人一事一问题，让学生开拓思路，深入讨论，打开写作思路。当然，在实际教学中，每一节课都是多种引导方法的优化组合，体现"优导"特点，以达到最理想效果。

在众多的激思方式中，最常用的、最有效、最有操作性的应是"情境激思"。情境激思要求教者在教学过程中积极引入或创设一定的教学情境，让学生思维常处于"动势"之中，以此来发展学生的心理机能，培养学生的道德情感，点燃学生思维的火花，从而获得最佳的教学效果。这里的情境既可以是具体可观可感的物的情境，也可以是通过教师或文本的语言文字创设的想象情境。在这两种情境中，教师积极地引导，创设一种动态的、积极愉悦的情境，都可以有效地引起学生的思考。这里采撷洪宗礼在引读和引写教学中的几个激思片段，略作分析：

一颗枣核有多重。 洪宗礼上《枣核》一文，手拿几颗生枣核，走进教室，问学生："它重不重？"学生众口一词："不重。"他说，"它究竟是重还是不重，答案在《枣核》这篇课文里。"在朗读第一段时，故意漏读"航空信"的"航空"，"再三托付"的"再三"，把"不占分量"错读成"没有分量"，"制造"（或"故设"）语言错误。洪宗礼在此运用了"物"的情境和"语言"情境，启发学生思考，让学生通过自己的思考，体会到了这颗"不占分量"的枣核在一个美籍华人心中的"分量"，理解了"枣核"所代表故土情结和爱国情结的深层内涵。

创新之路

95

要求语言精练，为啥还要用"三"。洪宗礼上《谈骨气》一文，提出写议论文的语言要精练，学生在阅读中提出了问题："论述中国人民有骨气，为什么用了三个例子？用一个例子不更精练吗?"教师引导学生深入讨论，以语言讨论激发学生思考。学生得出这样的结论。结论一：三个例子分别说明三个问题。文天祥的例子说明"富贵不能淫"；不食嗟来之食的例子说明"贫贱不能移"；闻一多的例子说明"威武不能屈"。结论二：用三个例子，更能说明在我国漫长的历史上，每个时代都有很多有骨气的人，有力地证明了"我们是具有优良传统的民族"这个论点。这就是语言激思的效果，比任何精讲都要精彩。

银杏树下的激思。课间活动，洪宗礼带着文学社团的初三学生站在一棵银杏树下，动情地赞叹了古银杏久经风霜的顽强的生命力量，然后抓住"毕业前夕"、"树欢送人"等情绪点，让学生描绘这一棵古银杏，学生们的情绪一下子被感染了。接着，他又虚拟"一位校友正向这棵银杏走来"，请同学们想象，"他（她）可能是谁"，"又会做怎样的动作"。在校园中伫立的千年银杏树，成了洪宗礼写作教学中的素材，既描绘了"眼前的银杏"，又打破时间限制，想象和演绎了银杏树下的人和事。

（三）引导是质疑的策略与艺术

教师如何导疑？第一，教师要指导学生质疑的途径及方法，如观点质疑法、数据质疑法、事例质疑法、引文质疑法等，指导学生从观点的正确性、数据的精确性、事例的典型性、引文的准确性等处提出质疑。第二，教师要注意指导设疑、发问的方法，如悬念导疑法、谬误导疑法、递进导疑法、反诘导疑法等。第三，教师要处理好寻疑、质疑、破疑、释疑等之间的关系，控制质疑的度。教师既要指导学生寻疑、质疑，又要指导学生将疑问控制在一定的限度内，否则，学生的"奇思异想"就会造成教学目标的偏离。有些疑难问题无多大讨论意义，学生又无法自己解决，教师就直接释疑；有些疑难问题极易引发学生联想、想象，教师要用目标限定范围；有些疑难正面解释并不见效，教师不妨用反诘导疑。

　　洪宗礼认为，学贵有疑，疑就是有问题。教师不仅要引导学生在阅读中提出问题，即寻疑和质疑，还要指导学生分析问题、解决问题，即破疑、释疑。教师要引导学生从无疑处生疑；在关键处揭疑；在平常处激疑。教师要帮助学生在阅读中揭疑，又要在揭疑中深入阅读，以发展学生思维的批判性、敏捷性和深刻性。

　　洪宗礼将教师的"导疑"艺术和学生的质疑能力的培养结合起来，运用多种导疑方法，演绎了一堂堂富有启发性的课堂教学艺术情景。在教授《荔枝蜜》一文中，教师运用递进式导疑法，层层深入教学。学生最先只能提出知识性和常识性的一般问题，如"'稀罕'的'稀罕'，另一本书上不加'禾'旁"；"'赞叹'的'赞'，是'赞美'，而'叹'是'叹息'，不好讲"；"课文中说'蜜蜂一年四季都不闲着'，难道冬天还采蜜"，等等。教师对这些问题解疑后，引导学生从更深处发现新问题。有的学生提出："课文中形容和评价蜜蜂，既说它'渺小'，又讲它'伟大'，不矛盾吗？"教师即抓住这实质性问题进行释疑，指导学生理解文章的主题。教《孔乙己》一文，则运用直接揭疑法，一开始就提出："鲁迅先生在这篇小说的结尾写道：'大约孔乙己的确死了'。'大约'表示估猜，'的确'表示肯定，这不矛盾？究竟是怎么回事呢？"这为学生阅读全文设置了总悬念。接着，在学生阅读过程中或明知故问，或藏答于问，提出若干问题，使悬念迭生。然后，再逐条释疑，层层递进引导学生分析课文，向深处开掘。

6 改革语文教学体系的有益尝试

| 叶至善 | *

　　我没念过大学中文系，也没当过语文教师，只是在父亲叶圣陶身边，帮他编写过、修改过中小学语文教材。这一回参加洪宗礼老师主编的"单元合成，整体训练"初中语文实验课本理论研讨会，我只能说说过去编写和修改语文教材的一些体会，大半还是从父亲那儿听来的。

　　洪老师主编的"实验课本"有个体系，归纳成形象的三句话，叫做"一本书，一串珠，一条线"。昨天拿到课本，晚上浏览了一遍，我才知道这三句话的含义。"一本书"，就是把"听、说、读、写"，有机地综合在一起，形成一个整体结构的教学体系。"一串珠"，表示教材是分单元编写的，每个单元都是一个具有"听说读写"教学效应的"集合块"。"一条线"，就是说各个单元相互连贯，使"听说读写"的训练贯串整套课本，成为"多股交织"的"集合体"。记得大约十年前，我父亲跟参加编写小学语文课本的教师和编辑讲过一次话，说到语文教学还没形成完整的体系，希望大家一同努力，在较短的时期内解决这个问题。所以我想父亲要是能看到洪老师主编的这套课本，一定会感到满意的。满意就满意在这套课本在解决语文教学体系这个问题上，又迈进了一大步，作了认真的有益的尝试。其实我父亲是来得及知道的，这套课本已经试用了 4 年，我父亲故世了才两年嘛。

　　来泰州之前，我听到过一个不正确的消息，说洪老师主编这套课

_____

* 叶至善，全国人大原常委，中国少年儿童出版社原社长，著名教育家。

本，按的是《国文百八课》的路子。我想这不太好，因为《国文百八课》是单以写作训练为中心的。昨天看到了这套"试用课本"，我才放下了压在心上的这块石头。我岳父和我父亲合编《国文百八课》，在当时也只是尝试。先前的初中国文课本，只是从浅到深，从短到长，选取若干篇课文就算完事，都杂七杂八，没有明确的教学目的，看不出要让学生进行哪些方面的训练。他们认为必须从改革教材入手，把语文教学引上科学化系统化的道路。初中六个学期，一共上国文 108 个课时，他们把写作训练的各方各面组织成若干单元，由浅入深，分配在 108 个课时内，所以书名叫做《国文百八课》。第一、二册两册出版后就受到了教育界的重视，主要因为是一次突破，一次认真的尝试。出版到第四册，抗日战争爆发了。第五、六册两册，后来好像也编成了，正好碰上湘桂大撤退，没有印出来，连稿子也不知弄到哪儿去了。

人教社近来重印了前四册《国文百八课》，作为参考资料发行。在发稿前，我又认真读了两遍，觉得有些说法是很新鲜的，譬如什么是"诗"，什么不是"诗"，什么叫"诗意"，什么叫"意境"，什么叫"语感"等，都讲得生动活泼，学生很容易接受。挑选课文着意避开太熟见的，也使人有新鲜感。一概不作注解应该说是个缺点，有些是一般的辞书上找不到的，不加注解怕教师也讲不清。总之，这套课本是以写作训练为系统的，阅读当然非讲不可，可是目的还在于训练写作。我父亲大概觉察到了，在抗战期间提出了阅读教学要真正做到跟写作教学并重的想法。于是同朱自清先生合写了一本《精读指导举隅》，相当于预习课文的指导；一本《略读指导举隅》，相当于课外阅读的指导。"听说读写"并重，是"文革"以后才受到语文教育界的普遍认可的。我想，要是让我父亲再编一部课本，可能也是洪老师所说的"一本书"的格局。

洪老师主编的这套课本已经试用了 4 年，今天有好几位试用单位的教师发了言，都说教学的效果不错，在农村里尤其受欢迎。我听了很高兴。教师们又说，这套课本的好处是既照顾到了学生，又照顾到了教师。我同意这样的评价，只是觉得对教师的照顾是不是多了点儿，细了点儿，以至于把课本编得这样厚。对教员的照顾过多，很可能妨碍他们在教学过程中发挥自己的能动性。对学生来说也有这个问题，本来要让他们考虑的问题都讲得一清二楚了，等于剥夺了他们锻炼的机会。我知道，目前有一部分教师，尤其在农村的，程度是比较差一些，有必要多给他们一些帮助。是不是可以这样办，把没有必要跟学生讲的那些部分从课本中抽出来，专为需要辅导的教师们另编一套供教课用的参考书。这是个老办法，并非我灵机一动想出来的。

再说两点意思。一是学习前人重在学习前人勇于改革的精神。洪老师主编的这套试用课本虽然采用了前人的一些主张和办法，但是都有所开拓，有所创新，应该说是难能可贵的。二是参加编写这套课本的同志都没有脱离教学的第一线，有了新的想法，随时可以在教学中进行试验，试验有效就编进课本去；如果发现有尚须改进的地方，在编进课本之前就可以改进。这个"不脱离"是个非常有利的条件，要充分利用，并且坚持下去。

7 一部站在时代前列的优秀语文教科书

| 朱绍禹 | *

任何教科书都是政治性工作、科学性工作、艺术性工作和技巧性工作的共同产物。说它是政治性工作，是因为它要从我国的国情出发，贯彻党的教育方针，诸如要体现方向性和时代性等；说它是科学性工作，是因为它要依据一些普遍性的原则，要遵循一些共同的规律，诸如它要体现正确性、适当性、应用性等原则，还要依据学习者的身心发展特点和学科知识的结构，体现出循序渐进的规律等；说它是艺术性工作，是因为它包含着编写者个人的特殊精神劳动和创造性思考，诸如构成什么样的思想体系和逻辑程序以及采取怎样的编写体例等；说它是技巧性工作，是因为它还涉及许多编写技术和编排技巧方面的内容，诸如如何立标题、作注解、排版面、列表格、配插图、选字体等。

基于上述一般性理解，我们这里就从政治性、科学性、艺术性和技巧性四个方面对洪宗礼先生主编的《语文》教科书做一轮廓式的分析和评价。

我们总的看法是：这是一部体现了正确的政治方向的编著，是一部反映了科学水平的编著，是一部经过深刻艺术构思的编著，是一部很讲求编辑技巧的编著。在这四个方面，它都超过了以往的同类教科书，在目前试用的各种版本的同类教科书中，它也属于前例。

创新之路

---

* 朱绍禹，全国高等师范院校教学法研究会会长，东北师范大学教授，著名语文教育家。

一、一部思想政治性鲜明的教科书

学校的教科书特别是文科教科书，从来都是国家政体的体现物，不同的只是有的体现得鲜明、得当，有的不够鲜明、得当，有的甚至同政体不够协调。本套语文教科书则属于前一种。它的思想政治性工作，一是表现为方向性，一是表现为时代性。在方向性方面，正像它在"说明"中所表明的，它的编写"旨在以马列主义为指导，贯彻教育方针，面向现代化，面向世界，面向未来"，"为两个文明建设和提高民族素质服务"。同时它还注意贯彻义务教育的方向，即"要照顾两个大多数，一个是不进大学的大多数，一个是在农村的大多数"。这个方向不仅体现在课文的内容和作文的内容以及听说训练的内容上，也体现在引读、引写、思考和练习的内容上，还体现在它们的程度和分量上。

在时代性方面，"说明"也明确提出"课文……有时代感和可读性"。这无论是从课文创作的时间和反映的内容看，还是从作文、听说训练的内容和要求看，可以说都在更大程度上反映了现实的时代面貌，体现了社会主义时期改革、开放的精神脉搏。而在表达上，也反映了现代汉语的发展状况。至于作为教科书的三大构成部分之一的基础知识，虽然由于它具有相对的稳定性，编写者也尽力引用新的例证，赋予新的内容。总之，这部教科书是从思想内容和语言形式两方面显示了新的气息，从而也就更贴近学生的心灵，使学生喜读乐学，发挥出它的特有活力。

二、一部具有科学水平的教科书

本套教科书的编者是以科学的观点和态度、按科学的要求编写出了具有科学水平的语文教科书。语文科不是科学学科，但却含有科学的因素。在语文教育大力提倡和追求科学化的今天，语文教材特别是教科书编写的科学性问题就更趋重要。

语文教科书的科学性主要体现在内容的正确性、程度的适当性和实际的应用性。

首先，要求内容正确。这是任何一部教科书的首要要求。基础教育阶段的教科书在人类全部读物中是最需要准确稳妥的一种，它要求具有最大的可信度。但由于知识更新速度的加快，和国内外政治、经济形式的变化，人们不能要求任何教科书都做到百分之百的正确。依据这样的事实和观点来考察这部教科书，我们可以认为它的"范文系统力求优化，知识系统力求精化"，使它做到了课文大都文质兼美，语文知识精要。此外，凡编者所做的提示性文字和编排的思考练习题，可以说大都做到了正确、严谨。

其次，要求内容难易适度，力求适应两个"大多数"使其具有普遍的性格，发挥更广泛的作用。这具体体现为，课文的思想内容和语言文字的难易适度、语文知识的多少和深浅适度，编者的提示和安排的思考练习题的数量与要求适度。

再次，要求能够满足实际应用。这套教科书在"引读"方面，大量选取了成为读写基础的记叙文，同时具有广泛社会应用性的说明文和议论文显著地增多了。而"引写"方面，其内容和形式无不是从社会生活的实际出发，为适应社会日常的需求而编写的。至于"基础知识及运用"的编写，就是要做到"精要、好懂、有用"。而之所以要"精要"，要"好懂"，目的也无非是为了"有用"。

三、一部经过艺术构思的教科书

语文教科书编写的艺术性工作，是编写者最费力气最花心思的工作，也是一件最困难的工作。如果论地位，应该承认政治性工作是第一位的，最为重要。然而它是由国家的政治体制和社会状况决定的，方向是既定的，编写者只要采取与之相应的观点和态度，按照它选取课文、安排知识、决定思考和练习内容，就不难达到要求。而编写艺术性工作则不然，它是属于教科书的派别的风格问题，是取决于编写者自身的智慧和能力的，它更多地依赖于编写者的思维水平。而突破思维定势的创见从来就不多，因而能够体现出个性的语文教科书模式也就难以产生。一些面貌大同小异的教科书，就是这样产生的。这里，我们就从这一事实出发来观察这部教科书，可以说，它已展示了编写者的创新性思考个性，反映出某种程度的特有艺术风格。这主要体现在编写体系和编写体例上。

本套教科书的编写体系，可以说就是一个以语文能力训练为主线的整体教学系统。对于教科书编写的这一关键问题，本套教科书的编写"说明"中，有着明确的和反复的阐述。一方面，它是由阅读、写作和语文知识三个部分构成的一个有机整体；另一方面，它又在"课文范例、传授语文知识、提高语文能力、培养运用语文的习惯"中，以语文能力的训练为主线。这个编写体系，体现了编写者的语文教育观，也体现了编写者的创造性思维。它不再只是阅读体系或语文知识体系，而是一个读、写和知识的整体，它要"形成具有整体综合教学效应"的"集成块"。它也不再是语文知识传授和语文能力培养并重，而要求"切实抓住能力训练这条主线"。这种新的编写体系的形成，是时代发展的必然，也是编写者智慧的结晶。这在语文教科书体系的变革中是值得着重指出的。

本套教科书在编写体例方面，更多地突破了既有体例，而有所发展和创造。本套教科书虽然也采取了各种同类教科书通用的按单元构成的编排体例，却有许多体例上的创新。比如每一单元都由引读、引写和基础知识及运用三部分合成，形成读写能力训练同知识的理解及运用的结合。同时，每一个单元，或配编了"图书馆"，有重点地介绍与课文有关的重要作家作品，或配编了"阅读方法和习惯"短文，介绍阅读的种种有效方法和良好习惯。至于课文，则又基于其地位和阅读能力训练的考虑，分成教读、扶读和自读三类，既利于不同能力的培养，又利于不同阅读方法的养成。本套教科书在体例上的创造性还体现在，它的文言文的编排不再囿于以前的文言文独立组元法，也不取近年来的文白混编法，而是前四册混编，后两册合编。同时，有些文言课文还采取原文与译文对照的形式编排。至于在"较为完整的助读系统"中，这套教科书既"引进了教学目标"，又"引进了教法"和"引进了学法"，其体例也具有一定的新鲜感。

四、一部讲求编写技巧的教科书

编辑技巧问题在全部编写工作中，自然是最次要的工作，然而却不等于它无关大体。事实上，它关系到使用的效果和效率，关系到使用者的观感，关系到学生审美情操的培养。因此，凡是负责任和富有创造精神的编写者也无不在这方面下大工夫。就我们所看到的一些国家的中小教科书而言，它们也都在这方面显示出编写者的思考工夫和编辑技巧。

我们面对的这部教科书的编写者，在编辑技巧方面下的工夫是够大的，所达到的水平是够高的。

在确立标题方面，它的"引读"、"引写"既表达了教师指引下的阅读和写作之意，又以新的主题而给人以新的感受；在注解方面，它一反过去惯用的连接排列的作法，每一注解都独立起行，极为清晰醒目，便于学生掌握、阅读；在版面安排方面，每一课的前部和后部都留有较大的空白，突出了课文的地位，并给读者以宽松、舒服之感。尤其是它的封面设计，既落落大方，意境深远，各册又大同中见小异（构图格局一致，色彩、图像却不同）；在列表格方面，一方面，每一单元一律列有《单元教材支配表》，使"教程"、"教学要求"一目了然；另一方面，又在列于课文后的"思考与练习"中，常用多种形式的表格，便于学生的实际操作；在配插图方面，编者下的工夫尤多。每册课本都于卷首用 8 页篇幅配置人物像、建筑物图、景物图、物品图、场面图等十余幅，并于课文中辅以配合课文内容的插图多幅，做到了图文并茂，使文字艺术同绘画艺术交相辉映；至于选择字体方面，既有大小粗细的不同，使之错落有致，又都清晰美观，使读者视之、读之都会产生愉悦感。列于六册教科书单元之首的"名人学语文轶事",作为一种编写体例,也是没有先例的。

上述四个方面共同表明,这是一部优秀的教科书,是值得使用、值得推广的教科书。这是"经历十年,七易其稿,四改版本"的结果。我们相信,它仍然会再易稿,也可能再改版本,其结果将是越改越好,以至成为一部名扬国内的教科书。

8 巧在"合成"的建构艺术

| 刘国正 | *

　　洪宗礼主编的"单元合成，整体训练"教材我接触多次，每一版出来以后都看过一些，我感到一次比一次好。泰州中学和泰州市教育局教研室写的送审报告是实事求是的，写得很好。这套教材经过反复试验，证明教材是成功的。据我看，这是一套有所创新、大有希望的教材。

　　首先谈一点，我感到这里的省、市、校教育领导方面对教材的支持非常积极而有力。扬州师范学院的专家对这套教材的编写、修改也尽了很大的力量。洪宗礼老师的毅力是很可佩服的，他往往工作到深夜，有人管他叫"拼命三郎"。现在以这种精神工作的同志老实说并不是很多的，这是很可敬佩的。我感到，这套教材在这么个环境中，这是个幸福的环境，和孩子在幸福的家庭中生长一样。一套教材经过修改能站得住，这谈何容易。我们现在提倡个人编教材，咱们国家现在搞个人编教材是很难的，甚至有难以克服的困难。所以我特别提出，这个条件是很难得的。上午发言的市长是教语文出身，省教委普教局的负责同志也是教语文出身的，这与省市重视语文教学有一点关系。江都县教育局副局长王在同志不但是教语文的，而且对语文改革有浓厚的兴趣，做了很多事情，扬州市教育局局长郑万钟同志也是教语文出身，这个环境可以说是语文之家。所以这里产生一套非常成功的教材是有它的主客观条件的。希望充分发挥这样好的条件，把教材搞得更好。

---

　　* 刘国正，全国中学语文教学研究会原理事长，人民出版社原副总编，诗人、著名语文教育家。

上午洪宗礼老师说，这套教材的改革着力点放在体系的改革上。我们国内多年来，语文教材的改革和语文教学的改革，在体系方面花了很大的力量，取得了很好的成绩。如果跟中国大陆以外的汉语课本（如中国香港的中文课本、中国台湾的国语课本、新加坡的华文课本）比起来，在体系改革方面我们是走在前头。香港地区的教材还没有注意到教材的体系，课文是香港教育署规定下来的，我看到许多教材，它的着力点在于每篇课文怎样搞预习，怎样搞练习上面，整个体系不大看得出来。台湾地区的教材也是这个状况。其他地方，像新加坡的，它的量很少，更看不出什么体系来。我在香港讲过一次咱们大陆教材体系方面的改革，对我们自己是老生常谈，而他们感到很新鲜。我们在语文教材改革方面未必落后，要有点自豪感。我们有这么好的条件来进行研究，开各种研讨会，成立各种研究会，这在海外也是很不容易办到的。

目前教材体系的改革，至少有这么多种类：有的探索以能力为主线，或者以写作能力为主线，或者以阅读能力为主线，或者综合起来以读写能力为主线；有的探讨以知识为主线，我知道至少有两部教材是这样做的。探讨者认为以知识为主线可以使教材更加科学化。有分科型的，分编为两本，甚至开头主张分编为三本；也有主张只编一本的，即综合型的。各式各样的体系，可以说是"百花齐放"。在众多的改革体系中，洪宗礼老师主编的这套教材名称叫做"单元合成，整体训练"，特色就在于"合成"二字，"合成"二字很重要。

首先，这套教材比较好地梳理了各方面的序列。字、词、句、篇，听、说、读、写，语、修、逻、文，语文的花样很多。现在还有把这三方面各增加一个字，变成了字、词、句、段、篇，听、说、读、写、译，语、修、逻、文、思，越来越复杂了。"译"是指把文言译为白话，这在日常生活中用不上，本来就不要中学生搞。提出这些的原因在于高考要考这些东西。高考指挥棒有时实在起不好的作用。上面说的这些东西，各自有一条线，或者说，几种东西合起来有一条线，不论怎么说，编教材都要梳理一下它们的序列。现在全国各家的教材各有各的序列，也都各自言之成理。恐怕这种序列不是一种，可以是多种，洪老师主编的教材首先梳理了这些序列，是比较合理的。他又进一步把这些序列加以合成。假如不合成，各自为政，互不相通，互不融合，教材就不一定有特色了。"合成"二字，在洪宗礼主编的教材中有了妙用。好比烧一个菜，洪老师把酱油、醋、味精、葱、姜先准备好，然后再加以"合成"。这种"合成"是有高下之分的，名厨师的"合成"和普通厨师的"合成"就很不一样。洪宗礼教材的合成，看来是比较高明的。我在写给洪宗礼同志的信中说过这么两句话："分之则序列分明，合之则互相为用"，据我看，现在的教材有一些这方面的意思，当然还不是最后的完成。

合成得比较好，就是使教材中的许多线互相相处得比较和谐，就好像演奏交响乐，许多乐器一同鸣奏，都能和谐起来，成一首乐曲。这套教材使人感到比较和谐。这样一种比较和谐的课本，解决了一个问题。多年来，编写教材的人都被语文教学的综合性所苦恼，语文的教学内容有那么多花样，编教材是很难很难的，往往是或者有所偏废，或者是搞得比较混杂，教师在教学中也很难抓住头绪，综合性教材容易犯这个毛病。所以后来才考虑到编写分科型教材，为的是使线索清楚一些。如果在综合型教材中，仍然能使线索清楚而相处和谐，这岂不是一个很大的创造？所以，这套教材是有一定的突破的。

刚才听搞试教的老师讲，学生对这套教材是欢迎的。学生为什么欢迎它？用这套课本既能学得扎扎实实，又能学得生动活泼。课本中，知识和能力，听、说、读、写四方面的能力都是互相沟通的。这样就不要死记硬背了。既能够学到很多知识，又能互相转化，这就有了"动感"，比较活泼，容易引起学生的兴趣，学会了，也学活了。

从教师方面讲，教师也愿意使用这套教材，这是我听了实验报告以后，才进一步领会到的。教师喜欢的原因是教材是一本书，容易掌握；教材在教学目的方面规定得比较明确，教学方法也有好多说明。这样，教师拿到书一看教学目的，心里就有"底"了，然后看下面的训练，不但是对学生讲的，也有的是对教师讲的，掌握起来也容易。下面讲几个有关的问题。

关于教材"既是教本也是学本"的问题。据我看，课本主要还应是学本。对教师起作用的，写进课本里去的应是一小部分，不应把教师需要的东西全部写进教材。另外可以给教师编参考的东西。"既是教本又是学本"的说法，把两方面平均对待了。我想主要的是学生用的。有些话对教师说合适，对学生说未必合适。

从头到尾篇篇评点，这种做法当然可以，我觉得评点要让学生领会课文，理清文章的思路，起这个作用。实际上生活中一般用不到评点；学生也不必学评点。特别要培养学生对读过的书保持整洁的习惯。许多学生的评点字写得很难看，把书的美感破坏掉了。历来人们有两种习惯，像毛泽东的读书方法，在书上写很多字；也有另外一种读法，就是保持书的整洁。在学生时代，培养学生保持书的整洁是必要的。不一定篇篇搞评点。这些意见仅供参考，我说的是个人的一种爱好，反正我的书是很整洁的。

教材的特色在"合成"两个字，希望在这一方面进一步下工夫。我想，现在已经很好了，不错了，站得住了，但如果进一步精益求精的话，还有些地方再推敲一下，使它更加完美。

关于由博返约的问题。过去的语文教材是很"约"的，仅有课文和少量的注解、练习。近年来，课本趋向于"博"，"附加物"越来越多。由简到繁，本来是一个很正常的发展。要讲科学化，就得有若干规定，若干项目。现在我觉得是到了由博返约的时候了。这个"约"并不是以前的那个"约"，而是一个新形态的"约"。洪宗礼主编的教材照顾到方方面面，相当全，也很完整，这是好的一面；正如刚才张定远同志讲的，感到"附加物"多了点，是不是可以精简一些？精简的方法有两个：一是把文字精简，一些知识的介绍做到要言不烦；二是有些项目可以穿插来搞，不一定每个单元都很齐全。每个单元都有一些听说训练，是否可以压缩一些，还有就是语法知识繁多，总之要搞得更好一些。

关于选文问题。洪宗礼感到选文很难，很难找到典范的文章。我感到洪宗礼已"进入角色"了，尝到了编教材的甘苦。文章之选，谈何容易！语文教材起决定作用的还是课文。中学语文课的主体还是要引导学生读若干经过精选的好文章。这一条现在变不了，将来也未必变得了。选好课文是编教材最根本的一条。过去，我们在叶老的领导下编教材，叶老对课文的要求很严格。他常常批评我们是"拣到篮子里的就是菜"。我们经过反复讨论过的文章送到叶老那儿，往往大部分被退回。现在我们课本中的课文远远不如那时的好。怎么解决选文问题？当今各家编教材的很多，各种选本也多。可以从各家教材、各种选本中筛选一批好的文章。如能做第一手选材工作更好，但较困难，我们可以从第二手材料中筛选。求得课文既思想健康又语言典范，并能使学生发生兴趣。这样的教材会面貌一新，必然有一种好的教学效果。现在教材中有很多好课文，可见下了不小的工夫，还可以进一步提高，有的课文可以推敲，文言文不一定很典范。如《夜游六桥待月记》不很典范，可能有删节，没有写夜游，写了昼游，没有写待月，而仅是记，离题很远。

关于文字问题，很伤脑筋。叶老对教材的文字要求特别高。过去，在编文学课本时，有若干篇课文是叶老亲自主持修改的。比如修改《最后一课》，他请了一位懂法文的同志，请了一位精通普通话的同志，再加上编辑部的主任和有关同志，推敲一下翻译是否忠于原文，再推敲这样的说法是否符合汉语的说法，是不是很好的普通话。经过反复研究、精益求精地推敲后才定下一句。一篇文章要改四五天，甚至一个星期。我是很怀念那段日子的。从修改文章中，我们跟叶老学了很多东西。我们现在的课文，比那时要差多了。这种硬功夫是很少下了。特别是没有像叶老这样的语言大师作指导，改也改不太好。文字要严格要求，洪宗礼主编的教材文字基本可以，但也有一部分要推敲。除了通俗之外，还要讲究语法推敲。要咬文嚼字，在细微之处多下工夫，一点点推敲一下。

总之，我很喜欢这套教材。前面已经说过，这是一套有所创新、大有希望的教材。经过试教，证明它是成功的。现在它已经不错了，站得住了，希望在"合成"上再狠下工夫，使它更加完美。

创新之路

111

9 洪氏国标语文教材的创新意义

| 李晓明 | *

世纪之交，我国教育部全面启动了新一轮课程改革方案，这是新中国成立 50 年来内地教育系统进行的最重要的改革，它的改革力度超过了新中国成立后的历次教学改革。

随着《全日制义务教育语文课程标准（实验稿）》的出台，语文教材改革出现了新的契机，洪宗礼和他的编写组又编写出了一套《国家课程标准语文实验教科书》。这是按照《全日制义务教育语文课程标准》（实验稿）编写的七~九年级语文教科书，经全国中小学教材审定委员会 2001 年初审通过，在全国范围内使用。该套由民间编写的教材与教育部主管的人民教育出版社、语文出版社出版的七~九年级语文实验教材形成鼎足之势。这套教材以它的崭新理念和独特的创新设计，在全国形成强劲之势。

新中国成立以后，基础教育领域的"学科本位"、"教师为主"、"课堂中心"等教育理念一直占主导地位，这些传统的教育理念阻碍了基础教育课程改革。人们必须更新观念，探索新思路，基础教育课程只有改革才能大踏步地前进。

一

洪宗礼领导的教材编写组在编写实验教科书的进程中，与时俱进，

---

* 李晓明，东北师范大学教授。

又不弃传统，在坚持原有教材特色的基础上敢于否定不符合时代要求的旧有经验，不断地超越自己，经过长时间的痛苦思索，贯彻新课程标准的人本理念，根据语文学科特点落实课标的三维度目标，探索新的教材呈现方式和编辑设计，同时吸取世界母语教材的编写经验，逐步形成了编写国家课程标准语文实验教科书的6个基本理念。

1. 人本理念

教材的编写应该以人的发展为基本理念，面向全体学生，全面提高学生的语文素养，为学生的终身学习、发展奠定基础。

2. 整合理念

教材的编写应该坚持人文性与科学性的统一、情感态度与价值观的统一、过程与方法的统一、知识与能力的统一。充分尊重语文教育的规律，构建一个全方位开放的语文综合实践系统。

3. 主体理念

坚持学生是学习和发展的主体，教材设计应该能够激起学生学习语文的主体意识，帮助学生在自我构建的过程中获得语文能力。

4. 开放理念

沟通语文与生活、与社会、与平行学科的关系，倡导跨学科、跨领域、跨文化的学习，实行开放的语文教育。

5. 弹性理念

教材编写应该在压缩课本体积的同时，扩大教材的容量，拓展语文学习资源，留出足够的弹性空间，减轻学生的学习负担，提高教学效率。

6. 民主化、人性化理念

教材的编写应该始终坚持与学生平等对话的原则，充分体现教材民主。同时要坚持人性化的理念，在教材编写中，始终把学生当作平等的人来对待，尊重他们的人格。

二

为了实现全面提高学生语文素养的目标，洪氏课程标准语文实验教科书注意了选文的优化。它的选文标准是：弘扬中华优秀文化，吸收人类进步文化，尊重多元文化，注入时代活水。

1. 优化教材内容

注意充分体现中华民族优秀的传统文化与人类进步文化的融合，注重人文精神和科学精神的统一。力求所编写的内容能够促进学生在发展语义能力的同时，形成积极的人生态度、正确的价值观、爱国主义精神和热爱祖国语言文字的思想感情。

2. 创立主题单元

实验教材由不同主题的单元建构，主题涉及关注社会、关注人生，也有关注自然、关注科学等诸多方面。以七年级上册为例，设计了亲近文学、金色年华、民俗风情、多彩四季、关注科学、奇思妙想六个单元，力图使学生全方位地关注社会的发展，关注科学和自然，对形成学生的健康人格提供了可资操作的范本。

3. 选材范围广泛

每册书中的 24～26 篇课文，现代作品占 83%，外国作品占 25%，文学作品占 60%，科学作品占 16%（统计有交叉），其中推荐学生诵读和欣赏的古诗文基本上是名家名篇；从文体上看，有诗歌、散文、小说、戏剧文学和实用文；从作品风格看，既有高雅的精品佳作，也有反映民俗风情的通俗小品和民俗对联；从作者看，90% 为名家，也有出类拔萃的普通作者。教材编写内容的优化保证了学生语文素质的全面提高。

三

千百年来，中国的语文教材一直沿用语录体例或文选体例。从世界母语教材的发展趋势看，对学生实践能力、创造能力的培养已经成为全球教育的突出主题。单一文选体例的语文教材显然已经不适应全球化、信息化的网络社会和知识经济时代的要求，必须改革单一的文选模式，设计新的中国语文教材综合实践体例。

洪氏语文实验教科书呈现出多角度全方位开放的态势，把语文内部的阅读、写作、口语交际、实践活动融合在一起，形成语文综合实践系统，加之与社会生活、平行学科沟通，形成了"语文互联网"。在这个"语文互联网"中，包含了如下编写体例。

1. 合成单元

合成单元是该套教科书的主要内容形式，除九年级下册是 5 个单元外，其余各册均为 6 个单元。在每个单元的 4 篇课文后面，都会围绕主题词把读写、口语交际、语文综合实践活动进行优化整合，形成单元内部纵横交错的网状结构。合成单元包括如下内容：

（1）主题词和课文

每个合成单元围绕一个主题词编选四篇课文。为让读者一睹苏教版语文教材的全貌，下面把全书 35 个单元的主题词分列如下。

七年级上册：亲近文学、金色年华、民俗风情、多彩四季、关注科学、奇思妙想；

七年级下册：人物风采、童年趣事、建筑艺术、动物世界、信息传播、诗词拔萃；

八年级上册：长征之歌、爱国情怀、至爱亲情、江山多娇、人与环境、高新科技；

八年级下册：咏物抒怀、道德修养、事理说明、小说之林、人生体验、精彩演讲；

九年级上册：学会读书（一）"吟哦讽诵而后得之"、学会读书（二）"感悟·品味·欣赏"、学会读书（三）"学学牛吃草"、学会读书（四）"阅读有独特的感受"、学会读书（五）"借助注释学文言"、学会读书（六）"读书动笔"；

九年级下册：学会读书（七）"比较与辨微"、学会读书（八）"迅速捕捉阅读信息"、学会读书（九）"疑为学之始"、学会读书（十）"知人论世读经典"、学会读书（十一）"横看成岭侧成峰"。

从上述各单元的主题词可以看到，苏教版教材在七、八年级，向学生展示了丰富多彩的社会生活，充分体现了开放的语文教育观念。

九年级则考虑到与高中语文衔接的问题，单元设计的重点放在"学会读书"，以方法为引领，授以程序性、策略性知识，采取创新的组元形式。洪宗礼这种以整合观念为指导的创新组元模式，受到了广大实验区师生的赞赏。

因为篇幅所限，围绕35个主题词编选的课文，无法一一列举。但这些课文的主要特点有四：一是注重人文性，入选的课文大都是名家名篇，文质兼美，足以成为学生学习语言的典范；二是富有思想性，力求通过课文的学习培养学生积极的人生态度和正确的价值观，培养他们的爱国主义精神和对祖国语言文字的热爱；三是综合性强，注意中华民族传统文化与人类进步文化的融合，注意人文精神与科学素养的统一；四是有鲜明的时代性，尽量选用最新的，能反映时代特点的课文。

（2）单元其他内容

单元其他内容主要包括诵读欣赏、写作、口语交际、语文综合实践活动、综合学习与探究五个方面，每个单元选入其中的两三项。各项内容为：

诵读欣赏

为了配合本单元的学习，在每个单元的后面都加入了诵读欣赏这一项，可见教材的编写者对诵读欣赏的重视。诵读欣赏是对课文学习的补充和扩大，其内容是古今中外优秀的诗文，其目的是通过对经典诗文和"文笔精华"的吟诵，陶冶学生的情操，培养学生的语感，增加他们的语言积累和文化积累。诵读欣赏部分的所有诗文都要求学生能够熟读，其中古代诗文部分要达到背诵的程度。

写作

写作与阅读是中学语文教学的两项最重要的内容。在语文课本中，如何安排二者的位置，一直是教材编写者感到很难处理的问题。洪氏语文教材把写作训练放在单元后面，集中在七、八两个年级，用24次做完。九年级则把口语交际、写作内容编成二十几道题融入"综合学习与探究"和课文练习之中，形成隐性写作与显性写作的结合，使写作既自成序列，又与阅读训练巧妙地结合在一起，成为合成单元的重要组成部分。

每一单元的写作短文，介绍写作理论、方法、知识的很少，主要是指导学生进行实际的写作训练。全套实验课本安排了24篇写作指导短文，88道作文选作题，19道修改文章练习题。每个学年安排课内作文16次，其他练笔20次，写作训练的总量近两万字。

对作文题目和内容的选择，强调让学生有感而发。因此实验课本所设计的作文练习，大多数只提供材料、范围或要求，至于题目则由学生自己拟定。学生耳闻目睹了什么、生活中感受到什么，在文本、网络上看到了什么，想到了什么，就写什么，可以不受拘束地自由作文。由于不搞"遵命作文"、"出题逼文"，没有写作的清规戒律，学生可以用自己独特的视角去观察生活，有创意地表达自己的见解，使学生感到作文是自己的精神家园，写作是充满乐趣的事。

虽然洪宗礼主张放手让学生大胆写作，但他并不认为作文不要讲究规范，相反，他强调必须重视加强对学生修改作文能力的指导，提出严格的规范要求，并养成学生自己修改作文的习惯。因此，他认为好的作文不是教师改出来的，而是学生自己改出来的。关于修改作文的练习，在实验课本中，既与单元写作练习紧密结合，又自成体系。如七年级上册共安排了五次修改练习：①认识修改的意义；②掌握修改的符号；③养成修改的习惯；④学会修改的方法；⑤进行修改文章专题训练。学生学会了修改作文，不仅可以锤炼语言、锻炼思维、深化认识，还可以摆脱长期以来作文低水平重复的困境。

口语交际

口语交际是合成单元的另一重要内容。根据《全日制义务教育语文课程标准（实验稿）》对七～九年级学生口语交际教学的要求，实验课本在七、八两个年级安排了12次口语交际活动设计，每册书3次，每次一般有两道训练题。

口语交际活动的训练注重实用性，让学生在实例的训练中自己总结出口语交际的知识、技能要求。如七年级上册口语交际"婉转拒绝",通过生动实例让学生悟出:"拒绝他们的要求,根据不同的场合、对象,选择恰当的表达方式,注意语言的婉转含蓄,对方才能心悦诚服地接受"。八年级学生的口语交际活动,更注重学生的自主创意。如"当一次主持人"、"假如我是导游"、"清楚连贯地表达思想观点,不离话题"、"听出讨论的焦点,有针对性地发表意见"等话题,鼓励学生发表自己的见解,充分拓展学生自主表达与交流的空间,满足他们进行口语交际的愿望,锻炼其口语交际能力。

语文综合实践活动

语文综合实践活动是这套课程标准实验教材的一个亮点。为了真正落实《全日制义务教育语文课程标准(实验稿)》中关于七~九年级综合性学习的要求,苏教版实验课本在七、八两个年级安排了12次综合实践活动,每册书3次。

综合实践活动一般是结合本单元的课文学习,通过某一主题把读写听说综合在一起进行的语文活动。它集实践性、知识性、趣味性于一体,是各种语文基础知识的活用,是语文基本技能的综合实践。

语文综合实践活动是学生根据要求进行的自主活动,教师的作用主要是进行组织安排,让学生在自我展示中相互交流、共同提高。这项活动在课外开展,但可以安排课内展示。学生在课内展示中使自己的才华得到同学们的赞扬,充分享受成功的喜悦,同时在交流中发现同学的长处和自己的不足,取长补短,不断进步。

综合学习与探究

综合学习与探究安排在九年级进行,一共9次。它一般是紧密结合本单元的课文,对所学课文进行深层次的探究,体会原作在主题、结构、语言等方面的独到之处,学习名家的写作技巧。有的单元在综合学习与探究部分还安排了仿写的练习,力图提高学生综合运用语文的能力。

2. 名著推荐与阅读

"名著推荐与阅读"是从课内语文学习向课外语文学习的延伸,是该套语文教材在93版教材"图书箱"设计基础上的创新设计。虽然中学语文课本编选了很多文学名著，但是，由于篇幅的限制，长篇名著一直不能全文选入中学课本。为了弥补这个遗憾，打破语文课堂上只能读短篇或长篇节选的惯例，让学生有机会独立阅读整本的书，掌握读整本书的方法，苏教版语文教材特意开辟了"名著推荐与阅读"专栏，教材的编写者从古今中外的文学名著中选出了 6 部，列出了 6 项"名著推荐与阅读"专题。

很显然，6 部长篇文学名著只是人类全部文学名著中的沧海一粟，也许这 6 部名著不会立刻提高学生的文学鉴赏水平，但是，这 6 个"名著推荐与阅读"栏目可以提高学生对文学名著的兴趣，激发他们进一步阅读更多名著的愿望。为此，教材编写者在这个栏目中增加了怎样读名著的方法指导，使学生终身受用。

3. 专题

专题的设计是洪氏国标语文教材的又一创新之处，也是该教材最大的亮点。这是教材编写者为了落实"课程标准"中关于指导学生进行探究性学习，进行跨领域学习的教学目标而设计的。在语文教材中设计"专题"的出发点是为了提高学生的语文整体素质，促使他们掌握新的学习方式，充分开发和利用课内外语文学习资源。教材从认识自然、认识社会、认识文化、认识自我几个方面，选择了学生感兴趣和关注的话题进行专题研究和探讨。

全套语文教材的专题设计如下：

七年级上册：《狼》；

七年级下册：《荷》；

八年级上册：《长城》、《汉字》；

八年级下册：《鸟》、《叶》；

九年级上册：《气象物候》、《广告多棱镜》；

九年级下册：《系统思想与统筹方法》、《我心中的语文》。

下面以七年级上册的《狼》专题为例，说明苏教版语文教材专题设计的思路和特点。

这个专题将四篇写狼的文章和资料放在一起：一是蒲松龄笔下凶

残、狡黠的狼，二是现代作家毕淑敏笔下聪明、神勇的狼，三是《中国大百科全书》中介绍狼的兽性的一则说明文，四是通过《狼和鹿》叙述打狼引起的生态失衡问题。四狼相聚在一个专题，学生可以从不同角度认识狼，培养他们从多个角度正确看待事物的科学精神，增强学生的环保意识，提升他们的欣赏品位和价值观念。

该专题的后面还从社会学、生物学、生态学、语言学等多角度提出了8个问题，如"从中外成语、谚语、故事中可以看出，人们对狼的态度，可以用哪些词来形容"，引导学生思索和质疑。最后让学生自由讨论、研究、辩论，再撰写观点加事例的小论文或关于人们对狼的认识的简单的调查报告。

从上述设计中可以看出，洪宗礼及其教材编写组增设"专题"栏目，是为了扩大语文学习的外延，把语文与自然、与社会生活融合在一起，开阔学生的视野。同时，在专题学习中锻炼了学生的思维，使他们的思想观念发生了根本性的变化。因此，"专题"的设计是一个创举，语文课已经不仅仅是一种语言文字的训练课，还是教会学生如何学习、如何探究、如何思考、如何做人的人生教育课。

"合成单元"、"名著推荐与阅读"、"专题"共同构成了洪氏国标语文实验教材的三个板块，这三个板块各自成为该教材的一条纵向序列。各板块之间由于共同肩负着培养学生语文素养的任务，使它们之间又有横向联系，最终形成了教材纵横交错的网状结构。

在"合成单元"内，课文、诵读欣赏、写作、口语交际、语文综合实践活动、综合学习与探究共同构成了单元内部的6条纵线，各条纵线间又有横向联系，使"合成单元"内也形成纵横交错的网状结构。

洪宗礼主编的国标语文实验教材开始打破单一的文选体例，把知识学习、能力培养、人格教育优化整合，力求获得语文教育的整体综合效应，成为国内有广泛影响的语文实验教材。

10 母语教材研究：意义与价值

|钟启泉|

一

语言是人们彼此沟通思想所不可或缺的交际工具和手段。不过，语言的功能远不止这些。那么，语言究竟具有哪些功能呢？

语言是人类认识的工具，同时又是认识的总结。我们在认识事物时，必须从各种各样的具体事物中抽象出特性进行概括。所谓"认识"，即具体事物的抽象、概括。这种抽象、概括总是由语言在起作用的，而抽象、概括的方式在很大程度上受语言的制约。将事物加以抽象、概括，无非就是对事物进行分析、综合，把具体的事物归属一定的范畴，抽出事物的某一侧面作出"判断"。这种分析、综合、判断、推理之类的思维活动是同语言密不可分的。没有语言，人们的思维活动简直无法想象。不仅是这种课堂认识，即便是客体与主体关系之反映的精神、情感、意志、愿望之类的作用也同语言息息相关。正是由于语言同人类的客体认识和关系认识（情感、意志、态度等）密切相关，因而同人们的行为交织在一起。人是借助语言来控制自身的。这样，语言同人类认识的一切作用密不可分。因此，语言的习得是人类发展的重要因素。

语言是人类能力外化、物化的重要手段，也是外化、物化了的能力再内化的重要手段。人类不同于别的动物，人的能力大部分是后天习得的。那么，人类是怎样产生并且发展出别的动物所不能有的出色

②
创新之路

121

的能力来的呢？首先，人类是作用于事物，并亲自把它变为有用的客体的动物。人类不仅使用工具作用于客体，而且还会创造工具。借助工具的创造，人类才能发展起远远超越了本能的能力。其次，这种能力的外化、物化，可以借助能力的积累和后代的传承，进一步获得发展。人类就是这样，将能力加以外化、物化，然后再度内化，成为自身的东西；再进一步发展它，再加以外化、物化。借助如此循环往复的过程，人类于是实现了别的动物所不可企及的发展。这样看来，对于人的发展来说，起决定性作用的是语言。人类能力的外化、物化在许多场合是借助语言进行的。科学的成果无非就是人类能力的外化、物化的表现。我们在运用语言思考事物，又将认识结果加以外化、物化，并且积累下来；我们还运用语言将别人外化、物化了的认识成果纳入自己的认知体系，内化为自身的能力。可以毫不夸张地说，这些成果全凭语言才得以外化、物化的。因此，语言是人类文化传承和发展的工具，是人类生存与发展的重要工具。

语言就是文化。语言的多样性是文化多样性的基础。根据联合国教科文组织的估计，目前世界上共有 6000 ~ 7000 种语言，但至少一半的语言在今后数年中有消亡的危险。保护语言的多样性亦即保护文化的多样性，成为当今世界最为紧迫的任务之一。联合国教科文组织指出："教育体系中选择的语言，通过在正式教学中的运用，能赋予各种语言某种权力和威望。这里不仅仅代表地位和象征性的一面，还有涉及以这种语言表达的共同的价值观和世界观的思维方式的一面。"① 语言作为一种手段，可以创造出艺术，或者享受那些以语言为基础的艺术。文学就是借助语言创造的艺术。它作为人类认识活动的成果之一，既有同"科学"相同（知识性、实用性）的一面，也有差异（人文修养）的一面。语文教学的一个作用，就是引导学生欣赏人类优秀的文化遗产，帮助学生用批判的眼光审视他们所处的世界和文化环境。"语

---

① 联合国教科文组织. 多语并存世界里的教育 [C]. 巴黎：联合国教科文组织出版，2003：14.

言学习不应只是语言练习，而应是了解生活方式、文学和习俗的机会"。① 因此，基础教育的课程与教学不仅需要有自然科学的内容，也需要有人文社会科学的内容。缺乏人文关怀的唯科学主义的训练不可能造就新时代需要的高素质人才，这已经成为海内外教育界的共识。

科学的语言功能观把语言视为"认识手段与交际手段的统一"，把语言活动视为"认识与表达相统一的过程"。这种语言功能观准确地反映了语言的本质，由此可以引出我们对于语文学科基本性质的认识。(1) 语文学科是"工具学科"。它是旨在发展学习其他学科所必需的知识、技能的学科。从这个意义上说，是"形式训练"的学科。(2) 语文学科是"人文学科"，或者用更专业的术语来说，是一种相对于"形式学科"而言的"内容学科"。从逻辑上说，所谓"内容学科"是以理解、创造或表达思想为课题的"实质训练"的学科。如果说，语词的学习具有形式性（工具性），那么，文学教材的学习则是实质性内容（思想性）的学习。这样看来，语文学科就是从形式与内容两个侧面发展学生语文能力、兼具"形式训练"与"实质训练"的一门综合性的基础学科。

二

人类拥有的具有重要作用的语言，在每一个人降生之前就已经客观地存在了。降生于世的每一个人必须亲自学习存在于客观外界的语言，作为自己的语言加以习得。语言学习首先是通过同周围人们的交往进行的。借助亲子之间的交往，儿童的种种人类的能力获得发展，儿童正是在这种发展过程中习得母语的。儿童不久扩展其活动范围，同近邻的人们交往，持续学习语言。这样，母语的学习是在生活中进行的。这就是说，母语的习得是借助无意识、无计划的教育来构筑其

---

① 联合国教科文组织. 多语并存世界里的教育 ［C］. 巴黎：联合国教科文组织出版，2003：14.

基础的。联合国教科文组织在界定母语时说："母语通常包含如下内涵：首先学会的语言；自己认同的语言或被他人认为是该语言的母语使用者；自己最为熟悉的语言和使用最多的语言。母语亦可以称为'首要语言'或'第一语言'。"然而，作为"第一语言"的母语仅仅凭借生活中的学习来习得是远远不够的。何况，这里面还会掺杂偏颇或者错误的成分，未经学习的内容也肯定不少。因此，除了家庭和社区生活中的母语教育之外，学校中的母语教育无论如何是必须的。而学校中的母语教育，包括了借助学校生活自然而然地进行的母语教育，借助学科教育进行的母语教育，以及通过语文学科进行的有意识、有计划的母语教育。这就是说，形成语言能力的教育不限于语文学科。不管意识到与否，母语教育资源是无处不在的，凡有生活的地方就会有母语教育。

所谓"母语教育"，一般指使用学习者的母语作为教学语言，同时亦指母语本身就是一门学科。换言之，"母语教育"应当包含双重含义：教授母语和使用母语授课。不过，在学生语言能力的形成中担负中心任务的毕竟是作为母语的语文学科。语文学科的独特作用在于，以儿童在种种场合习得的语言能力为基础，进行有意识、有计划、有系统的母语教育。作为客观存在的母语的体系性、法则性，通常是未经意识的。尽管未经意识，语言活动仍然是可能的，但终究需要意识化。旨在形成语言能力的语文学科不同于其他语言教育的根本区别就在于，将过去无意识地进行的语言活动意识化了：把母语当作客体加以认识，成为自觉的语言活动。语文学科是使儿童系统地学习母语的发音和字、词、句、篇的正确知识，以加深对于祖国语言的科学认识为其重要任务的，这是其他学科所没有的任务。当然，语文学科的任务不限于这些。在深化母语知识的同时，还必须通过运用语言，发展认识、传递、创造、表达语言的能力，并使儿童认识到："语言不仅是交流思想和知识传播的工具，也是个人和群体文化特性和权力的基本特性。"① 换言之，以形成语言能力本身为其直接任务的语文学科，必须为儿童提供丰富的母语知识，提高儿童运用母语的语言活动能力，并在这个过程中形成儿童尊崇母语的文化认同和文化自觉。"放弃母语，就是通向亡国的捷径。"② 作为国民基本教养之基础的语文素养的重要性，不论怎么强调也不过分。

我国清末废科举兴学堂，引进西方课程，小学设"中国文字"，中学设"中国文学"。这是语文学科的雏形。后来小学设"国文"，五四以后改称为"国语"，教材由于文言文改为语体文，言文趋于一致。这样，语文课程体系初步形成，基础学科地位得以确立。新中国成立之后，始用"语文"一词。这是因为，"口头为'语'，书面为'文'，文本于语，不可偏指，故合言之"。③ 人民教育出版社出版的《语文》课本不用"国文"或"国语"的旧名称而改称"语文"，具体体现了这种"语"和"文"密不可分的观念。应当说，这是时代的进步。然而，学科名称的改变并不能保障语文学科准确的功能定位。多少年来，我国语文教育实践界出现的种种偏差——或混同于"政治课"，或混同于"文学课"，或混同于单纯技术训练的"工具课"，都是鲜明的例证。语文教育的弊端不仅源于学科功能的错位，而且源于教学观念的陈腐。有人以为，所谓"教"，就是向学生传授现成知识的过程，学生学的东西全是可教的。这种认识是教育上的最大错误之一。学习的主体是学生，每一个学生应当按照自身的能力或要求去展开学习。"教"不过是一种助力。它无非是使学生的学习变得容易，选择学习环境，同时增进学习效率。新的教学理论主张一反过去以教师为中心的"传递式"传统教学，改以学习者为中心的"建构式"教学。学生的学习不再是被动地接纳知识，而是主动地建构意义。问题的关键在于，一

---

① 联合国教科文组织. 多语并存世界里的教育 [C]. 巴黎：联合国教科文组织出版，2003：16.

② [日] 岸根卓郎. 我的教育论——真善美的三位一体化教育 [M]. 南京：南京大学出版社，1999：111.

③ 中央教育科学研究所. 叶圣陶语文教育论集（下册）[M]. 北京：教育科学出版社，1980：730.

125

线的教师受"应试教育"的束缚，缺乏国际母语教育的视野，同时也缺乏教学创新的热忱，去实践具有自身特色的语文教育。随着我国的和平崛起和国际地位的提升，汉语已经成为"世界上使用者最多的语言之一"。我国中小学课程中的语文学科的教育如何体现其双重性——扎实的语言文字能力的训练和有效的人文教育，是摆在语文教育工作者面前的严峻课题。

三

由江苏母语课程教材研究所所长、全国著名特级教师洪宗礼和南京大学教授、博士生导师柳士镇主持的"母语教材研究"，就是破解这个严峻课题所不可或缺的基础作业。在我看来，该课题研究的优势有四点是难能可贵的。第一，扎实的研究积累。该课题是在长期从事教材编写的实践研究和"九五"（中外母语教材比较研究）、"十五"（中外母语教育比较与我国母语课程教材改革与创新研究）两项国家级重点课题研究及其成果《中外母语教材比较研究》的基础上展开的。第二，丰富的原始资料。搜集了我国清末至今百年来各个历史阶段多种版本的大纲、教材，以及世界四十多个国家和地区的母语课程资料。第三，鲜活的研究主题。该课题旨在扫描我国语文教材百年发展的全景，揭示国外母语教材可供借鉴的特色及其所体现的教育思想背景，借以展望信息化时代母语教育的愿景。第四，强劲的研究队伍。该研究组织了海内外众多大学、科研单位、出版社一百五十多位权威专家学者和资深教师展开合作研究。这样看来，该课题研究既有广阔的国际教育的视野，又有本土改革实践的情怀，堪称21世纪初我国语文教育课程创新的奠基工程。

作为该课题研究的基本成果，洪宗礼、柳士镇、倪文锦主编的十卷本《母语教材研究》，另开蹊径，别有洞天。不仅为我国语文教育的开拓创新输送了养分，而且为海内外母语教育的合作研究提供了平台。

11 高屋建瓴　继往开来

｜朱小蔓｜*

　　洪宗礼先生等主编的《母语教材研究》（10 卷本）是我国"九五"、"十五"国家级教育研究重点课题终结性成果。该课题聚合了国际和国内母语教育的科研力量，历时十余年，经过多次研讨才得以完成。展读这套巨作，感受颇多。

　　感受之一，也是最主要的，就是如何估量《母语教材研究》的价值和意义。对这点，袁振国先生为这本书撰写的序言中概括为"母语教材研究的奠基之作"。誉之为奠基之作，意味着《母语教材研究》这套书的出版，为语文课程和教材研究提供了有力的理论支撑，将促使我国母语课程和教材研究踏上新的起点。

　　《母语教材研究》之所以取得这样的成就，其重要原因之一，就是因为课题的主持者、本书主编洪宗礼先生和课题组的成员认识到母语教育研究必须具有国际视野和历史眼光，必须从母语教学的本质属性出发，从而具有高屋建瓴的气势。其重要原因之二，"母语教材研究"在课题研究开始时，就有一个整体的规划，其指向和脉络都很清楚。因而作为成果反映的这套书是一个有机的整体，而不只是语文教材演进史的述说、国外母语教育思想的介绍，或母语教学指导性文件和教材的汇编。它是一个系统工程最终的全相显现。

　　"母语教材研究"这项工程着眼于母语教育的主要载体——教材，有计划地透过母语教材以及编写教材的指导性文件母语教学大纲、课

---

　　* 朱小蔓，联合国教科文国际农村教育研究与培训中心主任，中央教育科学研究所原所长，教授、博士生导师。

程标准，从各个侧面进行剖析。为了实现这个目标，《母语教材研究》全书设置了两条线：一条线是纵向的，研究自从清末至今百年来各个历史时期的多种版本的语文教材和历次制定的语文教学大纲；一条线是横向的，研究世界五大洲、分属于不同语系、语种的国家和地区母语课程和教材。注意前者，可以看出整个研究是以中国母语教材为基点，着眼于回顾与总结百年来我国母语教材流变的历程；注意后者，可以看出整个研究是寻绎不同国家在自己国家的历史长河中母语教育思想、教学指导性文件、教材的变化及现行教材的特点。为了凸显两条线，《母语教材研究》分设了两个板块：回顾与总结，译评与借鉴。为了体现整合，并将研究推向深入，《母语教材研究》，又在这两个板块之上设置了第三个板块——比较与创新。这样的设计清楚地揭示出"母语教材研究"课题的终结目标在于梳理和概括出母语教育的共同性的规律，显示了课题研究意在为母语教材研究继往开来，做一篇大文章，而不是去解决枝节问题。

长期以来，我国母语教育研究，其中包括教学指导性文件的制定、教材的编写和教学实施，在某种程度上，人们往往昧于前知，视界狭隘。正如钟启泉先生在本书序言中所言："一线的教师受'应试教育'的束缚，缺乏国际母语教育的视野，同时也缺乏教学创新的热忱，去实现具有自身特色的语文教育。"其实也不止于一线的语文教师，其原因也不止于"应试教育"。回顾百年来我国母语教材的嬗变过程，特别是中华人民共和国成立以来几次语文教学大规模的讨论，从总体上看，我国语文教材的编写和语文教学是不断进步，逐渐走上现代化道路的。但是或由于片面理解国外母语教育思潮，或简单搬用国外母语教材编写模式，或忽视语文本质属性的把握和探究，往往在纠正一种倾向的同时，又出现了另一种倾向，不得其中。如语文教育中，时而片面地强调语文知识的灌输，进行系统训练，时而片面地强调直觉思维，忽视"形式训练"。"语文学科就是从形式和内容两个侧面发展学生语言能力的、兼具'形式训练'与'实质训练'的一门综合性学科。"钟启泉先生整理全书得出的这个论断，是有鉴于20世纪科学主义和人文主义两股哲学思潮，相互碰撞逐步走向融合的大趋势，有鉴于应该重视对母语教育本质属性确认的前提，是很有意义的。

综上所述，《母语教材研究》为我国今后语文教学研究与实施，提供了科学的基础，这就是它的主要的价值所在。

感受之二，《母语教材研究》还具有重要的文献价值。书中收入的论文和资料，为进一步开展这个范畴的研究工作提供了比较完备的原生态资料和线索。

如前所说，《母语教材研究》这套书不只是语文教材演进史的述说，而是着眼于教材的演变，意在从中找出规律性的东西；它不是停留于国外母语教育思想的介绍，而是着眼于评介。特别是其中第8卷《外国学者评介本国语文教材》，作者多为教材所在国的本国学者，其中有的是该国母语教育研究领域中的权威人士，有的就是该国母语教材的编写者、审定者，有的是执教的老师。他们按课题规划的要求，开展研究，并提交论文。这些论文是夫子自道，本国学者谈本国的母语教材，"如鱼饮水，冷暖自知"，其价值远远超过习见的外国母语教育状况介绍。

《母语教材研究》不只是国外母语教学大纲和教材的汇编。所有被选入的母语教学大纲，都是最新的、正在使用的。所选入的外国语文教材，都是经过精心挑选的。正像《外国语文教材译介》导论所说："本卷呈现给读者的是二十多个国家母语课程中部分精彩单元或章节。这些教材用它千姿百态的样式，给我们打开一道通向世界母语课程和教材研究的大门，打开了一扇别有洞天的窗口"。这些国外母语教材的样例，来自欧亚非拉美二十多个国家，分属于不同的语言谱系，呈现出多元的文化景观，展现出多样化的母语教学模式。可以说，在国际性的母语教学研究的论著中，所提供的母语教材样本从没有像《母语教材研究》搜罗得这样全面，这样有代表性。

特别要提出来的，就是我国新学开办前后至今的语文教科书评介和课文选评。按理说，母语教材发行量很大，学生人手一册，留存至今的应该相当之多。可是实际情况却不然，民间保存得不多，不少公共图书馆认为中小学课本是登不了大雅之堂的，很少注意保存。即使有所保存，也很少编目上架。国内中小学教科书保存得比较完全、可供查阅的，全国只有为数不多的几家师范大学图书馆和个别教育出版社图书馆，可谓鲁殿灵光。而要看到这些早年的语文教科书，殊非易事。说句并不夸张的话，要阅读这些教科书，其难度之大不亚于去找一本宋版书。

《母语教材研究》在第 4 卷遴选了 164 篇我国影响较大的有代表性的语文课文，这些课文或是在不同历史时期被多种版本的语文教科书选用，或是富含时代精神，极具时代特质，或集中反映知名编者思想和编制特色的典型课文。这些课文搜罗的范围除大陆各个历史时期的以外，还包括台湾、香港和澳门三地区的。这些具有历史价值的课文，是从几百套语文课本中的近万篇课文中挑选出来的。收入《母语教材研究》时，处理极为谨慎。选入的一般都是这些课文出现最早的教科书中的。采用的是全文录入（包括助学系统、插图），课文前均有简要的评点、分析教科书选入这篇课文的意图、处理课文的匠心、教科书的特点。以《临江之麋》（见柳宗元《三戒》）和《守株待兔》（见《韩非子·五蠹》）两则寓言故事的处理为例。这两篇教材最早分别出现在 1906 年《最新初等小学国文教科书》第二、第七册上。从最早选入时的教材处理看，编者考虑到小学生的心理特征和接受能力。采用简化故事情节，改写部分文句，减少生字，以降低难度；并且配有插图以诱发儿童的阅读兴趣，而不是满足于简单的选文成书。再如《最后一课》，《母语教材研究》选入的是 1923 年《新学制初级中学国语教科书》（第二册）胡适的译文。阅读这篇小说最早的译文，不仅可以从中看出"五四"前后的白话文运动初期的文风和译风，如果与现行语文教材收入的译文相比较，还可以看出教材选文加工方面的进步。入选的不少课文都采用了原件影印的方式予以再现，以存其真。

此外，《母语教材研究》还为所收入的国内外重要的有代表性的母语教材提供了照片和教学研究论著，这些对难于接触到原课本的广大教师和母语教材研究者，提供了资料和进一步研究的线索。

《母语教材研究》有了骄人的成果，在母语教育研究这个领域中，可以说走在前面，它是与我国国际地位相称的教育研究成果。它的影响，到若干年后看也许会比今天更为清晰些，不过我们相信它会在母语教学研究史乃至教育史上留下浓重的一笔。

这样一项跨国、跨时代、跨领域的系统研究工程，涉及母语教育、母语课程教材改革的许多方面，书斋式、封闭性的研究方法是不能奏效的。研究队伍的合理组织是课题实施的主要条件和基本保证。这一支一百六十多人的队伍，80%以上是高校科研单位治学严谨的专业人员，其中不少是各领域的领军人物，这便从研究人员素质和层次上保证了课题研究的质量。根据全方位多角度多维度研究的需要，人员结构的组合科学合理、协调和谐。从专业角度看，有多年从事教育学、课程论、教学论研究的专家，有资深的在国外工作多年的翻译家，还有全国有影响的教科书主编；从课题实施的需要角度看，有国家审查委员会和课程标准研制组的核心专家，教育部课程教材发展中心的学科管理专家和中央、地方以及基层的教育科研、教学研究部门的研究人员；从宏观中观微观、全方位研究的需要来考虑，课题组中有各种层次的人员，包括语文圈内一线著名中小学教师，全国各主要师范大学的教材教法教授，也有圈外的综合大学（如北京大学、南京大学）的著名学科专家；从中外比较的要求着眼，既有国内（包括大陆的北京师范大学、台湾地区的台湾师范大学、香港地区的香港大学等院校）的专家，也有国外（如英国巴斯大学、挪威奥斯陆大学、美国洛杉矶加州大学等有国际影响力的学府）的学者。如此合理配置人员，形成一个集体进行科研攻关的群体或曰集团，从而在组织结构上确保了课题研究的高质量、高效率和高层次。这样的研究队伍的合理组织和高度协调，可以说是课题研究领域的一个创举。

《母语教材研究》为今后研究奠定了基石，将启迪有志于这方面的研究者作出更多的建树。

我本人对母语教材缺乏研究，藉此机会向各位专家学习并表示歉意，甚以为幸。

12 语文课程与教材研究的理论观照

|温儒敏| *

　　洪宗礼老师等主编的《母语教材研究》正式出版之前，我就听说过有这样一个研究项目，但阅读期望值不是很高，大概因为类似的书已见过不少。不料这套书的编者把清样寄给了我，拜读之余，冰释豁然，完全改变了原先的想象，引发了极大的兴趣。这是专门研究母语教材的系列书，数百万言，洋洋大观，探讨了我国一个多世纪以来语文教育及课程教材的历史经验，以及世界四十多个国家和地区母语课程教材的情况，称得上皇皇巨著。该书主要编者洪宗礼老师，一个在一线任教的中学教师，联手一百多位有建树的语文专家，历经十多年漫长而艰难的跋涉，完成了这样一部在规模和质量上都有重大突破的著作，实在令人敬佩。

　　这是一套奠基之作，为语文课程与教材的研究打基础，为当前正在推行的语文课改打基础。现在，义务教育语文课改已经进行多年，高中语文课改在十多个省区试验，最早的一批也经过一轮了。下一步怎么走？非常关键。课改的大方向正确，成绩显著，积累了许多经验，但也面临不少问题与困扰，需要认真总结。这些总结不应停留于一般的经验描述，也不止是向上的汇报，应当有一些专门的研究，能把课改问题提升到教育科学的层面，前提就要有开阔的视野和清醒的理论参照。当前课改的实践经验以及所需解决的问题，是研究的出发点和生长点，也是研究的归宿：我们的研究终究还是要解决语文教学的实

---

　　* 温儒敏，国家义务教育课程标准研制组负责人，北京大学教授、博士生导师。

际问题，推进学科的发展。目前有两样基础性的工作必不可少：一是弄清"家底"，百年来尤其是最近二十多年来我国语文教学的历史经验，就是"家底"。尽管人们对语文教学状况有这样那样的不满，甚至有些愤激，但无可否认，以往的语文教学还是成绩巨大，积累了丰富的经验。当我们进入研究时，就必须对此保持一种温情与敬意，当然还要加上分析的态度，守正创新，把以往语文教学好的东西继承下来，绝不能搞虚无主义，一切推倒重来。其二，就是放开眼界，广为借鉴外国的理论与实践经验，特别是科学的态度和方法。不是照搬理论，而是结合国情，让异域文术新宗，真能落地生根，为我所用。应当说，如何结合语文课程与教材的改革来清理"家底"并借鉴域外理论，这样的工作才刚刚开始。《母语教材研究》在这节骨眼上出版，如同及时雨，具有很高的学术价值和应用价值。

现今关于语文课程和教材的讨论非常多，许多意见都是公说公有理，婆说婆有理，争论难以聚焦。翻开各种语文刊物，课改的文章多如牛毛，可是绝大多数仍然停留于经验描述，通常就是观点加例子，很少有严密细致的量化分析与科学的论证。比如现在中学语文课程的文言文多了还是不够？已经争论很久，看法可能完全相反，彼此都有它的"理由"。可是至今很少有人用科学的方法去跟踪调查，靠数据分析，来认定社会学意义上的当代"标准公民"，高中毕业后到底需要怎样程度的文言修养，就可以满足他们生活与工作的需要；而实现这要求，体现在教学上，又应当有怎样的层级标准与措施。课改中需要解决的类似的问题很多，如果停留于经验层面，光是靠观点加例子的争论，是解决不了的。我们学中文出身的教师，长处可能在感性，会写文章，短处是缺少科学的方法训练。所以语文课程与教材的改革的确任务很重，除了激情，还需要实事求是的态度以及科学的方法，特别需要相关学科研究方法的介入。《母语教材研究》给我们提供了一些很实在的案例和研究线索，也昭示了某些方法论的眼光。

该书共十卷，包括三大部分，一是回顾总结我国由清末至今语文课程与教材的历史经验，梳理语文课程教材演进的线索，比较精彩的是其中对代表性教材的评价。编者从搜集到的数百套教科书中遴选出有代表性的164篇课文，深入探究其选文（或自编自撰、特约撰文）的思路和原则，讨论语文教科书编制的基本规律，总结成败得失，并在此基础上对如何科学编制教科书提出一些建议。这也是前面所说清理"家底"的工作。心中有数，才不致妄自菲薄，因为传统的语文教学经验仍然是我们不可或缺的宝贵资源。

第二部分是翻译介绍国外母语课程标准和教材情况，材料丰赡，博取约说。例如，外国的母语教学课程标准是如何制定的，其理念和侧重点各有哪些不同，教材编制、审定和使用有哪些规定，等等，都有精到的叙述。这对于当前新课标的修订以及教科书的编写，无疑都会大有裨益。

书的第三部分力图从前两部分资料评述中超越出来，进行中外比较，包括语文教材编制基本问题研究，中外语文教材模式比较，等等。这些研究往往扣紧当前课改所面临的某些问题，反思中求突破，借鉴中求创新，洞烛幽隐，多有辩证，新见迭出。这套书非常实用，是概观性、资料性的工具书，研究者、语文工作者和教师可以顺藤摸瓜，从中获取许多语文教学研究的信息资源；又是很有问题意识、非常切合实际的一部专著，预料对当前的语文课改能起到大的推进作用。

我特别关注该书对不同国家语文课程目标制定情况的介绍，读来果然颇获裨助。其中一个重要的启发就是，语文课程标准的制定，应当使语文课程形态具有多种选择的可能，要强化对语文课程形态的内部论证，不再是理论空转，必须基于可行的方案筹划，并证之于实际的成效。例如建议"语文综合性学习"，普通教师会问，究竟是什么与什么的综合？如何综合？谁来综合？综合成何种模样？这些问题落实到课堂上，都应当是具体的、准确的、可以操作的，课程标准应当注意引导，给教师留足发挥的空间。又例如作文教学，如今聚讼不断，各种套式说法简直让人目迷五色，一线教师真有点左右为难。看看该书对历史上作文教学某些可行性经验的总结以及国外许多具体的作文教学模式，我们可能会感到现在的许多议论是太夸夸其谈脱离实际了。

无论历史上的教材，还是域外的教材，多数的定位都比较清楚，不排除作文技能的因素，而且都重视训练，有层级递进的具体要求的。相形之下，我们有关作文的许多争论是否有些过于"宏大叙事"？如果没有明确的、必学的知识内容，没有必须达到的、统一的作文技能指标，而只是让学生进行自发"创作"，美其名曰"个性化"，其实是难以操作、也难于收到好的效果的。诸如此类的现实问题，这套书多有涉猎，且力求从中外教学经验总结分析的基础上去观照、讨论，理论性和资料性并重，问题意识也很强，新知灼识随处可见。

这套书让我领略了一个很重要的观点：就是不能简单地以"认知的方式"来对待"筹划问题"，否则很容易导致对现实问题的视而不见，使我们的研究工作沦为"坐而论道"的无效。无论制定课标，还是改革课程，编写教材，都是复杂的系统工程，必然牵涉方方面面，要靠某些"合力"来最终完成，这和个人凭心逞意地写几篇痛快文章是两回事。有些东西很理想，但碰到现实，可能是"可爱而不可行"的；有些经验在某一地区或某一类学校实行得很好，到了其他地区或学校，就走不通。所以说不能以"认知的方式"来对待"筹划问题"，也不能以经验主义遮蔽科学的态度，重要的是既实事求是，脚踏实地，又有高远开阔的胸怀以及必要的理论观照。联系当前语文课改状况来读《母语教材研究》，是很有意思的事情，我很乐意把这本书推荐给所有关心语文课改的教师和朋友们。

13 教育科学研究的范例之作

|杨九俊| *

洪宗礼先生在"九五"、"十五"期间，主持中外母语教材研究的国家课题，前后历12年，现在推出《母语教材研究》。皇皇十卷，五百多万字，给我们带来许多的惊喜和震撼。

一、研究的"预设"

这里的"预设"加了引号，是别有所指的，因为我想在这里讨论的不是课题研究预先设定的目标、任务、内容、方法等，而是指课题背后隐性的一种预设。新课程讨论教学问题，经常涉及"预设与生成"，在我看来，应当认识到有两次生成，两种预设。两次生成，一次是指教学设计阶段使教学的预设超越教材，超越教参，超越自己，成为生成性预设；另一次是指课堂上的现场生成。两种预设，一种是大家注意到的，显性的；另一种则是隐性的，未必有所意识的，这种预设可能是经验的，也可能是观念的，性格的，文化的等。相对而言，隐性的预设更具本质性、强制性、弥散性，对洪宗礼研究这种文化现象进行解读，了解其隐性的预设是必不可少的。这种"预设"是研究的背景，而且是深刻的背景，它其实已经给研究带来很多规定性，预示着某种必然性。

1. 人格的预设

洪宗礼先生在《语文教育随想》中主张："教师要永远站在学术前

---

* 杨九俊，江苏省教育科学研究院副院长、教授。

沿和道德高地上。"他身体力行，已经站在这样的"高地"上，这里的道德高地，主要体现在他对母语教育及其研究表现出一种高度的主体道德自觉。这可以从三个方面加以认识。第一，深刻的教育理解。什么是"自觉"？冯友兰先生说："我们知道自己在做一件事情，便是自觉。""知道"在洪宗礼这里，就是一种深刻的教育理解，洪宗礼的一生是教育的一生，语文的一生，研究的一生，他深知母语教育及其研究意义何等重大，"迷则为凡，悟则为圣"，悟到了，就有点神圣的意味，就必然自觉了。第二，积极的实践文化。在我们传统的实践文化中，"坐而论道"是一个明显的倾向，所谓"坐而论道"，就是习惯于把困难一项一项摆出来，以此作为放弃行动的借口，它有时会使我们陷入到一种无法自拔的低谷当中；因为有困难，所以不能干；因为不能干，所以更困难。洪宗礼老师开始编初中语文教材时，曾动员我联手编小学的，我望而却步，洪老师却真刀真枪地干起来，干成了，而且干得如此漂亮，他用行动改善了我们的实践文化。第三，执著的态度。执著是信仰的标识，内在是信仰，外在是执著，看准的事情，坚定不移做到底，所谓"不抛弃、不放弃"，是一个改革者重要的品质。洪宗礼一路风雨走下来，有数不清的理由打退堂鼓，包括适可而止，激流勇退，等等。贵在坚持，他坚持下来了，所以可贵，所以宝贵，所以高贵。

2. 经验的预设

传统是人们存在的基础，"成见"不可能被悬置，洪宗礼关于"母语教材研究"，有着丰富的"前结构"。在课题启动之前，他自身一直在四个方面努力，一是做一名语文教师，二是做一名研究者，三是做学校分管教学的校长，四是做教材主编，这四个方面的经验对于洪宗礼都是很重要的。作为一名语文教师，对于语文教学有深刻的体验，很多问题可以联系到具体的教学情境思考。这对于应用研究是一个基本的条件。民间有一句俗语，指责有人不干活只会批评人，是"站着说话不腰痛"，洪宗礼显然不会犯这个毛病。作为一名语文教学研究者，本身就形成了教学反思的习惯，很多成果都是基于自我行为的追问。这是从个体研究走向组织团队研究，从小研究走向大研究的基础。作为一名做了20年的分管教学校长，洪宗礼以前较少提及，我以为，这种行政组织的经验也很重要，否则难以统筹各方神仙，难以协调各种意见，难以应付冗杂的事务，也难以适应不可避免的扯皮。然后洪宗礼开始编教材了，有了学术统筹的实践，有了民间形态的领导经验。我想，这方方面面，对于洪宗礼主持这样一个大的工程，都是必要的铺垫。

3. 行动的预设

洪宗礼关于母语教材的研究，启动于1996年，集大成时是在2007年，以十卷本《母语教材研究》为标志。但洪宗礼首先是一位实践家，不管有没有什么研究，他都在进行语文教育改革的实践。恰逢我国于2001年启动基础教育课程改革实践，围绕国标本教材的编写和送审，洪老师自然会进入课程改革的历史轨道，语文教师的"出身"，又使他更多从一线教师角度去考虑课程的具体实施，"研究"的意识和素养则让他在一个更广阔的视角去反思、追问，探索母语教育的基础问题，我们说这些的意思是在强调，不管有没有课题，洪宗礼都在做，都会或多或少地做，但事实上，他在实践的同时，追求"超法乎上"地还在做课题，这些"行动"就给他的研究带来了"直观"的视角。良好的现场感虽然也可能在一定程度上影响判断，但总体说来，那种与实践相伴而来的真切感，那种与体验共生互长的对事物本质性的领悟，是局外之人难以达到的。

二、研究的内容和意义

母语教材研究取得了丰硕的成果，具有多方面的重大的意义。

1. 里程碑

袁振国先生在序言中有一段话说得很精彩："所谓里程碑，并不是说以后就没有了，也不是说以后没有人能超越它了；而是说以后继续从事母语教育研究的话，这项研究你不可能不回顾，不可能不涉及，也不可能绕过去。如果你要超越它，你就不能不正视它，也就是说，你不能不重视它的存在，不能忽视它的资料、方法和结论。"为什么说这项研究是一座里程碑呢？这主要是由研究的成果和价值决定的。10卷本《母语教材研究》的内容，主编们概括为五个方面的成果和十条共识，正是这些构成了研究的里程碑意义。

五个方面的成果是：

其一，扫描百年来我国各时期母语教育，尤其是母语课程教材建设的全景，展示我国丰富多彩的母语教材文化长廊，分析研究我国母语课程的历史演进、理念更新、教材变化和文化建构，并探求其动因，在一定程度上揭示了我国母语课程教材发展的规律。

其二，首次引进四十余国母语课程标准和教材，并由众多个国内外学者介评了原汁原味的母语教育、母语课程教材，打开了一扇扇千姿百态的全球母语教育之窗，探求了不同历史文化背景、不同社会制度、不同经济发展水平和不同民族心理、民族传统的国家母语教材建设的各自特点和共同规律，为我国当前和未来的母语教材建设提供了可资参考的经验。

其三，国内外一百六十余名专家联合攻关，分三十多个专题对母语课程的目标、功能、地位、性质及母语教材编写的思路、策略、理念、内容、体系等，作了全方位、多角度的理论探讨，初步形成了我国母语课程教材理论的雏形，填补了这一领域的空白，从而为我国母语教材当代建设及长远发展奠定了良好的基础。

其四，以历史唯物主义、辩证唯物主义思想和国内外先进课程论、教材论为指导，对当前母语课程教材建设进程中有争议的若干理论问题，诸如国际性与民族性，科学主义与人文主义，工具性与思想性，基础与发展，继承与创新，传统回归与现代诉求，课程的综合与分科、必修与选修，教材中的语言因素与文化因素等，进行哲学思考，作了有针对性、有说服力的分析，有不少已达成了一定的共识。

其五，在 21 世纪初我国基础教育课程改革，特别是母语课程教材改革的实验进入关键阶段之际，本项研究在理论上对改革方案作了有力的支撑和补充，在实践上为它的完善提供了某些有益的历史经验和国际借鉴。

十点共识是：

第一，必须从母语的性质、功能和教育发展的全局来认识母语学科的地位和作用。

第二，要运用历史唯物主义观点，动态地认识母语教材发展的历史轨迹。

第三，应以母语教育的价值目标和功能目标的统一观，理解母语学科的特点。

第四，母语课程标准（大纲）的编制应体现民族化、科学化、人本化、现代化要求。

第五，优化母语教材的内容和结构是母语课程教材改革的一个重点。

第六，要辩证地认识和处理母语教材中语言因素和文化因素的关系。

第七，母语教材建设要审时度势地把握世界母语课程教材发展的趋势。

第八，要把创造能力培养作为我国母语教材建设和研究的突出主题和重点内容。

第九，必须坚持教材多样化的方针，构建中外比较视野下的汉语教材多种模式。

第十，要逐步完善教材审查、评估制度，积极推行教材循环使用、赠送制。

2. 交响曲

母语教材研究内容丰富且作者众多，专题各异，但不是冗杂的堆砌，而是有其内部的结构、体系的，可以说，它是一部雄浑的交响曲，这种交响曲的特征可以从以下几个方面来认识。

第一，皇皇十卷，有鲜明的主题贯穿发展。正如交响曲从贝多芬到勃拉姆斯所发展的，它是一个整体，这个整体是由主题贯穿和凝聚的。"母语教材研究"的主题是对母语教材建设和母语教育规律的探索和建构，在课题主持人看来，围绕这个主题，要着重研究以下主要问题。

（1）如何从我国国情出发，在继承我国百年语文课程教材建设的优良传统和吸收国外母语课程教材新鲜经验的基础上，奠定我国创新母语课程教材的理论基础。

（2）如何建构适应时代需要和符合学生特点的创新母语课程教材体系，并据此体系设计出符合汉语特点的新一代母语教材。

（3）在当今的历史条件下，如何实现语文课程教材文化的重建，以及建立什么样的语文教材文化。

（4）语文教材如何体现继承传统和改革创新、科学理性和人文精神、弘扬中华民族优秀文化和尊重多元文化的统一。

（5）在中外母语教材比较的视野中，探讨如何建构语文教材模式，以及采用何种策略才能实现语文教材模式的多样化。

怎样展开研究呢？课题研究分为两条线，三板块，十专题。

两条线：

一条线是纵向研究我国清末至今一百多年来不同时期各个阶段的多种版本语文教材及教学大纲；另一条线是横向研究世界五大洲四十多个国家和地区的母语课程教材。

三板块：

一是"回顾与总结"。回顾我国现代语文课程的百年历史，总结历史经验和教训，为新世纪语文课程教材的发展和理论创新奠定基础。

二是"译评与借鉴"。译评国外母语课程标准、教材和研究论文，打开世界母语教育千姿百态的窗口，为我国当代和未来母语课程教材的改革提供借鉴，也使我们能够站在国际母语教育的平台上与世界展开对话。

三是"比较与创新"。比较研究中外母语课程标准、教材，目的是在反思中谋求突破，在借鉴中寻求创新。突破和创新，既可表现在语文课程教材理论上，又可落实在指导教材编制的实践中。

十专题：

"回顾与总结"四个专题，包括：中国百年语文课程教材的演进；中国百年语文教材编制思想评析；中国百年语文教材评介；中国百年语文教科书课文选评。"译评与借鉴"有四个专题，包括：外国语文课程教材综合评介；外国语文课程标准译介；外语语文教材译介；外国学者评述本国语义教材。"比较与创新"有两个专题，包括：语文教材编制基本课题研究；中外比较视野中的语文教材模式研究。

这些构成了母语教材研究的内在结构体系，正如交响曲要求结构严谨，乐思统一，母语教材研究也因此形成了相对严密的内部体系。

第二，母语教材研究中许多微观的、局部的研究都是一种体系化的构成。"母语教材研究"有相当多的综合的、整体的、宏观的研究，但也有不少内容呈现的形态是分散的、局部的、微观的、平面的，但跳出这些微观的研究，用联系的观点审视这些研究，我们看到这些微观的研究都是体系化的成果，都体现了体系化的意识，以卷四《中国百年语文教科书课文选评》为例，164 篇课文，看上去只是举例，其实也很费考量，例如：①选材的代表性，编著者从搜集到的数百类教科书的上万篇课文中遴选出有代表性、有较大影响的课文，小学 54 篇，占 33%；初中 80 篇，占 48%；高中 31 篇，占 19%；白话文 110 篇，占 67%；文言诗文 55 篇，占 33%；文学作品 96 篇，占 59%；外国作品 19 篇，占 12%。（统计有交叉）可以说，从比例看，就是力求反映全貌的。之所以选择这些课文，或是某一时期被多种版本教科书选用，或是不同时期被教科书多次选用，或是富有时代精神，极具时代特质、有广泛影响的课文，或是集中反映了知名编者编辑思想和编制特色的典型课文。用教育科研的眼光来看，这些课文都是样本，这里采用了关键个案抽样的方式，着重对有影响的个案进行研究，只有这样才能让我们更加逼近事物的本质，更好地利用研究，引导合乎逻辑地推导出其他个案。也正是从这个意义上，我们才能体会研究者强调的："课文选评"既非一般意义上的读本，也不是优秀课文的选辑，而是中国百年语文教科书课文的研究史著。

3. 资源库

母语教材研究，资料之丰不言而喻，可以资源库喻之，并且呈现出鲜明的特点。

丰富性。两条线的梳理，一纵一横，客观上会带来很多的资料，以 10 卷本看，大多的研究都基于一种资料集成，有的还是极为稀珍的资料。10 卷本第二部分"译评与借鉴"，评介外国语文课程教材、外国语文课程标准、外国语文教材，以及外国学者评述本国语文教材，范围之广，资料之全，前无古人，正如袁振国先生所说，以后谁从事中国母语教材研究，都绕不开这个课题和这 10 本书，其中就包括绕不开这些丰富的资料。

思想性。这些资料不是简单的堆砌，而是以研究者深邃的目光，比较、遴选而来的，可以说，选甲不选乙，在研究者都有自己的考虑，都有其难以替代性。另一方面，这 10 卷本本身就是思想的资源库，因为它集中代表了当今母语教材以及母语教育研究的最高水平，有些识见可以说是会产生广泛而深远的影响的。例如，钟启泉先生在序言中对语文学科基本性质的阐说，顾黄初先生对我国语文教育百年理论跋涉的概括，刘正伟先生对语文和语文教育现代化历程与相互关系的梳理，韩雪屏先生对外国母语教材规律性的探索，特别是三位主编的十点共识，相信都会对母语教材研究和母语教育的理论和实践双重探索，产生广泛而深远的影响。所以，从某种意义上说，"母语教材研究"的资源库意义，首先是因为它是思想的丛林。

原创性。母语教材研究的资料大都具有原创性的特点，其表现是"第一手"。现在做研究很多人的资料引用都是二手或多手，《母语教材研究》很多都是第一手资料，特别是外国课程标准和语文课程教材的评介，直接以一手拿来，费力之多可想而知，其中尤其难得的是"外国学者评述本国语文教材"，作者为外国学者，评述的主要是他们自己国家的语文教材，原生态在这里其实代表着一种做学问的境界。首先是"第一次"。《母语教材研究》的许多理论文章，是从本书逻辑体系出发专门撰就，在本书中第一次面世，构成了原创性的理论。其次是

"第一线"。这里的研究者都是活跃在课程教学理论研究，抑或母语教育理论与实践探索第一线的，都是这些研究领域的领军人物和中坚力量，他们的研究成果直接反映了学科建设的前沿状态。因此，"原汁原味"在这里是很见分量的。

互文性。一切文本都是互文的，在"母语教材研究"的10卷本中更是如此，那些资料，那些思想，研究的指向可能仅仅是教材，抑或是课程标准、课文等，但显然它们对别的研究都有潜在的价值，都具有意义性。用这个观点看待这个资源库，就可以更好地理解"10个1相加，远远大于10了"。

生成性。十卷本《母语教材研究》形成了一个大的情境。这个情境本身就构成了对话的场域，细心的读者可以注意到，在有些问题上，10卷本包容了不同的声音，这是因为主持人认为，这些意见都具有价值，有些问题还难以形成定论，探索与研究还"在路上"，用这种开放与包容的意识来表述研究成果，这是很少见的，是很有勇气的，它本身就激励读者参与其中，对话其间。当然，更多的是因为10卷本的思想深刻而鲜活，特别是与当今母语课程改革的现实情境紧密联系，一定会引发阅读者的对话、建构的热情。

4. 瞭望站

母语教材研究从诸多角度展开，取得丰硕成果，使我们对母语教材的过去与未来、本土与世界有了更清晰的认识。

广度。母语教材研究宽阔的视野是由历史意识与世界眼光形成的。该课题纵向研究的时间，从1897年到2006年，长达110年；横向研究的母语课程材料覆盖四十多个国家和地区，这样的宽广度在世界母语教材研究史上，都是罕见的，在这个宏大的背景中，去探索、建构母语教材建设和母语教育的规律，使研究具有了科学性的基本特征。

高度。站得高，看得远。《母语教材研究》"站得高"体现在两个方面，一个方面是政治高度，这主要体现在以"三个面向"作为根本的指导思想，"三个面向"在这里是手段与目的的统一。我们研究的目的，是要使我们的学科建设、学术建设"面向现代化，面向世界，面向未来"。怎样才能达成这样的目标呢？我们的路径也是"三个面向"。所以说"三个面向"是课题研究的根本指导思想，这是恰如其分的。另一则是学术高度，有的专家认为，教育科学研究有三个视角，一是"前科学"的视角，亦即经验的视角；二是"教育科学的视角"，即把教育整体当作对象进行系统研究，可以用教育科学解释教育现象；三是"超科学"视角，即在某种意义上超越了通常的教育科学理念，能从哲学、文化等角度审视教育的理论与实践。在《母语教材研究》中，我们看到不少部分达到了"超科学"的层次，研究者们能够从文化学、哲学以及从时代精神等高度展开研究，给我们带来更多的整体的观照和本质的呈现，把我们引向学术的高地。

深度。主要是指对规律性、本质性、方向性的探究和把握。宏观层面上的十点共识，微观层面的个案研究，都体现了研究者在这方面的努力。

三、研究的方法及启示

收获丰硕的母语教材研究的组织形式和研究方法，同样给我们许多启示。

1. 应用性研究可以取得多重效应

尽管母语教材研究不乏理论建构，但总体上看还是一种应用性研究。根据一些专家的意见，基础理论研究与应用性研究的区别主要有如下几个方面，具体见下表。

类别	前提	向度	关注点	结果
基础理论研究	基于理论假设	指向他者	重视结果	扩充知识
应用性研究	基于问题	指向本身	重结果也重过程	解决问题

按照这样的分类，我们认为，母语教材研究是包容了一部分理论建构的应用性研究。在有些人看来，基础理论研究与应用性研究是有雅俗之分的，这是一种严重的学术偏见。基础理念研究和应用性研究

本身并无高下之分，在母语教材研究中，恐怕还没有哪一种基础理论研究可以与"母语教材研究"相提并论，而且它带来了集合式的效应。第一，它推进了问题的解决，母语教育与母语课程教材的许多问题因研究而廓清；第二，它的过程性影响是积极的、重大的。正因为这样的研究有基础教育课程改革的宏观背景，有国标本母语教材建设的行动背景，研究的过程效应不断伴随改革的进程体现出来，"过程"与"结果"同样重要；第三，这项研究客观上起到扩充知识的作用，这是基础理论研究的题中应用之义。但应用性研究并不排斥对新知识的建构，"母语教材研究"在这方面有许多可喜的收获。

2. 科研团队的建设重在和谐协作

"天时、地利、人和"都被洪宗礼遇到了，"凡事和为贵"，民间的团队合作更是如此。"母语教材研究"集中了一百六十多位专家、学者，就像一个交响乐团一样，怎么能调动这么多的器乐演奏家的积极性，充分发挥各种乐器的功能和表现力，塑造音乐形象，奏响交响曲，是一门大学问，要有大才能。但洪宗礼做到了，其成功在选人和运行机制两个方面。

在选人方面，可以概括为"四个圈子"和"三条标准"。洪宗礼老师在谈到教材编写和课题研究时，谈到过四个圈子：第一个圈子是泰州中学及原县级泰州市的几位骨干；第二个圈子是扬州及其后的地级泰州市的一批骨干教师和教材编写、教学研究的专家；第三个圈子是江苏省高校专家、学者，中学的教授级高级教师、特级教师；第四个圈子则扩大到全国。从"过程性"成长看，这四个圈子的概括是准确的，但随着国标本教材建设的深入，特别是母语教材研究项目的启动，"圈子"的地缘因素逐渐弱化，学术之缘"学缘"的影响逐渐加强。如果还以圈子说，我们则是看到新的四个圈子，第一个圈子是工作班子，是工程的组织者、策划者，是指挥部；第二个圈子则是学术层面构成的紧密联系层，几乎所有重大的问题、有所争议的问题，都要经过这个圈子的充分的讨论和论证；第三个圈子是项目承担者们，范围延伸到境外、国外，指承担具体研究项目的人士，当然第一、二个圈子中也必然包括了项目的承接任务；第四个圈子则是老圈子中的"老人"，他们也许没有承担什么新任务，但他们一直关注工作的进展，而且可能会根据主编的不时之需，参与某些工作。这里的两种四个圈子，一个着眼于历时性，一个着眼于共时性，圈子的变化，说明学术层次的跃升，事业的不断发展，但人脉关系、深厚友谊却是持久不变的。圈子的变化，从某种意义上本身就是一部历史，是一部饶有意味的历史。但不管是哪种圈子洪宗礼选人都有严格的标准，我们可以将这些标准主要概括为三条。一是有公益之心，不是为名为利而来，至少是不能仅仅为名为利而来，要有奉献精神；二是水平相当，教材编写和课题研究都是一种专业对话，人才选用也是质量第一的；三是结构优化，洪宗礼曾列举过，在圈内各种人才中，有的是教学专家、学科专家、教育心理学专家、网络教育专家、作家、评论家，即使在语文领域，或阅读（含古今中外作品），或写作，或口语交际的拔尖人物组成"非常集体"，各有其位，各司其职，各展其长，融为和谐协调的整体。

人选好了，怎样运作？也是有大学问的。在我看来，洪氏教材和课题研究的运作主要靠三条。一是项目制，以项目制为抓手，以责任制为保证，以匹配性为标准，分工明确，无所推诿；二是构建专业对话的平台，组织学术素养深厚的学者参与讨论，倡导民主平等的对话氛围，尽可能做到集思广益；三是立诚为本，以真诚对待人、感染人、打动人，许多意见摆不到一起去，一些专家也未必什么都听洪宗礼的，但大家会想想，"老洪不容易"，"他也难"，洪宗礼为了化解尖锐的意见，他宁可自己多受点气，但另一方面还应看到，正因为洪宗礼无私无我，立志办一件大事，所以其他专家也会因之甘愿与其合作。精诚所至，金石为开，你诚他诚大家诚，你开他开大家开，才有了这样喜人的局面。

3. 科研要提倡"十年磨一剑"的精神

母语教材研究真可谓"十年磨一剑"，没有这种深深的板凳功和如琢如磨的水磨功夫，这项研究的成功是不可能的。现在的社会是高度功利化的，有些人一年能出版几百万字，而洪宗礼的团队高手云集，力量雄厚，12 年才"扬眉剑出鞘"，而这种"扬眉"是一种舒心的展颜，是内心喜悦的表现，这种科学态度尤其值得提倡。

四、"洪宗礼们"仍需努力

《母语教材研究》是一座里程碑，里程碑前面还有新的里程，母语教材建设和母语教育的问题，还有许多问题需要探讨，"洪宗礼们"还需继续努力。例如：

1. 语文教育科学化的路究竟怎么走。

许多同志都关注到语文教学的目标系统比较模糊，建议更科学一点，特别是在中外母语课程教材比较的背景下，当我们看到某些西方国家的内容体系完整、目标体系清晰时，这种感受会更加强烈些，但中国人以"象思维"为特征，汉字是一种表意体系，中文里有许多弱语法、非语法、反语法现象，简单照搬肯定不行，那么语文教育的科学性之路究竟应该怎样走？

2. 语文教材怎样积极应对信息化时代的变化。

社会已经进入信息化时代，它给我们的生活和学习带来很多变化。根据有些国外学者的见解，起源于希腊的时代，其文化意义是地方的；起源于意大利的印刷时代，其文化意义是西方的；起源于美国的视听时代，其文化意义是全球的。在万维网上，"主体间性"得到最普遍的体现，因为网络社会就是个体间的共在。我们置身于信息化，面对万维网，仅仅把它当作一种工具，是远远不够的，怎样在"我与它"关系的基础上，不断激活网络世界中潜在的主体性，形成"我和你"、"我和我"的关系，怎样适应万维网带来的深刻变化，推进教育变革。同时，"万维网"对"语文"带来的冲击首当其冲，汪丁丁等学者认为，万维网有两个典型的技术特征，一是超文本，二是网络记忆体逐渐取消大脑记忆体，从而将思维平面化。这些都会给我们提出新的课题。

3. 语文教育的发展怎样与相关学科的发展同步。

总体上说，语文教育与其他学科发展相比，是封闭的、滞后的、迟钝的。例如，中小学语文教师体裁的意识很强，但是这种认识往往是平面的、狭窄的、僵化的，而作家、评论家们谈到体式早已有新的、整体性的理解，如文类文体、语体文体、主体文体、时代文体、破体与辨体等。怎样让语文教育与相关学科联通，相关学科的进步怎样及时地转化为语文课程教学改革的资源？值得我们重视并能采取切实有效的措施。

4. 如何解决语文课程教学中的诸多难题。

语文课程教学有许多问题，"剪不断，理还乱"，也有许多问题说易行难，在操作层面不易展开，整体的生产力水平总是不高。能不能花力气就某些基本问题做些工作，一方面加强理论探索，力求说清楚，让一线教师知其所以然；另一方面组织专业团队对优秀教师成功的教学案例进行研究，在经验转化为技术方面作出有益的尝试。这里举一例子，就是语言与思维的关系，大家都说很重要，学生思维能力的培养，大家也说很重要，但前者言之难详，后者说易行难。在比较研究的视野里，我们更加认识到需要克服内容设计的隐忧和训练时机的随意，但真正让语文教学打开学生的思维之门，还有待我们的继续探索。

5. 如何将母语教材研究融入到全球化视野的后续工作。

母语教材研究让我们融入全球化视野，但后续工作怎样展开，发展是动态的。中外母语教材建设与母语教育改革的比较研究，应当是共时性的，我们需要持续地、更加深入地、综合性地跟踪研究，怎样组织这样的研究，谁来做这样的研究，政府和民间都应当重新唤起使命感、责任感和紧迫感，应当有一批批的"洪宗礼"勇敢地挑起重担。

14 打开世界各民族母语教材的窗口

｜陆志平｜*

　　洪宗礼老师主持的全国教育科学规划"九五"重点课题"中外母语教材比较研究"，促进了中外母语教育的对话，在海内外产生了广泛的影响。该项课题研究的成果，被众多专家学者在论文论著中大量征引，为很多版本的语文教材所借鉴，推动了国内语文课程教材的改革与建设。洪老师主编的语文教材在多套教材中独树一帜，这得益于他开阔的视野和博采众长的气度。新启动的全国教育科学规划"十五"重点课题"中外母语教育比较与我国母语课程教材创新研究"是"中外母语教材比较研究"的深化、拓宽和发展。《当代外国语文课程教材评介》正是这项研究的最新成果。它精要地介绍了 14 个国家母语教育的概貌，译介了这些国家的最新语文课程标准（或教学大纲）和教材，并做了精到的评析。这部专著的出版，将促使中外母语课程教材比较研究从专家学者走向语文课程改革的第一线，走向广大的语文教师。教师们了解了世界各民族语文教育的长短得失之后，必然会进一步激发课程改革的热情与创造性。

　　20 世纪，是中国语文教育继承本国优良传统，总结经验教训，学习西方，走向现代化的 100 年。可惜的是缺乏对西方、对世界各国母语教育情况全面而又深刻的了解和研究，缺少"望断天涯路"那样的研究基础。因而，往往"只见树木，不见森林"，只是根据个人对西方的局部的了解，来决定引进、借鉴与改革，这就难免失之偏颇。例如，

＊　陆志平，江苏省教育厅基础教育处处长，江苏省中学语文研究会理事长、研究员。

简单地套用英语的语法，简单地学习数理化课程的教学体系等。这也与工业现代化的进程很为相似，先是引进产品，然后是机器与技术，最后才到制度层面、观念层面。只有学习和引进进入到最后一个层面，才有真正意义的现代化。洪宗礼老师主持的两项关于中外母语教育的课题研究，收集了五大洲四十多个国家和地区最新的语文课程标准（或教学大纲）、语文教材以及相关理论研究资料，在充分占有资料、全面把握的基础上，进行了较为深入的比较研究，探究了各国语文课程、教材的特点与共同规律。参与课题的专家层次之高、研究态度之严谨、研究成果之丰硕，标志着我国语文课程教材研究达到了新的高度。加之此项研究进行之时，适逢我国启动语文课程改革，这就更加有力地推进了语文课程现代化的进程。

当面对如此众多的不同国家的语文教材的时候，我们仿佛进入了一个五彩缤纷的世界。各民族的语文各具特色，各国的语文教育也有着自己的独到之处。然而，我们也不难发现，各国的语文教育也有不少共同的追求。比如：重视听说读写语文实践能力的培养，重视文学教育，重视民族文化、民族精神的传承，重视学生主动学习、合作学习、探究性学习，贴近学生的生活，遵循学生心理发展的规律，尊重和吸纳多元文化，重视网络环境下学习方式和教学手段的革新，重视跨学科的综合性学习，等等。这些共同的追求，代表着世界各国语文课程发展的基本走向。把握住这些基本的走向，对于改革我国的语文课程，推进我国语文课程的现代化，具有十分重要的意义。

中外母语课程教材比较研究，为我们打开了世界各民族语文母语教育的窗口，为中外母语教育提供了对话的平台。我们相信，在这样多彩的世界里，在这样高起点的对话平台上，我国的语文课程一定会充满蓬勃的生机和青春的活力，每一个语文教育工作者也一定会有自己独到的发现和意外的收获。

寻根
溯源 3

1 做学问就要甘坐冷板凳

| 许嘉璐 |

洪老师不仅在语文教学方面颇有成功的实践经验，而且他也是一个擅长学术研究的学者。《母语教材研究》就是他学术水平的代表，没有甘坐冷板凳的精神，没有扶持学术研究、基础研究的精神，洪老师是无论如何也完成不了这部巨著的。

这部书，我说它不容易，特别是在当前的社会风气下，编这套书、出这套书，是不容易的。不冷静下来，不进行这样广泛深入的研究，没有踏实的学风，出不了这样的成果。刚才各位专家说了很多，邬署长尤其是动了感情的，有点痛心疾首的感觉。邬署长说到我们中国人话语权问题的时候，我插了一句话，在座的同志们是不是感觉我说的话有点夸张了，我再重复一遍：在全世界，研究中国的国学，中国人没有话语权；不是话语权少，是没有！危机啊！无论是研究《论语》《孟子》《荀子》还是《老子》《庄子》，国际上公认的著名的教授的著作，你就翻翻看他的参考文献，参考一下他随文的脚注，几乎不见中国人的名字。如果有的话，就是某个出版社重印的某套书。现在在国内，我们国学大师如林啊！太多啦！就像邬署长说的，浮躁！外国的学者毫不客气，在和中国的学者对话或者交流问题的时候，我看过这样的材料。所以我觉得这套书确实如邬书林署长所说有示范的作用。做学问就要这样做，做人就要这样做。当然这些也不是个人决定的，也不是一个出版社、一个学校能够决定整个社会的风气。比如说出版社要上税，然后退税。就我所知，英国百年来出版社一律免税，让它自身发展。乃至于由哈佛大学牵头搞一本苏州园林的有关古代文献的注释，哈佛拿出五百万美金作科研经费，每年在欧洲或是在美国开一个学术研讨会。我相信这样的一个课题如果给我们一个高校，半年就搞好了。而这个课题组由哈佛大学已故的教授领衔，到今年为止已经八年了，每首诗、每篇游记，注完之后去学术研讨会上研讨。外国学者是不是不懂中文啊，不懂中国古代啊。这位教授前年去世的，去世的时候74岁，四书五经还可以背下来，从头背到尾。中国有几个这样的学者？当年有啊，我们老一辈的学者。在老一辈的学者里，范文澜先生年纪算小的，梁漱溟等这样的大家都是这样。所以我说，这部书的第一个重大意义就是吹来一股清新的风，作出个样子，至于后面有没有人跟着走，不管它。

第二点就是要有全方位的实验。它不仅仅是材料的搜集，其中还有研究。这个研究是大学、中学和研究所的结合。柳士镇主编是我的同门师弟，都曾拜在洪诚的门下，本来是从事汉语史研究的；还有一位主编倪文锦是华东师大教授，他们能够和洪宗礼同志联合起来做这样一个基础研究，我觉得真是可敬佩。这种结合本身，我想在当今的学术界、教育界也算一点突破。我们眼睛老朝外，学人家很多的皮毛，有很多内涵上值得学习的东西并没有学来，比如在欧美国家，大学和中学的联系是极为紧密的。就我知道的，非常明显的：第一，大学的教授，包括诺贝尔奖金获得者，到中学去做讲座，给小孩子讲，这才考验一个科学家，一大堆数据，一大堆算式，弄得人晕头转向，小孩子不听就走啦，你必须能通俗化，你深入才能浅出，没深入，只懂皮毛就浅不出来，所以他们的中学生，特别是高中生，可以看到大学知名的教授，可以看到诺贝尔奖金获得者，激发他们那种创新、向上的动力。第二，大学课程下放，它的下放不是像我们这种下放，我们是幼儿园小学化，小学初中化，初中高中化，高中大学化。那不行，咱们都知道，外国基础教育的总体水平，特别是数理化，远不如我们，但是这是大多数；少数大学就把一二年级的课程下放到中学，像美国实行的就是AB这样的课程制，你这个学校有这个能力，学生有需求，你就开这类课程。这些课程原来是大学的，考试科目五个人以上就可以开课，由大学理事会来监管。你的课程学好了，得到学分，上大学的时候就可以免修。第三，如果学生有一个科学的设想，经过他用已有知识的一点论证，中学就向大学通报，大学看中了其中的某个孩子，认为他这个课题很有意思，有可能实现，到暑期的时候就把这个孩子请进大学，由某一位教授做导师，在他的实验室里做实验，所有的费用大学承担。所以我说在科研上，大学、中学和研究所这三者要结合起来，这一点要提倡，洪宗礼先生等做的这个项目做了很好的试探和突破，这是我想说的第二点。

第三点是有含金量的研究项目能够出版是十分必要的。中国的现代母语的教学到现在为止已有102年。1905年，光绪皇帝废除旧学，建立学堂，1906年开始招生，到现在102年，但是最初还是文言文，以后有所变化，应该有个百年的总结和反思了。回顾这百年，我们是蹒跚前进，起起伏伏，但是，甭管怎么蹒跚，中轴线是本着欧洲中心论发展的，这一点很少有人把这个谜底彻底解开。任何文化的大厦，都是在原有的基础上建成的，把原有基础一扫光重新建，这个大厦是站不牢站不久的。现在到了反思的时候，到了总结的时候。比如在中国的语文教育中，有一个古今如何接合的问题，要接合就有一个比例的问题。古今是时间的观念，纵向的，但是这个时间里其实是包含着空间的因素，我们所说的古今说穿了是一个中西的关系问题，说中就离不开古。我们现在的语文才多少年啊，从唐朝到现在，1300年，《全唐诗》几万首诗并没有全部流传，但流传下来的唐诗却这么多；百年来的新文化运动，将来能够流传到1300年以后的有几篇，要留下来的恐怕也是前辈写的，是中国古代文化底蕴深厚的人写的，所以，在中国的纵向问题、古今的时间概念里实际包含的是中西的关系问题，因为现在我们基本上是按照欧洲中心论来进行教学的。可怕的是，西方首先指出欧洲中心论已经走到了尽头，世界应该从东方的中华文化里汲取智慧。这不是他们心血来潮，这个调子到现在为止已经唱了接近六十年，已经成为西方的思想界、哲学界、文学界、艺术界思想的主流。我们知道的太少，我们还闷着头往前走，而领路的已经拐弯了。

所以在反思的时候，我建议我们应该从根本的道路上反思。

第四点，希望洪教授、柳教授、倪教授和其他参与的所有同志，能够不懈地努力。这个课题还可以延伸，延伸出很多来。

借着邬署长的话说，我希望可以从这套书里，从学者的编写思想里还可以再延伸出什么，再支持他们，做扎扎实实的研究，因为中国需要，世界也需要。美国当今一个著名哲学家，他起的中文名字叫安乐者，前几年出了一本书，书名就是《期望中国》。他是代表西方哲学界，希望中国贡献出中华民族的文化与智慧。不然，世界要完蛋。我们准备好了没有？我们怎么奉献？这是学术界、出版界都应该深深思考的问题。

2 潜心打造精品的一个范例

|柳 斌|*

　　《母语教材研究》这部巨著是洪宗礼老师学风、人品、水平的全面代表。透过这部书，我看到了一个丰满伟岸的实践型教育理论家。

　　第一，这部书的出版发行填补了教育科研领域的一个空白。对母语教材研究，我现在了解的情况有限，但我认为，他们对母语教材的这项研究，至少填补了国内的空白；在国际上的影响，应该由我们的钟启泉教授、顾明远教授他们去研究和评价。

　　第二，这套书是他们精心打造的一部精品，研究母语教材的一个精品。我粗粗地翻了一下，看到里面收集了大量的素材、大量的资料。其中引用的或保存的中小学课本里的一些精品，都是在过去已经深深地留在许多人的记忆之中的。我是 1957 年高中毕业的，我们使用的正好是倡导文学和汉语分家时用的那套教材，他们对此做了很好的分析。此外，对于很多中小学教材当中历经多年传颂、代代相传的那些东西，这部书进行了很得当的评价、分析，包括对叶圣陶老先生的《小小的船》这样的儿童诗。就是这样的儿童诗，在教材里面应该是非常好的，但我们也有的老师现在从科学的角度提出问题，我就收到过这样的信。有一位教师，就是江苏的小学教师，我肯定他很有钻研精神，他写一封信给我，建议把这篇去掉，为什么？他说，在《小小的船》中，"我在小小的船里坐，只看见闪闪的星星蓝蓝的天"，按照科学规律，在月亮上是看不到蓝蓝的天空的，更看不到闪闪的星星，在月亮上去看天

＊ 柳斌，全国人大常委会常委、原国家教委副主任。

空是一片漆黑。所以，他说这样的诗歌不符合科学实际，不能用来教育学生。因为他很郑重其事而且态度非常认真，所以我还是给他回了一封很短的信。我说，这首诗是广为传颂的，已经深受小学教育及师生们的欢迎，我们是不是不一定用科学的、精确的观点去理解这篇课文，而从人文的角度去理解这篇课文呢？毕竟我们的世界既需要科学的精神，也需要人文的精神。你认真的态度和研究的精神是非常可贵的，建议你对这个问题再思考思考，于是我就回了这么一封信。这套教材也对此进行了很好的评价。所以，我觉得这套著作是精品。

第三，我觉得这部书的出版创造了一个非常好的范例。什么范例？潜心研究的精神。想想看，他们收集了多少资料？花了多长时间？如果有浮躁的心态是不可能有这样的精品出现的。但是，我们现在无论是在高等学校，还是在基础教育领域，浮躁的心态是普遍存在的。高等学校教师要写论文，论文每年要翻番，于是粗制滥造，甚至剽窃这类现象层出不穷。中小学校搞公开课，也是要在短时间内炮制出精品课，出多少人来听，然后推广，都不是一种很务实的心态。在这种浮躁的心态下，可能出了很多书，但这些书对我们的学术研究、教学实践，又能够有多少实际效果呢？所以，我一看这本书花十几年的工夫收集大量资料，反复研究论证，不但内容充实，而且做了很多的点评、分析，然后归纳出若干条基本的母语教材建设的经验。这都是非常难能可贵的。因此，它是创造了一个潜心科研、打造精品的这样一个范例，非常好。

3 可贵的锲而不舍的研究精神

| 朱慕菊 | *

　　在改革开放 30 年之际，现在我们在这里召开洪宗礼先生语文教育思想研讨会，格外意味深长。我们还清楚记得，1996 年以王丽、邹静之等同志在《北京文学》杂志上发表对当时语文教育的尖锐批评为标志，从而展开了长达 13 年的对中国语文教育的反思、研究以及理论与实践的改革探索。当时，原国家教委副主任柳斌，亲自主持召开了多个语文教育改革的座谈会，揭开了语文教育改革的序幕。也正是在那个时候，新一轮基础教育课程改革的前期论证，改革的顶层设计以及组织工作开始启动，语文教育作为建立面向 21 世纪基础教育课程体系的重要组成部分得到了高度的重视和有力的推进。

　　洪宗礼先生正是在那个时候，深刻而有远见地提出了"中外母语教材比较研究"的课题，并被列入全国"九五"教育科学规划。这一研究动员了海内外一百六十多位专家、学者，从理论和实践方面研究了中国百年来的语文教育以及世界四十多个国家及地区的母语课程、教材，总结梳理了我国语文教育的历史财富、当代贡献，研究借鉴了外国母语教育的宝贵经验，展示了多元文化在语文教学领域里的价值与风采，这一过程又与新课程语文教育的改革相伴相辅相随。洪先生的研究吸引了大批有志于中国语文教育改革的专家、教师。洪先生的研究对语文课程标准文本的诞生、语文教科书的编写以及教学实践的改革探索都产生了深刻的影响。洪先生的研究为我国语文教育的研究

---

* 朱慕菊，教育部基础教育司副司长、教育部课程发展中心主任。

与发展提供了历史线索、国际视野与研究平台。洪先生的研究与我国母语教育的定位与价值目标的确定，提供了清晰的论述。洪先生编的语文教科书更是字里行间折射出对语文教育的深刻思考，20 年来出版发行了一亿多册，广泛而深刻地影响和促进了语文教育在理论和实践层面的变革。随着新课程 10 年的推进与改革的深化，在语文课程标准研制组以及一大批专家、教师的共同努力下，当前我国中小学的语文教育开始逐步形成新时期的理论体系与实践经验。

洪先生作为一位普通的中学教师，执教语文，研究语文，编写教材，历经 50 春秋。他毫无喧哗，埋头耕耘，从一始终，矢志不渝。洪先生严谨、科学、锲而不舍的研究精神，以及广纳百川、虚怀若谷的学者风范应成为我们做人做事的楷模。

语文教学不仅仅是语言文字的教育，它更负有传承民族精神、传承优秀文化传统、塑造新一代国民的历史使命，它不是一般的学科教育，而是铸就民族魂的教育。语文教育的成败非同小可，它的成功与否关乎中华五千年的文化能否一脉相承，关乎民族的前途与命运。因而今天我们为此付出再多的精力，克服再大的困难也是应该的，值得的。

在改革开放 30 年之际，回顾改革之路，面向明天的召唤，我们都会为曾经的奋斗历程感到欣慰，并对未来的责任义不容辞。

4 近乎兼善者，人才难得

| 冯钟芸 | *

因为参加国家教委中小学教材审定委员会组织的教材审查工作，便与国内几套义务教育中学语文教材的主编们有所接触，并建立了友谊。其中通过口头或书面交换意见最多的是苏教版的主编洪宗礼同志。宗礼同志对工作执著追求、锐意革新的精神，精益求精的工作态度，以及他对于语文教材建设的见解，常使参与审查的同志受到鼓舞和启发，正由于这样，我敬重宗礼同志，可以坦率交换意见。

要编好一套教材，依我们粗浅的看法，必须具备这样一些条件：首先要有素质较高的主编。这主编，既要有丰富的教育教学经验，又要有较高的教育理论素养；既要有一定的驾驭全局的组织才能，又要有求实创新的科学态度和从善如流的民主作风。这样的同志，才能在整个编写组内有威信，有凝聚力。在实际生活中，某个方面表现突出者也许不难找，而众多方面兼善者恐怕不多。洪宗礼同志给我们的印象是接近于"兼善者"的，确乎人才难得。举个具体例子：每当教材审查结束，宗礼同志一接到审查报告，便将审查意见复印出来，发给编写组每位成员；同时召开会议，逐条讨论，领会意见的精神实质，制订修改方案，并且举一反三，按照审查意见的精神扩大审视范围，务使教材在整体上能改观，能提高。正因为他能敏锐地发现审查意见与提高教材整体水平的关系，组织各方面同志深入研讨，在众多见解中作出正确判断，做到科学地、严肃认真地对待国家级的审查，所以

---

* 冯钟芸，全国九年义务教育语文教材审查组原组长，北京大学教授。

他主编的这套教材才能在不断修改的过程中日臻完善。

其次要有一个高水平的编写班子。据我们了解，苏教版初中语文教材的编写队伍，组织上类似经济领域里的组建"集团"：有核心层，那就是以泰州中学和泰州市教研室的教师为主的教材编写组；第二层，是以扬州、泰州两市乃至整个江苏省内一些语文特级教师和优秀语文教师为主的编写群体，他们中间有些人负责单项把关，有些人负责综合把关，紧紧地围绕主编和编写组的意图，完成各自的任务；第三层是组织起来的外围层，它包括广大第一线执教老师和各市、县、区的语文教研员，主编通过各种途径广泛听取他们对教材的意见，经整理筛选，作为修改教材的重要参考。这样一支高水平的、有严密组织的编写队伍，为编出高质量的教材提供了坚实的组织保证。这个经验，对于搞好教材编写工作是十分有益的。

洪宗礼同志最近已向全国教育科学规划重点研究课题组申报了一个课题，名为"中外母语教材比较研究"，申报单位除了泰州中学，还联合了南京大学外国语学院、南京师范大学外语系和中文系、扬州大学师范学院教科所等高等学校的语言系科和教育科研机构。课题的研究内容分三个方面：一是对国内已经通过国家审查，并列入全国书目的有代表性的义务教育语文教材进行比较研究；二是对海内外华文教材进行比较研究；三是选取世界几个不同语种，主要是中、英、日、俄、法、德等国的母语教材进行剖析和综合比较。通过上述专题的研究，希望在下列方面找到较为科学的解决途径：母语教材如何在内容上处理好文学因素和语言因素、科技因素与语言因素的关系；如何在编辑设计上处理好分编（分科）和合编（综合）两种结构形成的关系，从而在两种教材的基础上建立合乎科学的更新一代母语教材体系；如何在内容和形式上更好地显示出民族化与科学化相统一的特色。

现在，洪宗礼同志和他的同行们在语文改革方面有宏大的战略眼光，他们决心站在世界母语教育当前水平和发展前景的高度，俯瞰全局、规划未来，希望在新的理论起点上迈出步伐，进行新的攀登。

我诚挚的祝贺洪宗礼同志取得的成果，并怀着深深的敬意祝愿他和他的同行即将进行的气势恢宏的理论研究顺利开展。

5 语文教育改革呼唤教育 理论和实践的结合

|钱理群|*

"洪宗礼语文教育思想研讨会"的召开，是语文教育界的一件大事，我因有事，不能出席，深感遗憾，只能做一个书面发言，以表达我的心意。

我想谈两点。

首先是我怎么"认识"洪先生的。记得在 20 世纪末，我应教育部之邀，参与制订语文课程标准的工作——但很快由于众所周知的原因，我就退出了：那是后话——，这就超出了我的专业范围，我因此需要补课。从哪里补起呢？我首先想到的是要补语文教育理论的课，这是和我的一个认识有关的，在后来写的一篇文章里，我这样写道——

"在我看来，加强语文教育学科的教育理论的研究，包括教育哲学的研究，语文教育理念的研究，教材、教法研究，语文教学心理研究，教学模式的试验与研究，等等，是能否建立起本民族语文教育的科学体系（这应该是教育改革的目标）的一个前提性条件，在一定意义上，这是语文教育改革能否健康、持续、深入地进行下去的一个关键，而这方面又恰恰是一个薄弱环节"。

我当时就意识到，这样一个理论准备不足的状况，是会制约、影响教育改革的健康、持续发展的。但我们又不能等理论准备好了再来进行改革，只能一边改革一边补课：这大概也是我们的教育改革的一

---

* 钱理群，北京大学教授、博士生导师，著名学者。

个尴尬之处、特殊困难之处吧。在这样的情况下，已有的研究成果，就显出了它的特殊重要性，其所提供的是教育改革的理论依据与理念，也就是说，我们今天进行教育改革，必须以已有的语文教育理论研究的成果作为基础。而我的补课，也必须从学习与消化这些成果开始。于是，我找来了许多的书认真研读。坦白地说，好些书读了以后都不得要领，真正让我受益的，主要是两部著作：顾黄初、李杏保先生编的《20世纪前期中国语文教育理论集》和洪宗礼先生主编的《中外母语教材比较研究》，我后来写的《以"立人"为中心——关于九年制义务教育中的语文课程改革的一些思考》，就是我初步学习的心得。在某种意义上，正是顾黄初、李杏保和洪宗礼先生把我引入了语文教育改革之门。我对他们一直心怀感激和崇敬。在我看来，他们所从事的理论建设工作，是语文教育改革的基础性工作，关系到语文教育改革的科学性，其意义和重要性是怎么估计都不为过的。

也许我们的问题也正在这里：一方面，我们至今依然不重视理论建设；另一方面，有些所谓"理论研究"又完全脱离语文教育实践，这些年在整个学术界的浮躁之风的影响下，更出现了大量的名为研究语文教育，其实是抄来抄去的学术泡沫，而一些真正有价值的研究，其理论成果转化为教学实践也还有一个过程：这都造成了理论和实践的脱节。

而洪宗礼先生也正是在理论和实践的结合上，显示了他的特殊作用和价值。这就说到了2004年和洪先生第一次见面时，他给我的第一印象：这是一位我所熟悉的中学语文老教师。后来我才知道，他也确实是一位语文特级教师，他是以中学语文老师的身份来参与语文教育理论研究的，这就更增添了我对洪先生的尊敬：语文教师中有这样的理论建设自觉的并不多见，而语文理论建设也正需要像他这样的既有丰富的教学实践经验，又有理论自觉的教师参与。这又使我想起了《一点感想》一文里曾经表达过的一个意见——

"为了从根本上改变教育理论滞后的被动局面，我非常赞同顾黄初、李杏保先生在书的'导言'里提出的意见：当务之急是要继承和发扬语文教育研究的传统，'组织起一支浩浩荡荡的多学科合作、学者化的语文教育研究工作队伍'。首先要做的，就是打破大学与中学，教育界与思想文化学术界相互隔绝的封闭状态，提倡多学科的通力合作；其次，在语文教育界内部，也要加强语文教师与专门的语文教育研究者之间的合作。据我的有限的接触，我感到许多语文教师由于天天和学生在一起，对现行语文教学的弊端有深切的体会，因而对教育改革有很高的积极性，他们也在可能的范围内，作了许多有益的探讨，他们中的有些人具有从事理论研究的兴趣和能力，我以为这是一支很值得重视的力量。"

在我看来，洪宗礼先生正是这样的有理论研究的兴趣和能力的中学语文教师，而且他在这几十年的研究中，已经完成了"学者化"的过程，兼教师与学者于一身：这正是他在中国语文教育界的特殊地位所在。而他所主持完成的两大教育工程：《母语教材研究》和苏教版初中语文教材，前者致力于"母语课程教材文化"的理论建设，是"母语教材研究的奠基之作"；后者则是语文教材编写的成功实践：这里所实现的，正是语文教育的理论与实践的结合，这也是洪先生工作的意义和价值所在。

这是洪先生的工作对我们的最大启示：中国的语文教育改革发展到今天，正呼唤着"理论与实践的结合"。如果说，我们当年在理论准备不足的情况下仓促上阵，是造成后来改革中出现许多问题的一个内在的深层次的原因；那么，今天经过了这一段改革的实践，其中许多第一线老师的成功的经验，就急需做理论的总结，所出现的问题，以至某种程度上的混乱，也需要做理论的澄清，而所提出的新问题，就更需要从理论上作出回答。也就是说，对现阶段的中国语文教育改革，"在实践基础上的理论创新"是一个必须抓住的关键环节。

因此，在这样的时刻，洪宗礼、柳士镇、倪文锦先生主编的《母语教材研究》十卷本的出版，就具有极大的意义。这也可以说是近十年语文教育改革的一个在理论上的重要成果。同时，它也应该成为未来的语文教育改革和理论创造的一个新的起点。从"新的起点"这一角度，我有两点期待：一是如何将这部著作的理论成果在教材编写的实践中发挥作用，还需要作许多转化工作，例如对现行教材的重新检讨，对其成功经验的总结、吸取，对新的编写实践的指导等。其次，如何在现有研究基础上，进一步进行理论的创新，也还有许多工作要做。就我初步翻阅的印象而言，这部著作比较注重于教材历史的梳理，外国教材特点的评价，在这方面的成就很显著，但在理论总结与提升上则有所不足。我感到其中一个最大问题，就是有些总结，实际是从已有概念，或国外引进的某些教育理论概念出发，用我们的材料来证明其正确性与有效性，其所作出的概括也就没有多少理论的创新。另一个问题是理论视野的狭窄，总是纠缠于我们多年争论不休的一些问题上，而不能从中跳出来，作更为根本的、全局的具有体系性的大思考，更广泛地吸取相关学科的资源和中国民族文化、教育的传统资源，进行更为独立、自由的理论创新，以打开新的大思路，创造新的大格局。这些问题，当然并不只是《母语教材研究》的问题，而且对这部著作而言，这样提出问题，或许近于苛求；我所注重的，是我在有限的阅读中所看到的语文教育理论研究，甚至是整个理论研究的问题。这里有一个理论创新的客观要求和我们研究现状中存在着的这些有碍于创新的问题之间的矛盾和落差，却是我们必须正视的。由此引发的，是我对这次研讨会的希望：或许我们可以以洪宗礼先生的经验作为一个个案，来认真讨论"当下语文教育理论的创新"和"语文教育理论和教学实践结合"的问题，这将是对语文教育改革的一个推动。

说到这里，就已经谈到了洪宗礼先生的典型意义，也就是所谓"洪宗礼现象"的问题。这也是我要谈的第二点。如前所说，洪宗礼先生，作为一个普通的语文教师，不仅在具体的教学实践中，和许多特级教师一样，取得很大成绩，积累了丰富的经验，形成了自己独特的语文教育思想，而且还在语文教育理论和教材编写上取得了学术界公认的成就，这是并不多见的。这就使我又想起了刚写好的一篇文章《一个普通的中学教师能够走多远》，这是深圳中学的马小平老师提出的问题，我想这也是"洪宗礼现象"所提出的问题。这个问题本身，就显示了一个普通的中学老师的巨大潜力，自我发展中的众多可能性和广阔前景，这是有助于提高中学语文老师的自信心的；而自信力不足，看不到工作的意义和前景，缺乏前进动力，正是许多年轻老师不安于中学教育工作，或者得过且过混日子的重要原因，在这方面，洪宗礼这样的老教师的榜样作用，是不可低估的。这大概也就是"洪宗礼现象"的意义所在吧。

而我感兴趣的是，洪宗礼先生何以能够走得这么远？他的"底气"在哪里？我和洪先生具体接触不多，这个问题就成了我心中的一个谜。直到为准备这次发言，读到了洪宗礼先生为《母语教材研究》所写的《跋——语文教育随想录》里下面这段话，才若有所悟——

"自幼时读书塾始，母语便为我奠基，伴我成长，铸我理想，成就我的事业，与我结下不解之缘。

"母语天天都给我启迪，给我智慧，给我力量，给我美的享受。

"在母语中觉醒，在母语中感动，在母语中陶醉，在母语中成长发展，正是中华儿女坚定的教育信仰，也是人们对母语教育的价值追求。

"我一生挚爱母语，亲近母语，探究母语，弘扬母语，钟情于母语教育。我曾说：人一生一般只能做一两件大事。我孜孜矻矻数十年所做的一件大事就是：学习与研究母语和母语教育，建设母语课程教材。"

"母语"，正是洪宗礼先生的教育信仰，是他的人生道路，他的生命情感、意志的关键词和中心词。

这里包含了对语文教育、语文教师的一个深刻理解：语文教育本质上是一种母语教育，引导学生亲近母语，学习与运用母语，弘扬母语，捍卫母语，是语文教师的天职。

这里包含了对语文教育改革的深刻理解：教育改革的目的就在于建立我们民族的语文教育体系。因此，充分注意母语教育的特点，即不同于外语教育自身的特点，以及按照汉语的特点来构建语文教育体系，就应该理所当然地成为我们的语文教育改革的基本指导原则。在我看来，语文教育中出现的许多问题，其实都和在不同程度上背离了这两大原则有关。

由此形成的是洪宗礼先生的母语观："一个民族的语言文字不是单纯的符号系统，它反映了一个民族感情的心理纽带，是民族生命的组成部分。"他因此强调："研究语言就是研究文化"，他的"母语课程教材文化"研究，就是建立在这样的母语观基础上的。

洪宗礼先生母语观的另一个方面，也是特别独到的方面，他强调："母语是民族的，也是属于全人类的"，"不同地域、不同历史文化背景、不同政治体制、不同经济文化水平的国家和民族的母语教育"，尽管存在"不同特点"，但也有某些"共同规律"。因此他力主"从全球化的视野，以'拿来主义'的勇气，吸取国外一切可以充实我国母语教育的先进理念、策略和经验"。由此而开拓了"中外母语教材比较研究"的新领域。

而洪宗礼先生自己更为看重的是"母语教育和母语课程教材改革历程中的诗意和哲理"。我理解洪先生强调的是母语、母语教育和他的自我生命的血肉联系。这或许是更具启示性的：母语不仅养育了我们，更赋予我们的工作，我们的生命以价值、意义和诗意，这是语文教师这一职业的力量与魅力的不竭源泉。——这些年，我一直在思考"什么是语文教师"，也写过不少文章讨论这一问题；现在，我又从洪宗礼先生这里得到了一个新的认识，这是我要向洪先生表示感谢的。

最后，我还想对这次会议发表一点感想。如我一开头所说，我在参与中学语文教育改革时，首先受教于顾黄初先生和洪宗礼先生。我注意到他们二位都是江苏人，由此联想起的还有许多江苏中学老师中的具有全国影响的名师，江苏是一个历史传统丰厚，又极具现实教育实力的语文教育大省，理所当然地要为中学语文改革作出更大贡献。这些年，我先后参加了福建省举办的孙绍振先生、陈日亮先生的语文教育思想研讨会，他们明确提出了要建立"闽派语文"的目标；也许因为我是在江苏接受中学教育的，因此，也总要想起江苏，江苏中学教育改革是应该有更大作为的。福建"注意总结第一线老师的实践经验"的做法，是值得借鉴的。或许这一次江苏召开的"洪宗礼教育思想研讨会"，能够成为这样的自觉努力的开端。我很想借此作一个呼吁，但我也有点犹豫，这是因为在中国什么好事最终都容易成为一种形式，走到我们原初愿望的反面。那么，我的这些意见，就算是姑妄说之，诸位也姑妄听之吧。

6 博士当如洪宗礼

| 孙绍振 | *

我们怀着极大的敬意来参加洪宗礼先生的教育思想研讨会，为的是来学习，来吸取思想资源。福建师范大学文学院有一个全国唯一的语文教学博士点，重点在文学阅读和教学。在这个会上，我有一个痛切的感受，就是我们这个教改，包括我们这个语文教学的博士点，最高的战略目标是什么？什么样的人，才是严格意义上的合格的博士？而我们目前的教学重点，集中在教他们怎么写论文，怎么去搜集资料，怎么把论文写得有创见。这是我们一贯信奉的原则。但是，什么是有创见的、杰出的论文呢？是拿写论文的技巧去写论文呢，还是拿自己的生命，拿自己在世界教育思想潮流中最清醒的觉悟去写？听了洪宗礼先生的发言，我们突然产生了一种顿悟：一个七十多岁的人，背影都已经有了老态，可一上了讲台，突然变成另外一个人，朝气蓬勃，容光焕发，哪里是在发言，那是生命在呐喊。几十年的智慧、修养和为人师者的自豪灿然呈现。他无意于当纯粹的理论家，但是在他的发言里，却包含着对当前教学改革理论难点的清醒的、可以说是响当当的回答。听着这样的发言，我们不能不为之震动。语文教学或者文学阅读博士点，不光是培养人写论文的，更应该是培养献身于语文教学，有清醒的、独立的教育学术理念的人的。有一句经典名言："舜何？人也；余何？人也。有为者亦若是。"培养语文教学博士，博士当如洪宗礼。最好的博士，应该不仅仅把教学当作谋生的手段，而是当成自己

＊ 孙绍振，福建师范大学教授、博士生导师。

生命的实现，享受一种马斯洛所推崇的"高峰体验"，在这样的体验里饱含着理论取之不尽的源泉。在这里，我们感到了希望！有了这个，其他的一切都在其次。在语文领域里混日子，是太容易了，虽然也能写些论文，但总是在西方的套话中随波逐流，这里有个基本原则问题，就是教师的理想，也就是教师最高的主体性问题，老一辈的优秀教师在实践中，早就解决了，可是，教育改革实践中，这个问题倒是越来越模糊了。改革总得要有起码的本钱吧，我们的本钱是什么呢？

有一种天真烂漫的想法：本钱就是最新引进的西方教学理念。其核心就是尊重学生的主体，和学生平等对话，这被当成金钥匙，能打开多年的死锁，英语叫做 deadlock（僵局）。满堂灌为什么不好？压抑学生的主体。但是，不论什么深刻的话语，一经成为流行套语，就可能把丰富的内涵取消，变成绝对化的教条。具体来说，忘记了这个句子，是省略了主语（主体）的。谁来尊重学生的主体？教师。教师有没有主体呢？如果没有主体，连自己都不尊重，没有主体的自信，没有主体的自觉，对"他者"就谈不上尊重，最多只是遵从。主体处于沉睡（麻木）状态，盲目状态，只能是盲从。尊重学生的主体性超越了尊重自己的程度，以自卑为荣，事情就走向反面，取消教师的话语霸权，却变成了放任学生的话语霸权。

西方的理念最根本的一点，就是学术的发展，从对权威的怀疑和挑战开始，所谓学术每前进一步，就是向亚里士多德砍一刀。人家从不把权威当作崇拜的对象，而是当作对手（rival）。在此共识上，把主体性发展为主体间性。然而，有的探究者却忘记了这一点。这实际上违背了西方学术理论的根本精神。他们不是以自身的主体站着，把西方文论当作"他者"进行平等对话，而是放弃自身的主体，拜倒在地上向人家顶礼膜拜。这些专家把从西方（北欧）引进的一些教育理念和理论方法，当作超越地域和历史的、放之四海而皆准的真理，而我们的传统和实践则被贬斥得一无是处。关于教师，我们传统奉为经典的名言是：师者，所以传道、授业、解惑也。人家就不是这样，而是质疑，让学生敢于质疑的才是好教师。不知道这样的说法，是不是忘记了他们信誓旦旦的对话原则。不管西方理论多么权威，也应该平等对话呀，不管人家的学说多么前卫，也只能当作质疑挑战的对手呀。就算把西方教育理念当作导师，自己谦恭地当作学生，但是，不是说最好的教师应该是激发学生质疑的吗？如果我们没有任何质疑，一味顶礼膜拜，从正面说，我们不是好学生；从反面说，证明人家不是好教师。为什么把质疑忘记了呢？因为，质疑，是需要有本钱的，有反思的，也就是反诘的。反诘的能力，也就是具体分析的能力。而具体分析，不论是传统的马克思主义还是前卫的解构主义，都是活的灵魂。那么，让我们来分析一下，所谓质疑、解惑的谱系吧。

第一，我们传统师道的"解惑"，难道是天上掉下来的？其前提难道不是学生的质疑吗？学生不提出疑惑，教师解什么惑呢？孔夫子不是说过"不愤不启，不悱不发"吗？就是要把学生逼到旧智能图式（scheme）的边缘上，让他惑，然后再帮他解，所以孔夫子把"学而知之"和"困而知之"并重。其次，学生的质疑，难道是天上掉下来的？其前提难道不是针对教师传的"道"和"业"的吗？教师不阐释任何观念，不下任何结论，学生质什么疑呢？再次，传道授业与质疑二者是不等量的，而是整体和局部，面和点的关系。教师阐释的是全面的系统，而学生质疑的则是其中一个点而已。教师全面系统的阐释，提供了学生局部质疑的前提，而不是学生的局部质疑构成全面阐释的前提。这些理论问题并不高深，只要有起码的历史感就不难理解。孔夫子不下结论，学生怎么和他讨论问题？朱熹在武夷山讲学，常常是自己先讲一通自己的主张，下自己的结论，学生如不同意，也可以上台讲自己的见解。这里还有一个起码的常识问题，那就是，古今中外的教师，有哪一个是不传道的、不授业的？有哪一个是以一味等待学生质疑为职业的？有哪一个不是在传道、授业的基础上鼓励学生质疑的？不论是东方还是西方的教师，难道有绝对不授自己的专业，不传自己的信仰之道，谁还能理直气壮地宣称自己是在教书育人？教学过程是传道、授业、质疑、答疑（解惑）诸多环节的有机构成，从学术上来说，四者是互相制约的谱系。从根本上说，对话并不限于有声的质疑答疑的现场问答，初期受业，难免知其然，而不知其所以然，不排斥生硬记忆的部分（如记诵经典古诗文，背诵元素周期表），需要在日后实践中长期反思（自我质疑和修正）。强调活到老、学到老超越课堂的反复实践，这就是我们的实践认识论。把学生的认识，局限于课堂上有声的质疑绝对化，不过是把一个环节从整体教学的有机过程中孤立出来，使深刻的教育理念肤浅化而已。

闹得沸沸扬扬的平等对话，实践中，却并不平等，学生离开文本提出所谓的独特"见解"是受到鼓励的，而教师的解答、辩驳、阐释却是犯忌的。当然，教师的主体性不管怎么犯忌，总是要流露出来的，但是，这种自发的主体性，由于在理论上得不到认可，就成了一种羞羞答答的主体性，以不敢在对话中正面传道、授业、解惑，以缺乏自尊，以抛弃坚定的专业自信为特征，也就谈不上什么生命力的张扬，遑论生命的呐喊了。光是从概念上说这样的道理，可能太抽象，举个例子来阐明一下。有个美国版《灰姑娘》的课堂教学记录，其中有这样一段：

老师：虽然辛黛瑞拉有仙女帮助她，但是，光有仙女的帮助还不够。所以，孩子们，无论走到哪里，我们都是需要朋友的。我们的朋友不一定是仙女，但是，我们需要他们，我也希望你们有很多很多的朋友。下面，请你们想一想，如果辛黛瑞拉因为后妈不愿意她参加舞会就放弃了机会，她可能成为王子的新娘吗？

学生：不会！那样的话，她就不会到舞会上，不会被王子遇到、认识和爱上她了。

老师：对极了！如果辛黛瑞拉不想参加舞会，就是她的后妈没有阻止，甚至支持她去，也是没有用的，是谁决定她要去参加王子的舞会？

学生：她自己。

老师：所以，孩子们，就是辛黛瑞拉没有妈妈爱她，她的后妈不爱她，这也不能够让她不爱自己。就是因为她爱自己，她才可能去寻找自己希望得到的东西。如果你们当中有人觉得没有人爱，或者像辛黛瑞拉一样有一个不爱她的后妈，你们要怎么样？

学生：要爱自己！

老师：对，没有一个人可以阻止你爱自己，如果你觉得别人不够爱你，你要加倍地爱自己；如果别人没有给你机会，你应该加倍地给自己机会；如果你们真的爱自己，就会为自己找到自己需要的东西，没有人可以阻止辛黛瑞拉参加王子的舞会，没有人可以阻止辛黛瑞拉当上王后，除了她自己。对不对？

学生：是的！！！

这里的师生平等对话，并没有妨碍教师在作文本分析时，在授业的时候，传他的道——他的"爱自己"的人生理念。所有的质疑（设问），都是由教师不断地提出，层层深入地推进自己的观念。从中不难看出，传道、授业和质疑，并不是绝对对立的，而是统一的有机整体。如此坚定的人生信念和如此深厚的专业素养，如此循循善诱、得心应手地突破学生心智的限度，这就是教师主体性的张扬，就是师生主体间的沟通。所以洪宗礼先生在他的"语文教育随想录"一文中这样阐述他的"导学说"，教与学是辩证的统一：从学的方面，学是主体；从教的方面，教是主体。他在强调发挥学生主体性的同时，张扬教师的主体性。

只要对话，只要学生的质疑，不要教师传道、授业，不要解惑，明明是违反最起码的教学常识的跛脚的理论，但是，却广为传播。原因在于理论隐含着的权力。西方权威理论强调理论是对常识的批判，理论就是要反常识的，就是要来纠正我们常识的。这有没有道理？有。但是，这个道理并不完全。改革不能不以某种前卫的理论为根据，作为指导实践的准则，但是，理论作为实践的评判准则不是绝对的，而是相对的，暂时的，相对于常青的实践来说，理论总是免不了灰色的。理论最大的局限，就是并不能证明理论自身的正确，不管掌握了多大权柄的理论，都是来自于实践又要经受实践的检验的。一切理论都是历史的产物，在没有得到实践证明之前，都只能是一种假说，都是免不了要受到历史实践的审判的。归根结蒂，实践是检验真理的标准，而不是理论是检验实践的标准。确定理论的价值，无可选择的是：回到实践，回到经验。这时，不是实践成全理论，而是理论服从实践、经验和常识。一旦和实践、经验发生矛盾，理论如果不想灭亡，要想存活，就不能不作出修正，甚至局部颠覆。在这样的前提下，再来审视所谓平等对话，孤立质疑的混乱就有望澄清：质疑是离不开传道、授业和解惑的，质疑只能在传道、授业之中，解惑、传道、授业也要在质疑中进行，这个过程，就是所谓水乳交融的对话的过程。

平等，作为一个范畴，也不是僵化的、静态的、不能运动的概念，而是动态的、具有内在的矛盾的范畴，有着多种规定性的统一，在矛盾的不断的历史进程中运动发展，或者说建构的。从人格上讲，对话当然是平等的，然而，闻道先后（心智的发育的水准）、术业专攻（外行和内行）、在主体的自觉和自发上，则是不平等的。这些问题，本来并不复杂，可是理论越是享有霸权越是具有遮蔽常识和经验的功能。既不能传道也不能授业，更不能解惑的教师论，是很幼稚可笑的。对于一个理论家来说，再也没有比放任理论遮蔽经验和常识更可悲的事情了。

当然，充分肯定了中国式的传道、授业、解惑和西方的所谓对话、质疑的共同之处，并不能回避其间的矛盾。其实，这并不神秘，中国传统不过是在强调启发性（孔夫子：不愤不启，不悱不发），在尊重学生主体的同时，强调教师的主导作用。尊师重道，就是这种观念的最简明的概括。其实，这就是钱梦龙先生所提出的"学生是主体，教师是主导"，也就是洪宗礼先生所说的"教的主体性与学的主体性辩证的统一"。而西方，则理论上更强调学生的主体，他们的文化传统中，从卢梭开始，儿童中心论的传统就非常深厚，甚至还有极端到像蒙台梭利那种儿童优越论的，因而在理论上回避教师的主导性，但是实际上，哪一个教师不是以自己的观念、方法主导着教学，而是让学生主导课堂呢？

　　这是对同一教学过程的不同归纳，东西文化传统不同决定了东西教育理论的选择不同。可以说，这是两个不同的流派，既有矛盾对立的一面，也有遥遥相对、息息相通的一面。

　　但是，我们有的专家却对这样的内在联系，缺乏学术的洞察，对传道授业的传统和千年的实践经验，对其内在的深邃的合理性，相当轻浮地一概抹杀。连制订的课程标准都回避了教师的主体性，因而在实践中，教师的主体性，教师的生命力，教师的自由创造力，被严重窒息。

　　要说，产生这样幼稚的学术风气，完全出于弱势民族文化的自卑情结，可能是并不全面的。这里有理论主体的水准问题，有个学术方法和自觉问题。不可回避的任务是，对不同文化传统，不同教育理念的历史根源作认真的追索。为什么中国传统的教育理念，那么强调教师的主导性，在等级森严的"三纲五常"体制下，甚至把教师和天地父母君主（"天地君亲师"的牌位）奉到了神的高度？甚至有"一日为师终身为父"的格言，学者对教者如此崇拜，这似乎和西方大相径庭，但是，西方在中世纪，知识，包括神学乃至炼金术（其实就是早期的自然科学）掌握在宗教人士手中，牧师在英语里，也是 father（父亲），这和中国传统的把教师说成是"师父"，可以说异曲同工，同样是知识神圣化的历史阶段的表现。

　　那时的知识掌握在少数精英手中，人们获得知识很困难，在欧洲甚至有为了学习除法要到另一个国家去留学的事情。在中国有为了求师而在雪地跪了一夜的故事。那时教师人数有限，面对的学生的数量也极其有限，学生主要都是自学，教学理所当然是针对个体的对话为主。隋唐以来，国子监的规模扩大，学生的数量多了起来，这才开始有了面对群体的传道、授业、解惑，直到朱熹时代，虽然生徒增多，但是，总体说，教学是手工业方式的，也还是书院制的，教师针对学生个体特点，因材施教，以自由对话为主。从这个意义上来说，对话的教学原则，并不是北欧当代的发明，它在中国拥有悠久得多的历史，这个历史一直延续到清朝末年。在这期间，西欧发生了工业革命，学校制、班级制确立，教育随产业化而大众化，学历体制化、教科书标准化，学生的生产也工业化批量化了。教师面对的是众多学生和标准化的教科书，可以说，这时，才产生了面对群体，而不是面对个体的系统传道、授业，"满堂灌"的倾向就是这样的体制下的产物。从这个意义上来说，孤立地批判我国课堂上的"满堂灌"，是不很公平的。"满堂灌"的系统讲授，并不是中国的本土教育方法，恰恰相反，它是随着书院制的崩溃、学校制的引进，应运舶来的。本来，这种历史曲折变幻、螺旋式的上升，带着否定之否定的特色，并不值得大惊小怪，原因都可从社会发展中得以解释。然而，在课堂制从西方引进一百年后，人们忘记了"满堂灌"的始作俑者的同时，又忘记了对话在中国的悠久历史，居然从欧美"发现"了对话教学原则，将系统讲授推向了审判台，在中国课堂全面推行个体对话。殊不知，西方后现代国家，已经实现了课堂的小班化。一个课堂里只有十几个学生，而某些选修课上，只有几个学生，恢复到针对个体的对话，顺理成章，系统讲授，变得没有充分的必要。然而，我国的课堂，中小学一般在五十人以上（大学多至百人以上的课堂比比皆是，人家大学也有百人以上的大课堂，也是以系统讲授为主，个体质疑为辅的），我们的教师即使努力针对个体勉强对话，充其量也只能照顾到十几个，至少三十几个以上的个体成为看热闹的局外人。我们的教育理论专家连起码的因果分析都懒得费神，就把西方后现代条件下的产物，强行当作超越历史实践的衡量标准，是不是显得有点鲁莽了呢？

他们似乎并不明白，这至少在理论上，引发了至少是两个相当严峻的问题。第一，引进并不是让西方理念独白，而是使之与中国传统和现状对话，而对话是要有本钱的。不言而喻，如果光有西方理论和方法是不够的，因为这是人家的本钱，我们的本钱应该是人家没有的。总结起来，我们的本钱大致在两个方面。一就是几千年的教育历史，这是我们的优势，这是他们所没有的。把自己的历史一笔抹杀，等于自我剥夺了最大的一笔资本。这就难怪这些人的话语，总是显得那样贫乏，那样干巴。二是我们当代杰出教师的杰出创造，包括那些还没有来得及上升为学科理论的丰富经验，这是从我国历史和现状的土壤中开出来的花朵，这也是西方所缺乏的。我们听钱梦龙老师文本分析，那么出神入化，钱梦龙并不是天上掉下来的，恰恰是从我们民族的文化传统中生长出来的。这个传统是很深厚的，它培育出洪宗礼，还有于漪。于漪上午讲课的时候效果最好，因为她解读作品的时候，她的整个生命都发光了，当她说到"天底下，竟然有这——样标——致的人"，"不到园林，怎——会知道春色如——许"，你听听，她的语调、节奏，是有磁性的。她整个性格魅力都溶在其中。把文学文本作生命化的解读，是西方学说里没有的。武汉的特级教师洪镇涛讲，老师上完了《皇帝的新装》，问应该向谁学习，一部分学生说应该向孩子们学习，敢讲真话；一部分说应该向骗子学习，因为他骗了国王和大臣，他是"义"骗，按照西方儿童中心论的价值中立，教师说的都是对的。可是于漪老师说，这就放弃了教师的责任，教师应该有"价值引导的自觉"。我们有智慧的名师的经验，正在纠正或者补充或者丰富西方的理念。然而，有人指责中国的教师大多数不合格。这就令人不禁要质疑，在我们这个13亿人口的大国，教育改革的依靠对象是谁呢？是依靠全国千百万教师，还是仅仅依靠几个钦差大臣，"七八个人十来条枪"，去攻打风车呢？于漪老师的课，是生命化的投入，与其说是文本的精彩，不如说是生命的精彩，他们的经验还没有来得及理论化，洪宗礼先生不一样，他已经从某种程度上把他的经验理论化了，他提出这个"链"的范畴：启发学生学习新的知识，引导历练，发展能力，获得方法，养成习惯等，这一切都是教师主体性的升华，是西方没有的，是我们自己的本钱，我们应该把它上升为某种概括性更强的理论，用来跟西方对话。

总之，我们中国的文学教学，出现了对文本主体中心的深度分析的潮流，这和西方目前盛行的读者主体中心，无深度，无区别，大异其趣，这种文本主体中心的强调，属于中国式的流派，它和西方那种绝对相对主义、无本质、无中心的流派应该有平等对话的权利。在中国这块土地上，应该有竞争的优势。西方对之一无所知，并不是他们的骄傲，我们对之轻浮地否定，这才是耻辱。

固然，拥有这样的本钱和没有这样的本钱是不一样的，但是，要和人家对话而且达到真正平等，光有我们自己的本钱还不够，还得有人家的本钱。因为我们是弱势文化，我们的东西，人家不懂得，对我们的话语一窍不通，人家并不感到害羞，我们也不会瞧不起他们。但是，我们如果不懂西方理论的来龙去脉，就好像进不了学术之门。因为人家是强势文化。从这个意义上说，这个世界上，跨文化的平等对话压根儿就不存在。因为我们不用西方文化的话语，就会陷入一种失语（aphasia）的尴尬。

这就要求我们还得有第三个本钱，就是对西方教育理论的把握。我们在这一点上，不能有半点委屈。孙子曰："知彼知己，百战不殆"嘛。

这三样本钱，缺一不可。有了它，才可能对人家号称权威的理论，保持学术的清醒，对之进行理性的挑战和质疑，钻到西方的理论深部去洞察其优长和局限。西方文化理念是西方历史文化阶段性的产物，并不是终极的，不管多么美丽的花朵，那也是从西方的历史和现状的土壤里生长起来的。把这样的种子移植到中国土壤中来，首先就要把其中只属于西方文化土壤的成分剥离，其次要把中国传统和现状的基因融入。这在西方人那里是起码的常识。被我国文化理论界奉为圭臬的美国理论家 J. 希利斯·米勒对 1960 年代以来美国思想界从欧洲大陆的大规模理论引进作过清醒的反思，福建师大外语学院的刘亚猛教授如此阐释米勒的说法：

理论并不如一般人想象的那么"超脱大度"（impersonal and universal），而是跟它萌发生长的那个语境所具有的"独特时、地、文化和语言"盘根错节、难解难分。在将理论从其"原址"迁移到一个陌生语境时，人们不管费多大的劲总还是无法将它从固有的"语言和文化根基"完全剥离。"那些试图吸收外异理论，使之在本土发挥新功用的人引进的其实可能是一匹特洛伊木马，或者是一种计算机病毒，反过来控制了机内原有的程序，使之服务于某些异己利益，产生破坏性效果"。（刘亚猛. 理论引进的修辞视角 [J]. 外国语言文学，2007：82.）

美国人如此严峻的清醒态度，对外来文化的高度警惕，难道不能引起我们深层的联想吗？我们引进的西方教育理念的病毒，使我们原有的机制被格式化、主体被窒息的现象还不够令人触目惊心吗？

历史对引进者的要求是很苛刻的，学贯中西是不可或缺的一条。从这个意义上来说，引进是一项风险性极大的工程，我们既要善于引进又要善于剥离和融入。

挑战的起步操作，就是剥离。

我们引进的西方哲学理论的核心是后现代主义，以反本质、废真理、去中心、无深度为特点，他们不讲真理，有的只是德里达的"延异"，无所谓真与假，一切的思想，都只是历史的、地域的和个人的"延异"，或者建构，或者选择。他们的核心价值是绝对的相对主义。教育理论是儿童中心论，以价值中立为特点。（其实，在学校教育中，儿童中心论，价值中立，引起了许多家长的忧虑，在理论上，在西方就是有争议的。）这就带来了不可回避的悖论：西方的反本质理念在中国却成为本质，去真理被鼓吹为放之四海而皆准的真理，价值中立被认为是最具普适性的价值，一切都是相对的，而他们的相对主义却是绝对的。在我们这半前现代——半现代化的国家，我们的真理论是建立在"实践是检验真理唯一标准"的基础上的。实践——真理论是我们的民族国家话语。教育是国家行为，这种背离我国理念的学说，理所当然是应该剥离的。

操作意义上的挑战，除了剥离，还要融入。我们许多情况是西方没有的，世界第一的人口，特别的独生子女现象，望子成龙、望女成凤的传统文化心理，择业、就业的恶性竞争，所有这些都是后现代的北欧的理论家做梦也想不到的，不难断定，他们理论中许多成分对于我们的现实是没有普适性的。而"一切现实的都是合理的，一切合理的都是（要转化为）现实的"。这是恩格斯在《费尔巴哈和德国古典哲学的终结》第二页就讲到的。我们的理论，应该由我们的现实决定，这才是最大的合理性，我们的问题，这是西方人回答不了的，（巢宗祺先生插话：还有我们这个汉语、汉字跟西方也是不一样的）西方没有义务，也没有本事解决我们的问题。我们要承担时代给我们的任务，从理论和实践上，对西方进行货真价实的挑战可以说义不容辞。九年前我曾经在《从西方文论的独白到中西文化的对话》一文中这样说过：

挑战不仅仅是为了洞察对手，而且是为了：在与"他者"的对话之中更为深刻地了解我们的本质。西方文论也一直强调，弱势文化中包含着强者所没有的东西。但是并不存在着一种固定的、现成的我们的本质，我们的文化特点只有在与"他者"对话中才能发现。本质不是静态的，而是在与"他者"对话中在本来朦胧的深层中建构的，有如战争和恋爱建构着双方的深层本质一样，对话也使得我们的本质更加动态化。这一点对于强势文化也是一样，没有挑战的独白，只能导致单调的重复和停滞。

聪明人，在对话中了解对方，同时了解自己；傻瓜，在对话中，以为是了解到对方，但由于不了解自己，也就不能真正了解对方。一旦我们理解了我们的传统，就不难理解我们许多财富就在我们的名师的教学经验里面。

西方的相对主义，"无深度"还带来了一个问题。他强调尊重每一个人的主体，可是每一个人的主体"深度"是不一样的，有修养很高的教师，有修养不高的教师，有不称职的教师，有混日子的教师，有不读书的教师，有孜孜不倦、不断钻研、总结经验上升为理论的教师，还有像洪宗礼先生这样研究全世界各国教材的教师，可是我们不是把教师拿来具体分析，而是抽象化为无深度差异的教师主体。我们不能被西方理论的神秘形态和那种经院哲学的晦涩演绎文体吓坏了。在这里，应该和西方后现代"无深度"唱一下反调：区分有深度的和没有深度的教师。事实很简单，没有什么神秘的，他们的理论到了中国，就是要被我们的国情，被我们的历史和现状修正的。

引进西方的理论的全部历史证明，第一个阶段都是教条主义，带来很大的盲从性，只有被我们修正了，才会进入第二个阶段，才有我们民族的独创性。我们的教学要有生命，我们的理论要有生命，一定要修正，"修正主义"出创造！学术历史绝对是这样的！远的如禅宗，从达摩来华直到五祖，都还没有脱离印度佛教禅法的以心传心，直到六祖慧能才超越了印度禅学的烦琐论证、辨析，转化为直指人心，明心见性，当下了悟。就是文盲也能定慧顿悟。这才确立了中国式的禅宗。近的如黑格尔的对立统一，被毛泽东通俗化为一分为二，斗争是绝对的。杨献珍则据中国的《东西匀》以全二而一补充之，提出统一也是发展的动力。现在看来，这更符合中国天人合一的和谐理念。历史学也突破《共产党宣言》所说的"一切的文明史都是阶级斗争的历史"，同时又是体制和个人的历史。正是因为这样，《万历十五年》才使黄仁宇一举成名。语言学则早已超越了《马氏文通》模仿欧美语法的阶段，建立了不同于欧美语言的学说。虽然，我们教育界对此等潮流视而不见，听而不闻，这恰恰证明了修正欧美教育理念的迫切。

用什么本钱来修正？用我们孔夫子到朱熹的经验，然后用我们洪宗礼老师、于漪老师、钱梦龙老师，包括王栋生老师，还有上海的黄玉峰老师他们的经验来修正。这里，还要特别补充一下，我们的宝贵经验，不仅仅限于中学教师，而且在大学里天才的教师大有人在。例如，北京大学的朱德熙先生，表面上是"满堂灌"，滔滔不绝的"一言堂"，可在论述的过程中以不断自我非难层层推进，实际上就是代学生立言，代学生质疑，同时自我深化。他讲授的虽然一般看来是最容易枯燥无味的现代汉语语法，可是在20世纪五六十年代的北大中文系，却最具"爆棚"效应。正是因为弃此等举世珍宝不顾，才对西方理论和方法无能进行修正。

目前在许多人文学科领域，对西方文化哲学新一波的挑战和修正风起云涌，正从自发走向理论的自觉。在文艺理论方面，中国社会科学院的钱中文教授提出"中国古代文学话语的当代转化"，在译介学中，上海外国语大学谢天振教授提出"创造性的反叛"，在比较文学方面，四川大学的曹顺庆教授提出了"变异论"。在文化哲学领域，中国的学者早已站起来和西方对话，面对西方中心主义发起挑战。难道我们教育学领域就不能挑战西方吗？我们有些人所以直不起腰杆来，这是因为对我们民族文化本钱缺乏起码的理解，不知道我们的本钱比他们大。一个著名诗人写过：因为你跪下了，才显得他伟大。当孔夫子在教学的时候，他们国家还不存在，我们的理论财富、经验宝库，远远比他们要丰厚。

7 深入底里　开阔视野

|于　漪|*

　　世界上各民族的语言都是其本民族的文化地质层，它记载着这个民族的物质与精神的历史，因此，爱自己的民族就必须爱自己的母语。我们从事母语教育的基础教育阶段的语文教师，深知借助语言的传播，激活学生民族睿智、民族文化感情的要义，因而，孜孜矻矻，不懈追求、寻觅提高语文教学质量的良策，以恩泽莘莘学子。

　　母语教材，当然是语文教师的挚友，凭借对它的认识、理解、使用，提高学生的语文能力、语文素养。然而，有两个难题经常困扰第一线从事教学的教师。一是教学时往往就眼前使用的教材说教材，对教材的来龙去脉不甚了了，于是，断章取义、见识短浅之事屡屡发生；二是语文教学常处于 X 的位置，变化多端，有的语文教师诙谐地说："我们是语录导引，跟着感觉走。眼下流行哪位名家的名言，教学行为就往哪里装。"发生这种情况，原因多种多样，但对教材发展的历程全然无知或一知半解，是相当主要的原因。不了解历史，就难以把握现在；对现在朦胧、模糊，思想上没有准星，飘忽不定就在所难免。

　　洪宗礼、柳士镇、倪文锦主编的《母语教材研究》给我们解开困惑以极好的钥匙。这套十卷本的著作是对母语教材进行系统的、规范的科学研究十数年之久的科学成果，非一般的编撰作品可以比拟。纵向研究我国清末至今一百年来不同时期各个阶段的多种版本语文教材及教学大纲，线索清楚，发展的轨迹清晰可辨；横向研究世界五大洲

---

* 于漪，上海市人大科教文卫委员会原副主任，著名特级教师、教育家。

四十多个国家和地区的母语课程教材，开阔视野，比照借鉴，摆脱狭窄、封闭的思路。参加如此规模宏大的研究课题，人力资源可观，仅专家、学者达一百六十多位，其中有国内34所高校和国外18所大学的教授106位，这样的规模与层次的确罕见。

材料翔实、丰富、周全，是这套书的特点之一。百年来，中国的中小学语文教科书版本繁多，课文更是数以万计，研究组花费大量人力、物力、财力搜集，组织专家、研究人员反复筛选，呈现出百年语文教材的全貌，对中国近现代语文教材的形成、发展、运用以及产生的影响，既有整体的概述，又有线性的推进，还有点的推敲、评析，具体生动，给人以触手可及之感。单是教材的助读练习，变化的轨迹就曲曲折折，如鲁迅的《故乡》，最早于1923年7月入选上海世界书局出版的《中学国语文读本》，文后无练习。1937年7月出版的《新编初中国文》第四册，有练习题四道：作者回故乡时所见的景象是什么？幼年的闰土是怎样的一个人？就闰土的话看，那里的农村的情况怎样？本篇的结束表示什么意思？均为思想内容理解题。此后教科书编者选入该文后，又增加了少许句意理解和词语揣摩方面的练习。1992年义务教育语文教学大纲颁布，为全面落实大纲提出的读、写、听、说方面的训练要求，于是有一教科书课后练习分"理解·分析"、"揣摩·运用"、"积累·联想"3个部分8大题，由于指向明确，操作性强，成为大多数教师实施课堂教学的抓手。但题多量大，处置不当，不仅增加学生学业负担，且忽视了对课文的整体把握。2001年，新的语文课程标准提出练习"应少而精，具有启发性，有利于学生在探究中学会学习"，文后练习大为减少。《故乡》文后有的教科书安排四道"探究·练习"题，整体感知题、语言揣摩品味运用题，多解创意题及记忆积累题，把知识与能力、过程与方法、情感态度与价值观有机地统一、融合在一起，在知情义结合上设计练习题。从教科书的编制思想（如语体的文白之争，目标的文道之争，汉字的存废之争，选文的实用文与美文之争）到课文的选择，到练习的设计，与时代发展、社会需求、教育特点紧密联系，从中可明白许多道理。

广开思路，借鉴吸收，是本套书的又一重要特点。一线教师对国外母语教育的状况知之甚少甚浅，即使接触，也往往是零碎的，一鳞半爪而已。这套书对外国语文教材、语文课程标准的研究，既有广度，又有深度，比如外国语文课程标准译介，就对英国、美国、德国、日本、俄罗斯、荷兰、加拿大、墨西哥、印度、新西兰、南非等二十多个国家和地区的语文课程标准和教学大纲做了比较全面的译介，原汁原味，给我们打开了认识世界上许多国家母语教育的窗户，增长见识，活跃思维。各国母语课程理念、课程目标各有其特点，但共性也很显著。如：母语课程是核心课程；继承本民族的文化传统，造就有文化素养的公民，赋予母语课程内在生命力与灵魂；母语课程是门工具性和人文性兼具的课程等，这些有助于我们深化对语文课程的认识与理解。外国学者评述他们本国的语文教材，往往是另一种视角，很有借鉴的价值。他山之石，可以攻玉，信息来源丰富，参照系数多，思路广开，拿来为我所用，可大力促进母语教材、母语教学的发展研究。继承创新，建立语文教材文化，构建语文教材模式，奠定我国创新母语课程教材的理论基础，不仅是本套书极其重要的特点，更是本课题研究的精髓所在。了解过去，为了更好地面对现在，有预见性地把握未来；放眼世界，借鉴吸收，也是为了更好地立足本土，提升课程的价值与功能。本套书的第九、第十卷着力阐述了"母语教材编制基本课题研究"和"中外比较视野中的语文教材模式研究"，从理论和实践结合的高度评价利弊得失，其中有不少真知灼见醒人耳目，能廓清模糊的看法，对切实树立正确的教育理念、改革语文教学颇有启迪和帮助。

书的内容实在丰富，难以一一表述。我特别想说的是：当前，教育行政部门、学校、教师培训机构都重视教师专业化发展。学校教育质量说到底是教师的质量，教师的专业水准与课程教材改革的成效成正比。语文教师要在语文课改中发挥作用，展现才华，专业水平就须不断攀升。攀升的途径主要有二：一学习，勤于学习；二实践，勇于实践。现在图书种类多，粗制滥造之书也不少，读书、学习要挑选，否则，浪费有限的时间，脑子里马蹄杂沓，一片混乱。教语文，要懂点语文的发展历史，弄清教材发展百年来的来龙去脉。框架清晰，判断正确，说起话来就有底气，实践起来也就有的放矢，不会浮游无根。

8 "民族意识" 与 "全球视野" 的交融

｜徐林祥｜*

　　中国语文教育的出路何在？是返回传统，还是照搬西方，或者是中西结合？如果是中西结合，又该怎样结合？洪宗礼先生近半个世纪，特别是近二十多年来所做的探索，为母语教材的编制，也为中国语文教育的改革和发展提供了有益的经验。笔者以为，其主要经验可以概括为三句话。

　　第一句话：要有强烈的民族意识，扎根民族土壤。

　　民族是具有共同语言、共同地域、共同经济生活以及表现于共同文化上的共同心理素质的人的共同体。在学校开设的课程中，语文课是最具有民族性的。

　　我们所说的语文教育，是指祖国语言的教育。中国是一个多民族的国家，部分民族有自己的民族语言，同时又有全国通用的语言。汉语普通话不仅是汉民族使用的共同语，而且是整个中华民族的通用语言。所以，中国语文教育，主要是指作为中华民族通用语的汉语文教育。

　　汉语文是中华民族思维和交际的工具，是中华民族生存和发展的工具，同时还负载着中华民族的思想感情和行为方式，承传着中华民族自强不息、厚德载物的精神和绵延不断的文化。

　　中国语文教育的民族性主要也表现在这两个方面：教学中华民族的通用语言，彰显中华民族的人文精神。前者侧重语言的形式，后者

侧重语言的内容。中国语文教育承担着培养下一代热爱祖国的语言，熟练掌握并规范使用中华民族通用语言的重任，同时也负有进行情感态度价值观的教育，进而培养新一代社会主义建设者和接班人的重任。毫无疑问，中国语文教育要有强烈的民族意识，扎根民族土壤。就语文教科书编制而言，必须遵循母语教育规律，弘扬中华民族精神，从编写理念，到结构方式，到文本选择，再到练习设计等，都应该体现民族性。

洪宗礼先生对母语和母语教育有着深厚的感情。他说："一个不爱母语的老师，必定教不好母语；一个不爱母语的教材编者，永远也编不出好的母语教材。"他自称："在母语中觉醒，在母语中感动，在母语中陶醉，在母语中成长发展。"

从1983年开始，洪宗礼先生和他的团队先后成功地编写了三套初中语文教材，均顺利通过了国家教材审定委员会的审查，并获得好评。其中，根据《全日制义务教育语文课程标准（实验稿）》编写的苏教版语文教材经全国中小学教材审定委员会2001年初审通过，目前在26个省市实验区试用。这当然与教材编者坚持走民族化的道路，教材反映中华民族的优秀文化传统、体现汉民族语言文字的特点、适应中华民族的心理结构和思维习惯是分不开的。

第二句话：要有宽广的全球视野，汲取异国精华。

在经济全球化、文化世界化的今天，语文教育要超越传统，语文教育学科要实现科学化、现代化，离不开借鉴、吸收国外母语教育的先进经验。

洪宗礼先生认为"必须在中外比较中加强理论研究，从中探求不同的地域、不同历史文化背景、不同政治体制、不同经济文化水平的国家和民族母语教育的共同规律和不同特点。""要站在历史发展的高度，用更广阔的视野塑造母语课程教材文化。"

从1997年开始，洪宗礼先生主持全国教育科学规划"九五"重点课题"中外母语教材比较研究"，联合海内外16所院校的75位专家，对中外有代表性的21个国家和地区母语教材发展的历史和现状，进行纵横比较研究，出版了"中外母语教材比较研究"系列丛书，共两百余万字。

2003 年，他又主持了全国教育科学规划"十五"重点课题"中外母语教育比较与我国母语课程教材创新研究"，集国内外一百六十多位专家学者的智慧，全面系统地研究了中国大陆及港澳台地区百年来语文课程的标准、教材，对百年来的课文进行评析，研究了世界五大洲四十多个国家和地区的语文课程和教材以及他们的教学经验，出版了 10 卷本《母语教材研究》，共五百余万字。

洪宗礼先生主持的这些研究填补了我国语文教育研究的空白，不仅丰富了教育科学研究宝库，而且为国人打开了能观摩到世界主要国家母语教材建设千姿百态的窗户，从而为教材编者站在世界各国母语教育的前沿水平和长远发展的高度，编出符合汉语文自身规律、适合现代社会需要的教材打下了坚实的理论基础。这是一件功德无量的事。

第三句话：更为重要的是，"民族意识"与"全球视野"的相互融合。

民族传统是发展的。民族化既是对以往传统的继承，又是对以往传统的超越。民族化只有与科学化、现代化相结合，才能超越传统，走向世界，走向未来。如同先秦儒学在汉、宋注入新的活力得以推向新的高峰一样。汉代董仲舒把战国以来的各家学说在《春秋》"公羊传"的名义下融汇起来，从而构筑了一个包容自然、社会和历史在内的"天人感应"的儒家神学思想体系，确立了儒学在中国思想文化中的正统地位。宋代理学家则以儒学为主，兼采道、佛，在儒、道、佛结合的基础上重建了新儒学，重新确立了儒学在中国思想文化中的正统地位。这是历史上两次儒学传统与其他文化相融合的成功范例。

从 1840 年鸦片战争开始，西学东渐，中国经历了一百六十多年的向西方学习的历程。这一百六十多年，伴随着中西体用之争，西方的东西，从柏拉图、亚里士多德，到康德、黑格尔，一直到马克思主义，乃至到后现代主义，像潮水一样涌到中国来。中国人在短短一个多世纪中，接收了国外两千多年的思想文化成果，这也使近现代和当代中国的思想文化显得广泛而混杂、多元而粗疏。一方面,中国传统思想文化没有得到应有的重视;另一方面,西方的东西又未能很好地消化,当然也不可能全盘西化。

从 1840 年鸦片战争开始,维新变法,改革开放,中国也经历了一百六十多年的现代化的历程:新中国成立之前,是"早期现代化",以资本主义现代化道路为主体;新中国成立后至"文革"结束,是"经典式社会主义现代化阶段",基本上仿效苏联模式和依靠自己的力量进行;"文革"结束实施改革开放以来,是"有中国特色的社会主义现代化阶段"。

1982 年,邓小平同志明确提出了"建设有中国特色的社会主义"这一极具远见卓识的命题。20 世纪末,有人预言,21 世纪是"中国人的世纪"、是"龙的传人的世纪"。我理解,所谓"有中国特色的社会主义",所谓"中国人的世纪"、"龙的传人的世纪",不是从天上掉下来的,是要靠中国人在中西融合的基础上,或者说是在西方思想文化整合到中国思想文化之中的基础上,也即是在民族化与科学化、现代化相统一的基础上,一步一个脚印走出来的。走民族化与科学化、现代化相结合的道路,龙的传人才能在涅槃中获得新生,古老的中国才能永葆青春。否则,"有中国特色的社会主义"就不能实现,"中国人的世纪"、"龙的传人的世纪",就会成为空话。

语文教育同样如此。语文教育的民族化是在语文教育科学化、现代化进程中的民族化。语文教育的科学化、现代化是在语文教育传统这个母体中孕育和生成的科学化、现代化。面对经济全球化、文化世界化,语文学科既不能妄自尊大、闭关自守,也不能妄自菲薄、全盘西化。正如洪宗礼先生所说:"否定民族传统的虚无主义和夜郎自大式的封闭主义皆不足取。"

我们认为:强化"民族意识"与拓宽"全球视野"二者是可以而且应该统一的。这就要求我们继承、丰富、弘扬和创新语文教育传统("传统语文教育"与"语文教育传统"是两个不同的概念:传统语文教育即古代语文教育,与现代语文教育相对,指历史上的语文教育,它是精华与糟粕并存的；语文教育传统则存在于古代与现代语文教育之中，指语文教育在长期的发展过程中积淀的精华，它是不断生成和发展的），在积极汲取和融会世界母语教育经验的过程中不断地强化中国语文教育的特点和个性，不断地丰富中国语文教育的蕴含和提升中国语文教育的文化品位，不断地赋予中国语文教育以新的姿容与新的含义，使中国语文教育在不断实现创新中丰富和发展。

构建面向 21 世纪中国语文教材的创新体系，是我国语文教育的"重中之重"。语文教材的创新体系应当以中国国情和民族特性为根基，同时借鉴国外母语教材的经验，精心鉴别、选择和改造，使其与中华民族长期的语文教育实践积淀相整合，形成既有民族特色，又有世界视野的，融民族化（或中国化、本土化，侧重空间性的概念，体现中国特色）、科学化（符合教育规律）、现代化（侧重历时性的概念，引领时代潮流）于一体的新的体系。

在这方面，洪宗礼先生同样有清醒的认识并做了很好的探索。洪宗礼先生指出："母语教育，包括母语课程教材建设互动、互融、互补，是当前世界母语教材发展的趋势。"他主编的苏教版国家课程标准语文实验教科书，即按照国家教育方针和素质教育的要求，吸取世界母语教材的先进理论营养，提炼出新教材编写的六个基本理念：人本理念、整合理念、主体理念、开放理念、效率理念、民主化人性化理念。洪先生自称：这六个理念是他主编的语文实验教科书的灵魂，也是他主编的语文实验教科书的理论支柱。这些理念的确立，使得这套语文实验教科书既继承了民族语文的优良传统，又充满了时代气息和改革锐气。

应该说，近一二十年，许多人已经开始意识到语文教育要融民族化、科学化、现代化于一体，但人们大都停留在口头或书面的探讨，洪宗礼先生和他的团队则抱着崇高的使命感、责任感，将理论与实践很好地结合了起来。洪宗礼所走过的道路，"民族意识"与"全球视野"的交融，标示着中国语文教材编制乃至中国语文教育改革与发展的方向。

9 洪氏母语教育改革始终与哲学为伴

|柳印生| *

2007 年，洪宗礼应《人民教育》杂志之约，写了一篇关于语文的哲理与思考的文章，其中有一句话使我对洪氏母语教育改革成功之道的研究与探求大彻大悟："哲学伴我一生，我处处用辩证法研究、解决矛盾。"

一、掌握工具与发展思维

1978 年，洪宗礼发表了洋洋万言的论文《试论语文的工具性》。文章旗帜鲜明地提出语文是学习各门文化知识的工具，是从事各项工作的工具，是储备、传递、交流信息的工具，是进行思维活动与表达思想感情的工具。时逢"十年动乱"结束不久，在语文教学领域里，"左倾"毒害还远远没有肃清。该文发表，确实令人耳目一新，在江苏语文界引起了强烈反响。

洪宗礼能够较早阐发语文的工具作用，是因为他将语言文字放到学校的各门学科、社会的各个领域这一大背景下考察与思考，因而看到其间相互依赖、相互渗透、相互促进的辩证关系。他清醒地认识到，语言对人的认识有启示和规范的作用，人不可能离开语言来思考世界，而只能通过语言来认识世界，就像人一时一刻不能没有空气一样，人也每时每刻不能没有语言凭借。语言又是人类文化传承的工具。人类

---

* 柳印生，江苏省兴化中学特级教师，江苏省有突出贡献专家。

积累的经验、掌握的本领，能够代代相传，靠的就是语言，语言是人类赖以生存与发展的纽带。语言能力更是人类最基本的学习能力，看、听和读，是语言信息从外化到内化，说、写和算，是语言信息从内化到外化。这六种学习活动都离不开思，而思又离不开语言这个依傍和凭借。抓住了语言能力这一关键，也就寻得了轻举千斤的杠杆。

认识到语言与思维密不可分的辩证关系，洪宗礼进而提出语言与思维同步发展的观点，在发展学生语言能力的同时，发展学生的思维能力。于是，他进而研究了学生语言与思维的发展相适应的一面和不相适应的一面，提出了把语言训练与思维训练紧密结合起来的观点。据此，他又对语言训练的要素和思维训练的要素做了科学的分解，总结出语言与思维训练同步结合和交叉结合的多种方法，使学生语言能力与思维能力的训练相辅相成，相得益彰。如结合作文命题，训练思维的方向性；结合作文立意，训练思维的深刻性；结合选择写作角度，训练思维的灵活性；结合选材，训练思维的广阔性；结合谋篇，训练思维的条理性。

中学语文教学，必须让学生掌握语言文字这一工具，又必须发展学生的思维能力。这两者的中介在哪里，阵地在何处？在训练。掌握工具，要靠训练；发展能力，也要靠训练。而训练的媒介和依傍又在语言。通过语言训练，使思维由谬误而正确，由模糊而清晰，由肤浅而深刻。抓住语言文字这一工具的训练，推动思维能力的发展，这是洪宗礼多年探索的科学之路，他在这条路上越走成效越显赫，越走体悟越深刻，越走见解越精辟。

二、教师善引与学生善学

远在 20 世纪 80 年代，洪宗礼就提出了著名的"双引"教学法。"双引"，引读和引写，这既是一种教学方法，也是一种教学艺术，更是一种教学观念。

"双引"教学，核心是个"活"字。不同的教师针对不同的学生，都可以创造出适合于自己和学生的不同的教法，总结出属于自己的教学经验，形成属于自身特色的教学风格。这样，就给每个教师提供了一个充分展示自身智慧与才能的平台。

"双引"教学，关键是个"善"字。教师要善于引导，要诱发学生学习的兴趣，开启学生学习的心智，挖掘学生学习的潜能，指点学生学习的方法，培养学生学习的习惯。最终要让学生真正做到"自能读书，不待老师讲；自能作文，不待老师改。"只有真正达到学生善学的境地，教师善引才算达到了真正的目的。

"双引"教学，正确处理了阅读与写作的关系。阅读是吸纳，写作是倾吐；阅读是基础，写作是应用。两者本来就相互渗透、相互依存，因而更应相互补充、相互促进。读中有写，写中有读，以读导写，以写促读。"双引"教学并列，实为珠联璧合，因而相互辉映，相得益彰。

"双引"教学，正确处理了内因与外因的辩证关系。教师的善教是外因，学生的善学才是内因。外因对学生读写能力的提高起重大作用，但决定学生读写能力提高的根本还在内因。从这一意义上理解，教师的善教，终极目的还是为了使学生善学。只有学生乐意学、善于学，语文教学的效率才能从根本上得到提高。洪宗礼所创设的引读二十三法和引写十法，究其实，都是让学生乐学、善学、高效地学的"锦囊妙法"，是哲学智慧的灵光。

三、教法改进与教材编写

洪宗礼对语文教学方法的改进，投入了很大的精力。他连续在教育教学报刊上发表经验总结、教学论文、教案教例，多产也高产。研究的领域囊括了语文的地位、目标、功能，语文教学的原则、思路、方法，乃至备课、讲解、练习，从宏观到微观都有涉足，但他认为仍然没有找到提高语文教学效率的科学之路。

这位有心人一边在不断探索，一边也在不辍哲学思考：为什么语文教法改革多年而成效不显著？为什么进一步的改革竟然很难深入？经过多方研讨，深入思考，洪宗礼终于豁然开朗：是教法受教材的限制，是语文教材编写理念与方法的陈旧，使语文教法的改进很难实施。于是，他决定用教材制约教法，把先进的教育理念引进教材，保证科学的教学方法的实施。教材的面孔变了，"文选"加"练习"的传统模式被突破了，先进科学的教法实施，实用易行的学法指导，编进了语文教材。

怎样引读、引写？他在语文教材的阅读训练中设计了"引读程"，在写作训练中设计了"引写程"。在"引读程"和"引写程"中都教给学生阅读和写作的方法。"读写程"中，教读课文有读前、读中、读后提示，交给学生读书的钥匙。自读课文则授之以基本的阅读习惯与方法，指导学生独立阅读，并引导学生进而拓展到课外，形成一个知行结合、读写结合、课内外结合的开放系统。这样的教材编写体系与方式，使教师一讲到底的"注入式"教学方法很难实施，更给引领学生自主学习的"启发式"教学方法敞开了方便之门。这样，融教法改革于教材改革之中，又以教材改革促进了教法改革。

在语文教学领域，人们容易觉察的矛盾是教师与学生、教法与学法、知识与能力、阅读与写作等。洪宗礼的不同凡响之处，在于他看到了教材与教法之间的矛盾。洪宗礼更胜人一筹之处，在于他抓住了教材这一"牛鼻子"，牵动了教法与学法的改革，使语文课本不仅成为学生文质兼美的"范本"，而且成为学生自主探究学习的"路标"。

四、巧在合成与功在育人

从 1983 年起，洪宗礼以他的"五说"（工具说、导学说、学思同步说、渗透说、端点说）语文教学观和"双引"（引读、引写）语文教学论为基础，学习中外语文教材建设的理论，研究国外多种版本、不同风格的语文课本，用十多年时间，主编了一套"单元合成，整体训练"初中语文教材，逐步构建了"一本书、一串珠、一条线"的

"三个一"语文教材体系。

"一本书"即每学期只用一本语文课本。这一本书中,以阅读、写作、语文基础知识为"经",以单元听说读写训练为"纬",编成一张经纬交织的语文训练"网"。"一串珠"是指一本语文书中有若干"珠"式单元,每一个单元就是一个"训练点"。每颗珠都是一个阶段阅读、写作和语文知识集成的小型综合体,三点合一,不可分割。"一条线"即贯串全套教材的一条线索。这条线多股交织,主线是听说读写能力训练,辅线是读写基础知识学习和思维能力、心理品质培育。如果每颗珠像一个集成路的"集成块",这里多股线交织的就像一根"集合线"。

著名语文教育家刘国正对洪宗礼主编的语文教材做了恰如其分的评价:"巧在合成"。洪宗礼纵览新中国成立前后的中学语文教材,大体有两种编排体系,一为综合型,一为分科型。综合型语文教材,集阅读、写作、语文基础知识于一体,注意发挥整体效应;分科型教材,语文知识系列比较清楚,学生易于接受比较全面的语文能力训练。两种教材,各具特色,各显其长。但因其各成体系,各自为政,也影响了整体效能的更大发挥。洪宗礼语文教材取"合成"体系,正在于他比较了各家教材得失优劣,扬其所长,弃其所短,因集大成,故大有成。

洪宗礼编写语文教材坚持"三严"和"三精"——严肃、严格、严谨,精编、精研、精改,其目的只有一个:育人。用他常挂在嘴边的话说就是:"教材编写,说到底,就是塑人的事业,是功德无量的千秋大业。""每位教材编写者都必须把促进人的发展作为自己的最高境界。"优秀的教材确实培育了优秀的人才,教材精品确实培育了人才精品。这从对全国几千名学生、几百位教师、几十位专家的调查中,已得到充分的证明。育人之功,功德无量;育人之功,功在千秋。

洪宗礼主编的语文教材,有诸多优点与长处,最主要的优点、最突出的长处还在于它的整体性。整体性体现了系统、完整、连贯的优势。按照系统论的观点,系统整体的功能不等于各孤立部分之和,整体多于其各部分的总和。这就是"巧在合成"之"巧"在何处、"功在育人"之"功"在哪里的看似模糊实为标准的答案。在这里,"巧"与"功"、教材与人才达到了辩证和谐的统一。

五、教材建设与理念更新

洪宗礼编写语文教材历时二十余年。二十多年来,语文教材建设日臻完善,语文教学理念不断更新。

20 世纪 80 年代初,洪宗礼着手编写初中语文"单元合成,整体训练"教材,旁及写作教材《三阶十六步》、《作文百课》及思维训练教材《中学生思维训练》、《写作与辩证思维》,读、写、思三者并驾齐驱。从 1985 年到 1987 年,教材实验从列为江苏省扬州市的教科项目,逐步升级为江苏省教科所、教研室和普教局的实验项目,1988 年语文教材正式出版。江苏省内有两百多个实验班、全国有 15 个省市分设了样本班。1992 年,洪氏语文教材经国家审查通过,进入国家教委发布的新教材用书目录,其后教材实验区由 64 个县市增加到 75 个县市。洪宗礼实现了教材编写的第一次跨越。

从 2000 年开始,洪宗礼又根据教育部颁布的《九年义务教育全日制初中语文教学大纲〈试用修订〉》,主编了经国家审定通过的第二套推荐全国试用的义务教育初中语文教科书。第二年,这套语文教科书经教育部中小学审定委员会审查,作为一类教材通过,这年秋季起逐步进入全国 26 个省市的六百多个县市实验区,北京海淀区也选用了这套教材。至此,许多教材如万花纷谢,唯独"洪氏教材"在民间送审教材中"一花独秀",且与人教版教材双璧辉映。洪宗礼实现了教材编写的更大一次跨越。

教材建设跨越是"果",语文教学理念更新是"因"。20 世纪 80 年代,洪宗礼的"五说"语文教育观和"双引"语文教学论逐步形成,为追求语文整体综合效应,"单元合成,整体训练"语文教材编辑成功。20 世纪末至 21 世纪初,教育部制订的《语文课程标准》颁布实施，洪宗礼敏锐地从中吸收了新的元素，概括成六大理念：人本理念、整合理念、主体理念、开放理念、弹性理念、民主化和人性理念，并据此改进了主编的国标本初中语文实验教材。同样，"单元合成"教材、"国标实验"教材的建设实践，也对"双引"语文教学理念更新以更深刻的启迪。

洪宗礼回顾了几十年教材建设的历程，运用事物转化的哲学思想总结了几十年理念更新的体会，深刻认识到："教材是一座大厦，理论研究则是大厦的坚实墙基。""理念支配着制约着教材编写，接受新理念，摒弃旧思想，当然是痛苦的，我甘愿'享受'痛苦。"几十年来，他一直坚持科研立教治编，边教边编边研，有编有研，编研结合，使教材建设与理念更新互为因果，相互依赖与促进。

洪宗礼在语文教材建设方面卓有成效，在语文理论探究方面也多有建树。他是语文教学大海中的弄潮儿，也是语文教学堂奥里的思想者。

六、思接千载与视通万里

"寂然凝虑，思接千载；悄焉动容，视通万里。"这是 1500 年前，刘勰在《文心雕龙》中所描述的神思之神采，也是当今语文教育家洪宗礼从事语文教学研究的科学之方法和哲理思考。他在教法改进、教材建设、母语研究诸多方面，不仅回眸历史，继承了古代优良传统，而且开阔视野，吸收了国外优秀文化。

对传统语文教育的继承。几十年来，他所发表的语文教学论文，他所出版的语文教学论著，无不闪耀着传统语文教学智慧的光芒。"五说"语文观、"双引"教学论、语文教育"链"，既活跃着崭新时代的理论元素，也渗透了千年传统的宝贵经验。仅以他所倡导的"引读法"为例，"反三法"继承了孔子的"举一反三"法，"溯源法"继承了孟子的"知人论世"法，"提要法"继承了韩愈的"提要钩玄"法，"自读法"继承了朱熹的"读书三到"法，"诵读法"继承了传统的"吟哦讽咏"法。为了编好语文教材，他还潜心研究了以《千字文》《三字经》《百家姓》为代表的蒙学教材，以《文选》《古文观止》《唐诗三百首》为代表的文选教材。泱泱大国，悠悠历史，成了洪宗礼研究语文教学取之不尽用之不竭的智慧的源泉。

对百年母语教育的审视。他通过对20世纪以来语文课程教材发展的客观描述，动态地呈现了中国现代语文教育百年历程的基本脉络，揭示了历史变革的意义、局限和基本动力，探寻进一步发展的内在动力。进而探讨语文教材的编制思想，揭示其本质特点，进行正确的功能定位和价值引领，以提高自身语文教科书编制水平。为达此目的，他搜集了我国百年语文课程标准（教学大纲）和教材数千份，涉猎各类语文教材九百多种，选文逾万篇。

对国外研究成果的借鉴。他的研究领域不仅纵向时间跨度长，而且横向空间跨度大。研究母语课程教材，覆盖面达45个国家和地区，横跨亚洲、欧洲、非洲、美洲和大洋洲。其中有发达国家和中等发达国家，也有发展中国家和欠发达国家。语言种类涉及世界八大语系26个语种，其中包括联合国6种工作语言。从国外收集到新颁布的不同语种、不同类型的母语课程标准与教材近百套。这是对异国多元文化的一次巡礼。外国母语教材内容丰富形式多样，使他大开眼界，大受启迪，更促使他向更广的空间、更高的层次，做"更上层楼"的思索与探求。

"思接千载"是一种瞻前顾后、抚今追昔的思维方法。这一方法使他"观古今于须臾"（陆机《文赋》），从百年乃至千年优秀传统中获得丰富的滋养。"视通万里"是一种左顾右盼、东张西望的研究方式。这一方式使他"抚四海于一瞬"（陆机《文赋》），从他人乃至域外领先成果中得到深刻的启迪。洪宗礼这方面体会深刻，见解精辟："中外各有长短。我之长，当然要弘扬；我之短，可以用他人之长来补。这样，我们的知识会更扎实，经验会更丰富，智慧会更有灵性。"

洪宗礼研究母语教育，主张"在中西合璧中逐步完成自塑、创造"，因而他的学养源远流长，他的视野广阔恢宏。

七、成事在天与谋事在人

历经半个世纪，洪宗礼从语文教学实践与研究起步，进而致力于语文教材编写，又进而着力于中外母语课程教材比较研究。累累硕果，令人瞩目；执著精神，更使人心仪。

洪宗礼生并不逢时。他生于战乱的 1937 年，险些死于日本侵略者的刺刀之下，又险些被国民党残兵拉去当壮丁。入学读书后，又因家庭出身不好，社会关系复杂，社会政治地位低下。尽管他中学时代当了六年班长，尽管他门门成绩优秀，最终也只能考入"低档"的师范专科学校。走上教坛，因其德才兼备，很受任人唯贤的老校长的赏识。可"十年动乱"期间，老校长还因"政治路线不清"受到了批判与冲击。

洪宗礼认为，十一届三中全会召开是"天赐良机"。他彻底摆脱了"可教育好子女"的桎梏，扬眉吐气，昂首挺胸，他的聪明才智有了充分施展的天地。他受到领导的器重和同仁的拥戴，入了党，提了干，还获得了诸多的荣誉与头衔。此刻，他刚过"不惑"之年，精力充沛，加上基础深厚，事业如日中天。

可他更十分清醒地对"成事在天"的"天"和"谋事在人"的"人"进行了哲学思考，"天"是重要的条件，又是次要的条件，优越的环境，不珍惜、不利用，也会错失。于是，他怀着崇高的理想和坚定的信念，以执著的追求和不懈的努力，改革教学，编写教材，研究课题，成就了事业，创造了奇迹。

有人说，洪宗礼取得如此惊人的成就，是"小花盆里栽大树"。这一比喻，粗粗一听，有点夸大其词，细细想来，还确有一番道理。大树能在小花盆里栽活，首先得有适宜的气候和土壤。正是国家"一纲多本"政策的宏观背景，使洪氏教材获得了生长的条件；正是教育改革的不断深入，使洪氏母语比较研究课题受到了各级领导、诸多专家的关注与指导。大树成活，更重要的还得看树木本身的因素。几十年来，洪宗礼无论教学、编教材还是搞科研，都是先学、先知、先行、先创。他靠自己的人格魅力、坚毅品格、广博学识、深厚修养、卓越智慧，准确地把握了难得的机遇，充分利用了外在的条件，小盆栽出了大树，小马拉动了大车，贫瘠的土地上获得了丰收。

洪宗礼最近撰文，回顾 30 年峥嵘岁月，将自身的感悟，概括为三句话："如果我们的教学改革事业是一棵常青树的话，这棵树的根，是深深地扎在江苏的文化沃土里；如果我们的母语教育研究演奏了一首美妙动人的乐曲，那是因为我们有一支精诚合作、和谐协调的庞大乐队；如果我们的教材建设已经开花结果，那是由于我们沐浴了 30 年改革开放和国家课程改革的雨露阳光。"这就是他对"成事在天"与"谋事在人"辩证地思索、精确地解答。

八、有为无为与有我无我

最近一位与洪宗礼相交甚厚、相知颇深的挚友，对他做了一个十分科学、十分辩证的概括：洪宗礼既具备儒家的入世精神，又具备道家的出世智慧。此言一语道破了洪氏母语教育改革成功的"天机"。

洪宗礼编写语文教材，主持课题研究，确实大有"舍我其谁"的英雄气概。教材编写组组成人员有四圈：第一圈是几位有特长的常务编委；第二圈是省内外高教界、中语界的"精英"；第三圈是为教材把关的学科专家、课程专家；第四圈是关注教材的教师、学生、教研员。主编是四圈的核心、指挥，是设计师、主心骨。拟订编写方案，分配编写任务，修改编写教材，都由主编主持，他也当仁不让。他在总结"主编之道"时显露了一股"霸气"："遇到公说公有理、婆说婆有理的尴尬时，应该说，我主编最有理。否则就会让人莫衷一是，是非不辨。"他从 20 世纪末，又迈上了新的征程：研究中外母语教育，给我国的语文教育改革寻得一条科学有效的途径。这是一个世界性难题，不少国家级教育科研机构、出版单位都在这一难题面前却步，一个中学教师居然邀请国内外专家、学者一百六十多位，协力攻关，异想天开地试图敲开这一藏金蕴玉的宝库之门。

　　洪宗礼面对升官发财的机遇不为所惑，面对死亡灾难的威胁不被所吓，真正达到了"无为"、"无我"的境界。他刚达"不惑"之年，就曾有两次从政机会，一次担任市委宣传部长，一次任地级市教育局长。扬州大学党委书记也曾要他当教研室负责人，并许诺适时转副教授、评正教授。这些升迁之喜，都被他婉言谢绝了。出版社所发稿酬，多用于发展教材、搞课题研究，稿酬分配宁亏自己不亏他人，对已仙逝的编者仍给他们的家属发放稿费。他将个人所得的300万元稿酬捐给学校，资助贫困生、奖励优秀生，建筑中外母语教材研究中心大楼。2005年他因疲劳过度，胆结石发作，手术不顺利，引发消化道出血，输血九千余毫升，胆、十二指肠、胃（大部分）被切除，还并发了极其危险难愈的"肠外瘘"，手术长达十几个小时，住院108天，医嘱休息一年。可他出院两个月，就去北京开会。他几乎拒绝一切宴请与稿约，用有限的生命，去延续他无限的事业。

　　天下物，得失相生，舍弃方可获取；天下路，曲直相较，绕道方可径直；天下事，有无相依，无为方可有为。洪宗礼深谙其中的辩证规律，他确实舍弃得不少，牺牲得很多，但得到的是事业的大获全胜、大功告成。洪宗礼是一位大智大勇大巧者，洪宗礼的成功，是辩证法的胜利。

10 紧盯实践的理论研究

| 徐宗文 | *

历史上任何一次改革，无论是政治的还是文化的，抑或是教育的，必须有赖于理论与实践的紧密结合才能成功。理论没有实践为基础，理论就是空虚的，一定会为现实所拒绝；实践缺乏理论作指导，实践就是盲目的，难免要走弯路，以致造成失误。

洪宗礼老师是语文教育改革的实践家，从 20 世纪 80 年代中期就投身于语文教材的改革实验。他主持编写的几个版本的语文教材，打破了传统的思维方式和编排体系，在江苏省以及省外不少地区和学校推广使用，教学效果一直较好。从新世纪开始的新一轮课程改革，他不仅热心参与其中，而且重新编写的国标本新教材同样在全国反响强烈，深受师生的欢迎，已有二十多个省市自治区使用，包括全国教育水平较高的北京市海淀区也历年选用。但是，作为长久"身入其中"的语文教育实践家，洪老师深感教材理论研究的极端重要性。于是，他先后两次申报国家教育科学的"九五"、"十五"规划课题，被批准并获得资助。由此，他广泛吸纳高等院校的专家学者，悉心进行母语教材的理论研究，在 2000 年前完成五卷本项目的基础上，又着力构建成现在更庞大的十卷本《母语教材研究》出版工程。

与洪老师自己前期的研究相比，或者更确切一点说，与前人的同类课题研究相比，这套大型研究论著，具有鲜明的特点。

体大虑周，思深而密。本书的理论框架是如此的宏大：它不仅将

---

* 徐宗文，江苏教育出版社原副总编、编审。

视野锁定于中国语文教材发展变化的百年历史上，对涉及母语课程的沿革、教材的编制、语文教学的变迁等一系列问题都予以观照和研究，非如其他课题只限于一时一隅的做法；而且，它又能在立足本土、立足当今的基础上，放眼世界，聚焦未来，将全球五大洲四十多个国家的当代母语课程教材纳入研究范围，历时性与共时性同步进行。这样的一个研究规模及其模式，可以说是前所未有的。应当特别指出的是，本课题的结构体系，无论是从10卷本之间的互相联系来看，还是每一卷的章节之间的关系来说，甚至更进一步地从每一篇文章的内在逻辑性来衡量，几乎很难发现因为规模宏大而可能显示出的某些疏漏，真正体现了"体大虑周"的特色。另一方面，如果我们认真研读，深入到本课题中一些具有重大战略或原则意义的论题去认识，就可以深切地体会到研究的精深与透辟，更体现了"思深而密"的特点。对于一个以母语教材和母语教育为研究对象的课题，能够做到这两点，它所具有的非凡意义其实已经超出课题研究本身的学术价值了，正如教育部中央教科所所长、教育部社科司原副司长袁振国教授所说："这项研究对于建设具有中国特色、中国风格、中国气派的哲学社会科学，具有积极的推动意义。"此可谓行家之独特见地，绝非一般廉价之美誉。

坚持理论研究的独立性、严肃性。做课题研究，特别是做联系现实的课题研究，通常会受制于现实。洪老师的母语教材研究完全避免了这种可能，始终坚持研究的独立性和严肃性。具体地说，他在研究的全过程始终立足于两点。一是不做"御用理论家"，不看别人的脸色行事。语文课改既是理论问题，也是现实问题，理论研究中不可避免地要触及和回答一些现实问题，而实践又必须以理论为指针；况且，参与这个课题研究的还有不少是新课改的制订者或核心专家。面对这些现实怎么办？洪老师的做法是坚持真理，坚持原则，拒绝一切外部环境的制约，保证理论研究的纯粹性。二是不做"心之奴者"，不让课题研究成为主观意志的"婢女"。由于洪老师本人是卓有成就的教材主编，也是课改实践的成功者。在这种情况下，如何使理论研究不囿于自己的实践，这是一个极其严肃的问题；他做到了这一条，在研究中坚持客观标准，摒除心之所欲，因此显得更加难能可贵。尽管有些研究理论与自己的长期实践发生矛盾，甚至在心理上产生痛苦的感觉，但他仍能"享受痛苦"，实事求是地面对，从而保证了研究的客观性和严肃性，也使得这一课题产生了真正的理论价值。

切实贯彻理论研究为现实服务的宗旨。理论研究固然要保持独立性和严肃性，但理论研究绝不是也不应该天马行空，无所依傍，成为为理论而理论的经院哲学。换句话说，理论研究也要正视现实，要敢于回答和解决现实问题。当然，要做到这一条，需要研究者的勇气，更需要理论研究自身的深厚底气，一句话，研究者需要有对研究成果的信心。本课题的研究完全实现了这一点。例如书中提出和回答的众所关心的我国现阶段母语课程改革与建设的 10 条值得思考的建议，可以作为国家有关部门制订母语教育乃至素质教育政策的参考，显得极有胆识和气度。需要强调的是，本书中所提出和所研究的问题，不仅大多具有现实的针对性，而且有一些问题更是洪老师从自己的切身经验和体会中提炼出来的，涉及当下课程改革的带有普遍性的规律问题，是任何参与课程改革的领导和专家都需要正视的建议。一句话，本书在一定程度上起到了服务于现实，服务于当前深化课改的作用。

洋洋十卷本的《母语教材研究》虽是一种专业性的理论研究，但却具有一定的普遍意义，可以认为，它的出版已为中国当今新课程改革的腾飞"插"上了理论的翅膀。我们相信，这部书中提出和研究的一系列问题，一定会为中国新课改的科学、有序发展提供重要的理论参考，也必将在母语教材研究的理论史上留下浓墨重彩的一笔。

11 当今知识分子的风骨

|袁金华|*

　　我和洪宗礼相知相交近三十年。20世纪70年代末，我们一道创建过江苏中学语文教学研究会，我常常被他的做事认真、待人真诚所感动，被他锐意改革语文教学的精神所折服。当时洪宗礼已经是苏中地区中学语文教学改革的代表人物了。我于1983年底调入江苏省教育厅工作后，仍然与洪宗礼老师保持着联系，知道他带领着一批语文老师着手编写初中语文教材，并在泰州地区开始了艰难的实验工作。

　　课本是教与学之"本"，是教学质量高低的重要源头，其重要性是不言而喻的，然而几十年来的语文课本受政治运动的干扰，翻来覆去并不尽如人意。正如叶圣陶先生所说："语文教学还没有形成完整的体系。"而这个没有形成的体系主要反映在教材上。洪宗礼和他的编写组从实践中拿出了一个新型的比较完整的教材体系，这就是被称作"单元合成，整体训练"的初中语文课本编排体系。要建立一个崭新的而且对提高语文教学质量有效的课本体系，绝不是一件容易的事情，我也是教语文出身的，深知其中的甘苦，何况当时全国很多名中学、名教师也在编写新的语文课本，洪宗礼的课本能脱颖而出吗？能得到专家和广大语文教师的认同吗？想起来实在有些担心。后来我出差到扬州、泰州，看到了洪宗礼自编自教的"油印"教材，听到他的介绍，尤其是"一本书、一串珠、一条线"的特色和"单元合成，整体训练"的理念，真让我茅塞顿开，我才相信这套课本有生命力，会受到

---

　　* 袁金华，江苏省普教局原副局长、江苏省教育科学研究所原所长。

❸
寻根溯源

209

中学语文教师，尤其是广大农村中学语文教师的欢迎，因为它把多年来语文教材中教学目标模糊、教学内容训练随意、教学步骤散乱无序等弊病改变了，变得明晰，便于把握，更利教便学了。尽管是个油印打字本，但有着很强的生命力。

我建议这一项改革实验应申报江苏省教育科研课题，以加大科研的分量。后来顺利通过成为省级科研重点课题，受到省教科所和教研室的关心重视，引来省教育研究部门的关心和支持，三年后获得了省教育科研成果一等奖。1988 年这套别具特色的"洪氏教材"，终于正式出版了。

令我感佩不已的是，洪宗礼并没有"大功告成"的想法，相反他和编写组的同仁们更加忙碌，先是邀请大江南北的中学语文教学专家汇聚扬州、泰州，对教材指导匡正，"吹毛求疵"，特别是虚心倾听正在使用这套教材的第一线语文教师的意见，真正做到了锱铢必较，从善如流，后来又邀请叶至善、刘国正、顾黄初等语文大家以及游铭钧副司长莅临泰州，请他们指导。可以说，洪宗礼为了完善这套教材真正达到了呕心沥血、鞠躬尽瘁的境地，他这种为事业而献身的勇气实在是令人感奋。正当这套"洪氏教材"得到国家级教材评审通过，受到一致赞誉，不但在江苏推广使用，还在全国 26 个省、市、地区推荐使用的时刻，洪宗礼却出人意料地站到了语文教学改革的最高峰，领头研究起"中外母语教材比较"这个更加艰难的重大课题。这个时候已经到了 20 世纪 90 年代的后期，洪宗礼也近花甲之年了，当他把这个想法告诉我的时候，我首先是赞同，然后又是担心，因为这个项目把我们的汉语文教育放到全世界母语教育这个大家庭里来比较、检验，太重要了，通过这项研究，我们可以看看我们汉语有何特色和生命力究竟怎样，从而进一步提升我们母语教育的文化品位，这是一项前人没有做过的事情！然而这个研究太难了，涉及面太广了，要花多大的精力、财力去做！洪宗礼和他的同仁们不同凡响，知难而上，邀请了海内外 9 所高校，16 个单位协作，一百六十多位教授学者共同参加，历时 12 年，终于取得了辉煌成果，完成出版了 16 本母语教材研究著作，约八百三十万字，让我们的汉语文教育在世界母语的大环境中熠熠生辉，这一套世界母语教材的研究著作，成了全国广大语文教师、语言工作者的"教育宝鉴"。由此，谈起洪宗礼我总会情不自禁地想到唐僧，想到玄奘跋涉取经、百折不挠、勇往直前的形象。

回顾洪宗礼在语文教育改革中取得的成就，想一想他走过的近五十年的艰辛历程，我们会从中得到极为宝贵的启示。

人的一生总想做一些事，做一些于国于民有益有利的事，这常常是知识分子的价值情结。然而要实现自我的奋斗目标，又绝非容易的事情，除了天时、地利、人和等外部因素之外，最重要的还在于自身，在于当事人的内在的驱动力。我想洪宗礼正是凭着他对改革母语教育这一宏伟目标的执著追求，凭着他那虔诚的、百折不挠的精神，凭着他一步一个脚印，苦行僧一般的毅力，铸就了我们当代知识分子的高尚形象。

从洪宗礼身上我们可以看到"先天下之忧而忧，后天下之乐而乐"的知识分子精神的文化传承。从教材编写之初的"不向国家索要一分钱"，到教材大量出版发行得到经济收益，洪宗礼把这些钱都用到了语文改革上，哪怕是给他的奖金、稿费，都用到了他为之奋斗的事业上，他一身正气、两袖清风、清廉自守、淡泊名利，这不正是知识分子崇高的精神写照吗？这不正是对当今世道出现的利欲熏心、物欲横流现象的有力抨击吗？所以说洪宗礼能得到如此众多的人的支持和认同，包括党和行政部门的高度尊重，是理所当然的，他体现着知识分子高风亮节品位的回归。

作为知识分子的洪宗礼，他所追求的是语文教育改革这个事业，而且铁了心一追到底，决不旁骛。他谢绝做官，坚守学校，在他的心目中语文改革高于一切，他要做学问；做学问，就要有自由的意志、独立的精神，不媚俗，不随波逐流，保持着知识分子应有的正气。然而他又决不把这项改革大业看成是个人的领空，相反他始终坚信，语文教育改革是大家的事，要大家共同奋斗，他把"人和"看得比什么都重要，正如他在《语丝》一文中所说："最高的智慧是集体的智慧，它是一切事业成功之源。"这不是客套话，这是洪宗礼的肺腑之言。洪宗礼在语文教育改革进程中把个人和集体完善地结合到一起，形成了一个充满生机、和谐的群体力量，开拓了以洪宗礼为代表的语文教育研究的成功之路。他绝不孤傲自守，独立而又共行，这是知识分子精神在当今的升华。由此让我品味到当今知识分子的风骨。

12 我被他的执著所感动

|郑万钟| *

　　十多年前，我离开站了24年的语文教学的讲台，到教育行政部门工作。当时自己戏称是"误入仕途"，但是始终割不断那份语文教学的情结。在以后的日子里，我是疲于奔命，穷于应付，越来越感到确实是"误入"了，身不由己地"误入"了，然而对于语文教学，我仍不改初衷，还是那么留恋，那么关注，那么钟情。所以，我自然地、也幸运地有一帮中学语文教学界的朋友，心心相印，相亲相知，洪宗礼老师就是其中的一位。

　　记得我上任不久，洪宗礼拿着一套油印教材，与我作过一次长谈。他谈"单元合成，整体训练"的教材体系，谈"一本书、一串珠、一条线"的编写意图，谈当时全国各地已使用或正在编写的几套教材各自的特点，谈编写此教材的有利条件与困难，谈编写教材工作中的一些细节问题，他勾画、展望着教材的前景……他一口气谈下去，几乎没有逗号，没有句号，我想，这是孕育在他胸中的思想潮水，所以闸门一开便一泻千里，放纵奔流；他讲得激昂慷慨，有时喉咙都有点嘶哑，我想，这正是他的追求，他的率直，他的自信。我只有在他那间或用舌头舔一下嘴唇的习惯动作的空隙里，才有一点喘息的机会，才有一点思考、领悟的余地。但我确实被他的执著感动了。他向我叙述的是繁弦急管，是倾盆大雨。老实说，那一刻我还没有完全投入，还没有进入角色，当然也难以理解他的全部意图和构想。但是我感受到

---

　　* 郑万钟，扬州市教育局原局长。

了他那股奔放的激情、那颗滚烫的心，以及他那一往无前的气势。我直觉，那套教材一定要编好，也一定能编好。随即我以同志与朋友、以教育行政部门负责人的身份，明确表态支持洪宗礼编写这套教材。同时考虑到要保证教材的质量，又鉴于许多事往往因"文人相轻"产生人际关系矛盾而影响工作进展的教训，诚恳地向他提出：人心要齐，水平要相当，班子要团结。

扬州、泰州虽处两地，但我们还常常有各种机会碰头，通过各种渠道互通音讯。每次见面，每次通电话，都会谈及这套教材，可以说是到了无处不谈、无时不谈的程度。每年组织中学教师高级职务评审，我和他都是评委会的"常委"，每次我们两人都共宿一个房间。除了从事评审工作，就是谈教材，熄了灯谈，醒了躺在床上还是谈。还记得有一天中午，我在某招待所门口遇上洪宗礼老师，他很兴奋，就站在那里和我谈教材编写中遇到的一些问题，他完全投入了，简直是唯恐叙述之不周，不知饥肠之既响。我耐心地听他讲，间或也发表一点意见。虽然是饿着肚子，但我确实是被他的执著感动了。

面对这样一位对编写教材如此专注、如此着迷、如此"入魔"的教师，我只感到我应竭尽驽钝，运用我手中握有的一点行政"权力"，运用我自身的人格影响来为教材的编写、使用、完善做一点工作。譬如在教材还没有在全市普遍使用时，便要求全市中考命题要考虑兼顾两种教材，以保护试用实验教材的积极性。到这套教材较为成熟，需要进一步扩大试教面时，我们就以市局名义发文，要求所辖各县（市）使用这套教材。在教材编写、使用过程中，难免会产生的一些矛盾，甚至出现一些无知的责难和暂时的误解，我则尽我所能，做一点协调、解释工作，努力创造一个和谐的环境和气氛。我听到了对教材提出的不同意见，则将各种意见做些筛选，转告洪宗礼，同时也提出了如何针对这些意见来进一步完善教材的建议。当得到教材经国家教委中小学教材审定委员会审查通过，并向全国推荐试用的消息时，我就为教材编写组向市政府请功，让编写组获得了一万元的特别嘉奖。……总之，我已和教材共命运了，我的喜与忧和教材紧紧地联系在一起了。

洪宗礼在中学语文教学领域里可以说是硕果累累，功成名就了。但是他在事业上永远没有终点，只有起点。他心系教材，真正到了"此情无计可消除，才下眉头，却上心头"的境地。他编写教材花了10年时间，他计划再花10年时间来完善教材。他与南京大学等多所大学的几个大语种专业的有关教授联合，向国家"九五"课题规划领导小组申请立项，主持并开展我国语文教材和海外华文教材的比较研究，以及我国语文教材和世界各大语种母语教材的比较研究，探索国内语文教材和海外、国际语文教材的联系，从而扩大视野、取长补短，把修改、完善自己的教材建立在更广阔的背景和更坚实的基础之上。我再一次被他的责任感与事业心所感动，再一次被他的胆识与执著所感动。我只有把我手头上一套友人赠我的台湾中学国文教材转赠给他，算是我要为他的事业做一点绵薄的贡献。

　　记得有首题为《人生》的小诗，是这样写的：

一张永远诉不完的申请，

一颗怎么也嚼不甜的青杏，

一捧大大小小的麦穗，

一声悠远深沉的晚钟。

　　洪宗礼正是那样执著地追求，艰辛地追求，有了收获仍然继续不懈地追求。只是晚钟尚未传来，我期盼着聆听那一声悠远深沉、不绝于耳的晚钟。

13 洪宗礼的精品意识

|王宗祥| *

"一本透着油墨清香的教科书已在你的手中，你喜欢吗？愿它成为你的朋友。"

"语文的世界，是一个美的世界：美的景，美的人，美的物，美的情；思想的美，智慧的美，崇高的美，悲剧的美……语文课本把世界上最美的东西用文字呈现在你的面前，让你欣赏。你的思想将在语文学习中得到净化和升华，你的心灵将接受美的熏陶并放射出美的光彩！"

以上两段话分别摘引自洪宗礼先生主持编写的义务教育课程标准实验教科书语文课本七年级（上册）和九年级（上册）的《致同学》。这亲切的话语有如清冽的甘泉流淌进求知若渴的莘莘学子的心田。

20年来，洪宗礼先生主持编写了三套经国家审定通过的语文教材，主持了国家重点课题《中外母语教材比较研究》，创获甚丰，影响深远。新的语文教材确实是把世界上最美的东西用文字呈现给学生。这套教材集中体现了洪宗礼先生编写教材的精品意识，一番苦心。他完全把学生放在心中。

洪宗礼先生的精品意识体现在他始终把质量看作教材的生命。他说："教材作为教学之本，它是科学文化的载体，是精神文明的结晶，是国家意志的体现，是教育后代的依据。"因而，"教材质量高低，关

---

* 王宗祥，泰州市汪群中学高级教师，江苏版国标本初中语文教材特约校订。

系到科学文化能否继承和发展，关系到一代的面貌"。人们在工程建设中的口号是"百年大计，质量第一"。他说，在教材建设中这个口号则更为适用。

苏教版国标本语文教材所选课文多为典范精品，文化含量高；设计整本书导读的内容扎实、严肃，而且编辑、校对工作极其认真。这就是洪宗礼先生倡导的三精：精编、精研、精改。他往往从大处着眼，小处着手。每一册的编写从第一课到最后一课，逐字逐句逐段逐篇反复推敲，努力做到一字不忽。七年级（下册）专题"荷"安排了一篇短文《我爱莲有实》。原文中有："搏破"一词，引起了洪宗礼先生的注意。经查阅若干文献，最后从《唐修本草》《本草纲目》两书中找到根据，证明"搏破"是"捣破"之误，引文标点也欠妥，认真做了修改。真是于细微之处见精神。八年级（上册）教材入选的吴功正撰写的《阿里山纪行》，文中描写阿里山森林盘曲之势"如幢顶，如伞盖，如古寺宝塔"。在校对清样时发现对"幢"的注释有误，他很快做了纠正。洪宗礼先生编写教材有错必纠，即使在教材上机印刷的前一天发现一个标点错误，还派人专程赶到印刷厂去改正。这种改动，特别是对范文的改动非常谨慎，要经过多次斟酌，并请教江苏省内外有关专家后才改定，有的还征求原作者的意见。这样做虽然速度慢一些，或许时效不快，但这却是打造精品的正道。

为了防止教材编写中可能出现疏误，洪宗礼先生虚怀若谷，从善如流，有错必改，从不护短。他发动教学第一线的师生、教研人员对教材"挑刺"、"找碴"、"横挑鼻子竖挑眼"，把反馈得来的信息逐条作认真具体的分析。《松鼠》是一篇老教材，文中"橡栗"一词人教版教材注释说"外壳可制烤胶"。有一位教师在教学中发现"烤胶"错了，正确写法应该是"栲胶"。经查对多本辞书，洪宗礼先生采纳了这一意见，教材中避免了这一知识性的错误。

为了杜绝一切可能发生的错误，以免贻误学生，洪宗礼先生及其编写人员在原稿发排前总是层层设防，文字、语音、标点、页码、行款格式，特别是人名、地名，都不允许有丝毫差误。正是这种一丝不苟的态度，才使教材质量不断提高，在全国享有很高的声誉。

当然苏教版国标本语文教材不能说完美无缺，但洪宗礼先生是容不得在给学生的精美食品中有一粒硌牙的沙子的。为维护苏教版语文教材的信誉，编写组要保证课本错误率低于十万分之一。而这十万分之一，洪宗礼先生也是容不得的。

20年来，洪宗礼先生为语文教材建设恪尽职守，倾注全部心血，认真严谨，决不侥幸偷懒。随着学术研究不断进步，教育理念不断更新，苏教版国标本语文教材总是与时俱进，精雕细琢，这打破了某些教材可以一二十年基本不动的不正常现象。走出旧轨，接受新理念，努力转换教材呈现方式，不断提高教材质量，也许是痛苦的。洪宗礼先生说："为了下一代，让我们'享受'痛苦吧。"

深远⁴影响

1 洪宗礼现象的社会意义

│宋子江│ *

前几天有机会到泰州，顺便拜访了洪宗礼。洪宗礼的江苏母语课程教材研究所迁至新世纪花园小区了。上下两个单元，楼梯相通，便是跃层式。洪宗礼指着书桌边墙上一幅效果图说，这是在建的研究所，1000 平方米。我们是合作多年的老朋友，交谈了一下午。相隔五年，洪宗礼是更上层楼了，令人感触颇多。

洪宗礼是个奇迹，是个大大的奇迹。1960 年，他分配到苏北原扬州市所辖仅十几万人口的县级市泰州的一所中学，从此一辈子扎根于此。20 世纪 80 年代初，他就被评为特级教师，升任副校长，可谓出类拔萃，但他没有止步。二十余年来，先后撰写数百万字论著，主编三套国家审查通过推荐全国使用的教材，主持中外二百余专家教授参与的四十多国母语教材研究。他一生登上三座高山的巅峰。论成就，全国中学教师恐怕很少有人可以与之相比。这个奇迹给人的启示是丰富的，深刻的。我想，洪宗礼现象的启示，对于中华民族的伟大复兴有其大作用在，对于中华民族伟大复兴之后千秋万代持续发展有其大作用在。本文向世人昭示洪宗礼现象的社会意义，昭示洪宗礼现象给中小学教师的宝贵启示。

洪宗礼现象最主要的启示是，中小学教师的发展空间是不可限量的。

传统的中小学教师职业观念，是"教书匠"，是"教小书的"，是

---

* 宋子江，人民教育出版社特约编审。

"小孩王"。社会这么看教师，教师自己也这么看自己。好像只有大学教授、科学院研究员才是高层知识分子，中小学教师只能是中层的、下层的知识分子，大学与中小学一天一地。此种观念，一方面使中小学教师这种职业吸引不了优秀人才，吸引不了民族精英；一方面使中小学教师进取心萎缩，即使教师队伍中之佼佼者，充其量也只是公开教学足以观摩，博得称赏，可以撰写几篇教学经验总结。时下教辅读物、考辅读物大行于世，编写此类读物成为名师价值的一种延伸。中小学师资的生态萎缩，实在是教育欠发达的最大因素。国家出台部属重点师范大学免费政策，为的就是吸引优秀人才，但是，要吸引优秀人才，要充分发挥教师潜能，更重要的还在于更新中小学教师的职业观念。

历史上不乏这样的先例，杰出人才起初也当过中小学教师，后来"跳槽"了，才成为杰出人才：成为大师的也有，成为世纪伟人的也有。至于终身从事教育事业，而且是终身在中小学，而成为有大作为、大成就的杰出人才，那就绝无仅有了。在人们的观念中，那也是不可能的，课务那么繁重，压力那么巨大，杂事那么烦心，一个中小学教师怎么可能有什么大作为、大成就呢？

终身在一所中学从事教育，而能有大作为，大成就，不能不算是奇迹，洪宗礼创造了这个奇迹！

洪宗礼是特级教师，但是特级教师的概念远远涵盖不了洪宗礼的业绩和成就。当然，特级教师，是一个崇高的称号，洪宗礼早于20世纪80年代初期就成为新时期江苏省首批中学语文特级教师。但是，20年来，洪宗礼在特级教师行列中又耸然崛起了，横空出世了，洪宗礼可谓大师，可谓教育大师。我这样评价，没有一丝一毫溢美的成分。洪宗礼出色的教学成绩，丰富的教学经验，升华而为系统的语文教育思想，论著宏富。洪宗礼主编的初中语文教材，先后通过教育部审查的已有三套。进入新世纪，洪宗礼教材已经遍布全国。单是这一成就，就可谓杰出中之杰出者。不宁唯是，1996年起，洪宗礼成为中外母语教材比较研究的领军人物。这一课题，工程何其浩繁！先后组织中外两百多位专家学者参与，谈何容易！搜集中国百年语文教材，收集四十多个国家的母语教材，又谈何容易！进行多语种翻译，又谈何容易！精细地比较研究，提升为理论，更谈何容易！单凭特级教师的能量干得了吗?! 这是一位大师才能扛得起来的大型教育科研工程！这个大课题，打开了中学语文界的眼界，从此中国语文教育界可以放开眼界看世界。16卷约八百三十万字的成果，没有大师的胆识与功力，是无论如何干不成的。最有条件从事此项工程的当属国家级研究机构，或者名牌大学研究所，而事实反倒是身在中学的洪宗礼成就了这等功业！洪宗礼实在是一位大才，他是干才、通才、帅才。他有一种博大的气象，他有气吞山河的气概，他有海纳百川的雅量。然而他并不溢于言表，相反，从字斟句酌到待人接物，他是一个非常注意细节的人，你要从他的恢弘的业绩中才能体察他的大气魄。一个大才，最怕抱怨大材小用，洪宗礼却能在中学教师这个"小职位"上，做出大文章来，终于成就为大师，实在令人钦佩之至！

洪宗礼现象证明中小学教师的发展空间也是不可限量的。小学、初中、高中、大学，固然传授的知识有深浅，但是就教育而言，各级各类学校教育同等重要，从智力开发的角度来说，早期教育尤为重要；就教育科学而言，有同等的深度。洪宗礼突破了中小学教师职业观念，他把中学教师的职业提升到大学教授高度，提升到研究员高度，像教授、研究员一样从事中学语文教育。如果所有的中小学教师都像洪宗礼一样，边教学边研究，请想一想，中国将有一支怎样的教师队伍？中小学教师职业的弹性太大了，他们的潜能可以大大开发，也亟待大大开发。

"大师"者，在学问或艺术上有很深的造诣，为大家所尊崇的人。我不赞成降格滥用，致使贬值；我更不赞成把中小学教师压根儿排除在使用范围之外，认为中小学教师与大师怎么也不搭界。教育科学的学问小吗？基础教育的艺术浅吗？为什么别的科学、别的艺术有大师，教育就不能有大师？再则，学问或艺术有众多领域，为什么工艺美术都有大师，象棋都有大师，连烹饪都有大师，中小学教师中破天荒出了大师也不能称大师？要给中小学教师开辟更加广阔的发展空间，教中学也可以成大师，教小学也可以成大师，教幼儿园也可以成大师。把自己的教育教学工作当作科学研究对象，不断钻研，不断创新，精益求精，好上加好，成不了大师，也能成绩斐然，出类拔萃。这样，中国教育才能大有希望，民族素质才能大大提高。中华民族的伟大复兴，需要教育水平的大大提高，需要群星灿烂的大师。中国是个大国，中学教育至少需要几十位大师，小学教育至少需要几十位大师，幼儿教育至少需要几十位大师，而且多多益善。如果中国基础教育果真出现那么多大师，再加上更多的教育家，再加上高水平教师，再加上整体的优良素质，那么，我们的学校，我们的学生，就有全新的气象，久而久之，全民族就有全新的气象，我中华民族必将成为高度文明的民族，卓然屹立于世界民族之林。

2 洪宗礼现象的教育学阐释

| 王荣生 | *

　　理论研究与实践大致可以看成是"思"与"行"。从思到行，需要许多中间环节，需要从"理论观念"到"实践观念"的转换。语文教育理论与实践中更需要这样的研究者：有丰富的经验，又有足够的理论基础，而且能够从事理论到实践的技术转换。洪宗礼作为语文教师、语文教育研究者和语文教材编者，在教学和教研的实践中，不断总结和提升经验，深入思考和研究，勇于自我超越和开拓创新，打通了理论与实践之间的通道，取得了令人瞩目的实绩。

一、"引读"与"想"——作为语文教师的洪宗礼

　　作为语文教师的洪宗礼，其"行"与"思"既表现在他的"脚踏实地"上，又表现在他的"东张西望"上——他敢于和能够"自己努力从事教学改革的实践，从中不断总结经验"；他"像海绵吸水那样"，从各方面尽可能多地获取信息，从中吸取营养，并力求做到研究语文教学传统而能"古为今用"，研究国外语文教学而能"外为中用"，还能研究他人的语文教学实践，总结出规律性的经验。

　　洪老师对语文教育有比较系统的理解、解释和实践，他早期据以改革语文教学的理论基础与实践方向，集中体现在阅读教学中的"引读"和写作教学中的"想"这两个方面。

---

　　* 王荣生，上海师范大学教授、博士生导师。

深远影响

1. 阅读教学应从"教读"转化为"引读"。

洪老师以为,教学的第一要旨是为了学生。而"阅读是学生自己的事",只有靠学生"自己的力",才能养成阅读的"真能力",为此,就得从"教读"向"引读"转化:"一是引导学生自己读;二是引导学生掌握语文规律广泛读。"在引读过程中,教师既要敢于放手让学生独立阅读,又要给以适当的扶持。据此,洪老师总结出了"引读十法":扶读法、设境法、提示法、读议法、揭疑法、反刍法、小结法、反三法、比勘法、历练法。这些方法可能在分类上未尽合宜,但其目的和指向则尽在引导学生"学会阅读"。

2. "想"是解决写作教学问题的枢纽。

洪老师认为,"会想才能会写","只有想明白,才能写清楚;只有想充分,才能写具体;只有想周密,才能写严谨;只有想透彻,才能写深刻"。调动学生"想"的积极性,让学生"乐于想"、"善于思"。洪老师以为,有两条基本原则:一是激发学生思维的兴趣,使学生从思维的消极状态转换到积极状态。在写作教学中,应当注重结合学生的生活经验,采用多样化的引导策略,引导学生"入境"、"生情"甚至"质疑",提供学生思考的条件,调动学生思考的积极性,开拓学生思维的源泉,并且给学生留下充分的思考余地。二是启发学生掌握正确的思维规律。思维的运作是以知识为基础和"中介"的,因此,要想把握"思维规律",应在写作教学的各环节、各阶段上,把知识技能训练与思维训练结合起来进行。

二、经验和对经验的超越——作为语文教育研究者的洪宗礼

一个优秀教师不仅应是"思想者"和"行动者",还要有不断思想、不断行动的持续的内源性动力,也就是要有不断"超越自我"的追求。洪宗礼老师既有这样的认识,也是这样做的。正如他所说的:"不断地自我超越,不断地超越自我,这就是我的'宿命'。"

洪宗礼老师的语文教育研究正是这样一种对自我经验的超越和提

升。这主要体现在以下两个方面。

1. "五说"语文教育观，"双引"语文教学论。

洪老师在这方面的著作有《中学语文教学之路》（1986）、《中学生思维训练》（1987）、《写作与辩证思维》（1993）、《洪宗礼语文教学论集》（1995）、《洪宗礼：语文教育之"链"》（2001）等。洪老师认为，语文教学是一个"纷繁复杂的多面体"，对此应当"多角度、全方位地从宏观和微观的结合上进行深入细致的不同层面、不同维度的整体研究，用心寻找语文教学诸种结构元素之间的联系及其最佳结合点，不断探求其规律性"，并且要"客观而辩证地分析各种矛盾关系，力求抓住它的主要矛盾"，使语文教学的各方面、各因素结合成"一个和谐协调的有机整体"。在这样的思想基础之上，经过多年的实践探索，洪宗礼确立了"五说"的语文教育观，并逐步加以完善：工具说，突出语文教学的个性特质，谋求语言与思想的统一；导学说，教学过程就是"实现教师主导性和学生主动性统一的过程"；学思同步说，语言和思维同步发展，密不可分；渗透说，语文是一个"多因素的综合体"，语文与生活、与平行学科之间有着密切的关联；端点说，语文课程是"基础中的基础"，是"学生未来发展和在校学习其他课程的基础和终生发展的起点"，语文教学应注重"长期效应"。在"五说"语文教育观的理论基础上，洪老师提炼出"双引"（引读、引写）的语文教学法，它是基于"五说"理论的"诱导式教学法"，具有更强的实践性。"五说"和"双引"的语文教育观，正如刘国正和顾黄初先生所说，它们实际上是对"引导—历练—能力—习惯—素养"的语文教育之"链"的理论阐述。

2. 中外母语教材比较研究。

1997 年春，洪宗礼主持的"中外母语教材比较研究"系"九五"国家级重点教育科研课题，出版了 5 卷本"中外母语教材比较研究丛书"。在此基础上，2003 年，洪宗礼又主持了国家"十五"重点课题"中外母语教育比较与我国母语课程教材创新研究"，组织南京大学等四十多所高校的教授、中央教科所等科研机构的研究人员、著名中学教师和美、法、英、德、俄、日等国家的教授学者，对中国百年语文教育和国外四十多个国家的母语教材，从纵、横两方面展开了更为深入的研究。出版了十卷本巨著《母语教材研究》，它包括：中国百年语文课程教材的演进、中国百年语文教材编制思想评析、中国百年语文教材评介、中国百年语文教科书课文选评、外国语文课程教材综合评介、外国语文课程标准译介、外国语文教材译介、外国学者评述本国语文教材、语文教材编制基本课题研究、中外比较视野中的语文教材模式研究。这两套书，系统介绍了海外语文课程与教材的理论与建设情况，打开了语文课程与教材研究的理论视界，成了语文教育研究绕不过去的存在，已是语文教育研究者必备的参考资料。

三、"教本"与"学本"——作为语文教材编者的洪宗礼

"教学什么"（教学内容）、"怎么教学"（教学方法）和"用什么来教学"（教材）之间，应该有着密切的关联。其中"用什么来教学"，即教材，因其物态化特征而具有相对确定的性质，因而它是相对重要的关节点。在多年的教学改革中，洪宗礼认识到，应当"用教法改革来促进教材改革，又以更新了的教材从根本上来制约教与学"，这样，"借助教材内容和体系的改革"就能"把十几年乃至几十年的教改成果巩固下来"。"积极探索适应现代社会发展的中国语文教材编制的改革思路，构建面向 21 世纪中国语文教材的创新体系，成了我国语文教育的'重中之重'"。

从 1983 年开始，洪宗礼便顺此思路展开了教材改革的探索。历时10 年，主编了一套"单元合成，整体训练"的实验教材——《义务教育三年制初级中学语文教科书》。这套教材重在体系改革，构建了"一本书、一串珠、一条线"的"三一"语文教材体系。"一本书"是"一张经纬分明、纵横有序的语文训练网络"；"一串珠"是全套教材共有 36 个"珠式单元"；"一条线"是以读、写、听、说能力训练为主的语文能力训练线、知识结构线、思维发展线和学生学习语文心理发

展线，几条线或平行，或交叉，或连续，或中断，但都在交织线的统摄之下。不仅如此，教材在"整合优化"上也表现出自己的努力和特色：教法和学法整合优化，知识和能力的整合优化，课内和课外的整合优化。这套教材曾在全国15个省市64个县区的两千六百多个班校试用，取得了比较理想的效果，获得了师生一致的好评。1993年起，这套教材列入全国书目，在六十多个县、市、区全面推广使用，至1999年，该教材已经印行达千万册，使用范围扩大到75个县市区，为实施九年义务教育和推行素质教育起了积极的推动作用。

2001年起，洪宗礼主编了教育部立项、面向全国的语文课程标准实验教材。这套新教材体现了洪宗礼对语文教育新的认识与理解。洪老师指出，面向21世纪的语文新教材，"归根结底应当弄清楚'学生如何发展'这个根本问题"，与其把语文教材看成"语文教学之本"，不如称它为"引导学生学会学习之本"、"促进学生创造性学习之本"。基于这样的理念，实验教科书对教材的目标系统、范文系统、导读系统、注释系统、操作系统等作了比较大的改革：（1）以"读书方法"作为贯穿教材的主线，突破了以往单篇逐课编写的教材格局，"突出了语文实践性"；（2）将3种专题、11种读书方法融为一体，三个维度的课程目标巧妙结合，"转变了教材呈现方式"；（3）跨学科的领域设计以及课内外学习的融通，拓展了语文学习的空间，"形成一个时空开阔的跨学科语文综合实践系统"。据悉，截至2004年，洪宗礼主编的教材已经走遍全国26省、市、自治区。2004年春，教育部组织38种教材评选，38项评价指标中，洪宗礼主编的教材每一项都居领先地位。有记者问洪宗礼，"洪氏教材"何以能一路领先？洪宗礼回答教材编者要有两种勇气：一是"力排众议"的勇气，二是"自以为非"的勇气。对于正确的东西要敢于坚持，对于陈旧和落后的东西包括自己的"经验"也要敢于否定。相对而言，"自以为非"更为难能可贵，因为它不仅需要勇气，更需要理论省思和超越经验。从几套"洪氏教材"的历时性发展状况来看，洪宗礼确实践行了他的"力排众议"和"自以为非"。

3 路是这样走出来的

|黄厚江| *

在晚辈中，或许我是得到洪宗礼老师关爱最多的一个。在他指导下我参与了全套苏教版国标本初中语文教科书的编写工作，也参与了两个国家重点课题的研究，常常有机会得到他的垂教。尤其荣幸的是，还和他合作完成了"母语教科书练习系统的革新"这一课题的具体研究工作。在承沐其泽的同时，我也一直在探究他能成为一代大家的原因，并试图从中发现名家成长的共同规律。

一、挚爱母语，是不懈追求的动力和成功的精神基石

洪宗礼作为一位中学教师，在语文教育的诸多领域都取得了杰出成就：有骄人的教学业绩，有成功的教学实验，有几套高质量的教材，主持了重大课题的研究，有系统的教学思想。其中任何一个方面的贡献，都可以使他成为卓然的大家。对此，很多人觉得难以想象，甚至不可理解。但只要你了解他为语文教育所做的牺牲，所倾注的爱和心血，便会认为他获得这样的成功是必然的。

他几十年为母语教育事业孜孜矻矻，执著一念，不离不弃，退休以后仍不断超越，攀登高峰，其动力是什么呢？是对母语的挚爱。他的《语文教育随想录》，第一则的第一句话就是："一个不爱母语的教师，必定教不好母语；一个不爱母语的教材编者，永远也编不出好的

---

* 黄厚江，江苏省苏州中学教授级高级教师、特级教师。

母语教材。"他还自豪地说："建设母语，就要热爱母语，呵护母语，就要发展母语教育，提升母语的地位和扩大它的影响。我一生挚爱母语，亲近母语，探究母语，弘扬母语，钟情于母语教育。我曾说：人一生一般只能做一两件大事。我孜孜矻矻数十年所做的一件大事就是：学习与研究母语和母语教育，建设母语课程教材。"可见，对母语的挚爱，是他一生追求的不竭动力，也是他成功的精神基石。

在语文教育界，很多人都知道他是一个拼命三郎。记得于漪老师说过：洪宗礼是个"痴子"，是个热爱语文的痴子，这个人心中只有语文。每一个和他有过直接接触的人都能从他身上感受到他对母语教育的痴情。他成天就沉浸语文世界里，整天都在琢磨着语文的问题。可以说，他为母语教育真正达到了忘我"忘人"的境界。

尤为可贵的是，他把传播民族文化、改革母语教育的责任自觉地担在肩头；把对母语的爱，对民族文化的爱，对孩子的爱高度统一在一起。他说："母语作为人最初学习的语言（无论是本土语，还是外来语），……它如影随形地伴人一生。……只要是炎黄子孙，不管他在天南海北，只要他的良知未泯，都会为祖国的母语和母语文化充满自豪，倍感骄傲。""几十年来我不只是用手和笔在编写教材，而是怀着对莘莘学子的爱，用炽热的心和沸腾的血在铸造一座座母语教材大厦。我和我的同仁们常说的一句箴言是：手中有笔，目中有人。"这就是一个大师、一个大家对语文教育的爱。也正因为有了这样的大爱，他才达到了他人不能达到的高度。

唯有像洪宗礼这样对母语教育有着大爱的人，才能成为大家。

二、心系民族未来，才能以探索母语教育规律为使命

从研究课题到教学实验，从编写教材到主持课题，从局部改革到整体改革，从零散的总结到系统的理论提升，展示出他非常清晰的心路历程。这让我想到文天祥的诗句："臣心一片磁针石，不指南方誓不休。"他心中的"南方"就是母语，他常说一种母语就是一个民族的。

④ 深远影响

他不矫情，不拿架子，不摆派头，真诚坦白，肝胆示人；对我们晚辈，和蔼有加，呵护备至，科研、工作，家庭、生活，无不关心。但他始终心系教材，讨论到语文教育，他就旗帜鲜明，情绪激昂，绝不含糊，更不骑墙。有人说，教材是洪宗礼的命，谁碰到他的教材，他就要和谁拼命。他是把教材当作他的生命，他为了教材，可以付出一切。他编教材，精益求精。只要是涉及教材质量的问题，他从不含糊。但与其说他把教材当作生命，不如说他是把母语教育当作生命。而正由于后者，他对自己的教材从不护短，而且热忱期盼有人对教材提出批评和建议。他提出了教材编写的"三严"和"三精"。他前后牵头召开了几百次小型教材研讨会，几十次大中型教材研讨会。请人上门提意见，花钱请人给教材挑刺更是正常的事。他提出了"尊重权威，保护弱者"的批评原则，他要求所有教材编写者，必须虚怀若谷，"少一点自尊心，多一点研究心，多用心思，少用心计"。主持两个重大课题的研究，他更是爬罗剔抉，呕心沥血。是的，他像珍惜生命一样珍视自己的教材，但他真正关注的是语文教育的大事业，一生求索的就是母语教育的规律，心系的是民族的未来。

"不畏浮云遮望眼，只缘身在最高层。"他是一个自觉把探索母语教育规律作为毕生使命的人。他之所以能有大成就，有大气象，成一代大家，是与此分不开的。惟其如此，他才能毫不彷徨，心不旁骛；惟其如此，他才能做大事情，出大成果；惟其如此，他才能为别人所不敢为，见别人所不能见，成别人所不能成。心中装着"蝇头小利"的目光短浅者，如何能触摸到语文教育研究的就里呢？

三、怀抱理想，埋头实干，可以登临语文教育研究的巅峰

所有科学的研究都需要一种求实的精神和科学的态度。好高骛远，急功近利，浮夸炒作，最多热闹一时，绝不可能获得正果。

南京师范大学文化产业研究院院长何永康教授在《南京，走向"教育名城"》中说："这里所说的'名师'，不是一般意义上咱们

'评'出来的'名师'。它是不需包装、不胫而行、个性鲜明、魅力无穷、内行外行齐声赞叹、匆匆一瞥经久难忘的大师级人物。南京的斯霞、泰州的洪宗礼、上海的钱梦龙，称得上是这样的人物，稍早一些的陶行知、陈鹤琴，更是光照基础教育和幼儿教育的'诗坛'。他们是教育界的'诗人'，他们谱写的'教育诗篇'已经升华到浑然天成、出神入化的境界！"

　　洪宗礼由一个普通中学教师起步，是如何一步步登临语文教育的巅峰，成为"内行外行齐声赞叹、匆匆一瞥经久难忘的大师"的呢？

　　他的成功，首先由于他是一位实干家。在语文教育研究领域中，他是一个干大事的人，但他更是一个做实事的人。正由于他能做实事，会做实事，才做成了大事。他常说："我一生只能做一件大事，要干大事就得从一件件小事做起，大事就是小事之链。"

　　他长期承担着多重角色，而且每一个角色都做得很到位，很实在。他是个语文教师，而且是一个非常优秀的语文教师。他教学认真，敬业负责，实绩优秀。因连续上课，喊破了嗓子。他搞教改实验，亲自编写实验教材，亲自带实验班，亲自写实验报告，亲自教公开课。他是个行政领导，而且是一个非常称职的领导。他做过教务主任，做过主管教学的副校长，而且都不是挂名务虚。因病住院，在病房里还要处理学校事务。他是教材主编，也是一个完成具体任务的编写者，很多工作都是自己直接完成。不仅要提出整体思路和框架，制订方针大计，还要亲自拿出样张和示例。审查稿件，是一个标点都不放过，每道练习设计都要亲自把关。他策划主持课题研究，每一个子课题都要直接过问，每一篇论文，每一项成果，都要亲自审查。自己还要直接承担子课题的具体研究工作。作为一个语文教育家，他的每一个思想，每一项具体的成果，每一篇论文，都来自他自己，而不依靠别人的"代劳"。任何一个角色，他都无不承担具体的工作，做实在的事情。出国考察，年过六旬的他，背回了几十斤重的教材。他说："我这主编始终是大事小事百事问，复印、校对、发信，无所不为。"

　　和同辈中取得一定成就的人相比，他的成功有着许多鲜明的独特之处：一是五十多年不离不弃，始终坚持在教学第一线；二是脚踏实地，始终坚持教、研、编、著紧密结合；三是在教学、实验、教材和科研诸多领域都取得了令人瞩目的成就，成果全面；四是他的所有思想，都来自于自己的实践。教学实践，让他产生教学实验的念头；教学实验，让他觉得应该优化教材；编写教材，让他觉得应该系统地研究母语教育；母语研究，让他关注了重大课题的探索。而在这一过程中，形成了他系统的语文教育思想。这样做自然极为辛苦，但却使他成为一个"多栖"的语文教育研究者，使他的语文教育研究相得益彰，使他取得的成果具有全方位、综合性的特点，也使他能由一个中学教师成为一个语文教育的大家。江苏省教育学会会长、原江苏省教委副主任周德藩说过："一个普通的教师，只要坚持边教学边研究边著述，终可称为教育家。"也许不是每一个人都可以成为教育家，但他的走过的这条路无疑会给我们有志于语文教育研究的人以十分有价值的启发。

他的求实精神还表现为一种科学的态度。他说："从方法论而言，研究者的大忌是主观、片面、狭窄的思维方式和急于事功的浮躁作风。要始终避免用一种倾向掩盖另一种倾向，尽量做到客观、公允、全面、辩证。这样，一切微观的子系统研究都不至于脱离母语教育的宏观系统的研究，都不会偏离母语教育和母语课程教材改革的大方向。倘若如此，母语教育和母语课程教材建设，有可能'顶天立地'。"每当教材审查结束，一接到审查报告，他便会将审查意见复印出来发给编写组的每位成员，同时召开会议，逐条讨论，领会意见的精神实质，制订修改方案，并且举一反三，按照审查意见的精神扩大审视范围，务必使教材在整体上能改观、能提高。因此得到国家中小学教材审定委员会和审查组的高度评价。

他总是不断发现自己的不足，在否定自己中提升自己。他说："改革者往往会执著地坚持自己的信念，因而我常常'自以为是'，原则问题上一着一步不让；然而改革者又必须与时俱进。与时俱进，就如鸟类不断脱毛才能羽翼丰满一样。因此，我常常'三省吾身'，勇于'自以为非'。二十多年的语文教材改革、发展，或许取得了某些进步，事业'有成'，其原因之一是，我力求达到'自以为是'与'自以为非'的统一。"这就是一个成熟的改革者的自我认识。他把这种"自以为非"的过程比作鸟儿脱毛，他说："每个改革者都要不断脱毛，只有脱去旧毛，才能长出新羽。倘能如此，必然会飞得更高更远。脱毛必然是痛苦的，但也只有在脱毛中才能获得新生。因而我愿在改革中享受痛苦，在'脱毛'的痛苦中获得新生。""自以为是"与"自以为非"的统一，就是他求真的精神写照，也是他一贯品格的高度概括。这是我们所有进行语文教育研究的人，都应该记取的；而我们常常易犯的错误，就是自以为是和妄自菲薄。

四、不动摇，不退缩，靠的是坚韧的意志

由于教育大背景和学科自身特点等原因，母语教育的改革和研究一直在坎坷和艰难中前行。而洪宗礼的一番伟业近乎是从零开始的，没有基础，没有经验，没有资金，虽然也遇到了不少热心的领导，但起初并没有得到政策性的扶持。其中的甘苦，非亲身经历者无法体味，甚至不敢想象。

1993 年，他主编的教材就经过国家审定通过，进入了国家教委公布的新教材目录。但这并不意味着他的教材发展是一帆风顺的。传统习惯势力的顽强抗争，使"一纲多本"的政策很难真正落实，使他的教材处境十分困窘。在有些领导眼中，"民间教材"根本就不算教材。国家明文规定，选择教材由教育部门组织专家、教研人员、教师、校长、家长、学生等多方面代表投票决定，而有些县市仍是局长、主任"一巴掌"定音；有些地市已经选用了他的教材，可某些局长就是顶着不用。甚至有些地方利用中考限制县市的教材选用，迫使县市改变教材选择。难怪他感叹："传统习惯势力猛于虎！"可他历经艰难而毫不退缩。

他说："在诸多科目中，语文科历来是非最多、争论最多、曲折最多，左也不是、右也不行，进亦忧、退亦愁，甚至目不识丁的人都可

4
深远影响

235

以对语文'说三道四'，可以对语文教师和语文教学评头品足。"在历史前行的历程中，所有改革都充满了重重阻力，语文教育的改革也是如此。可以设想，一个班级，一个学校，不用其他学校都采用的"国家"教材，而采用一个中学教师自己编写、油印的"教材"，其困难会有多大。某位手里握着决定教材使用人权的领导就声称：我要对多少万孩子负责，某人编的教材不能随便使用。曾听说，一位家长因为孩子中考考得不理想，居然跑到教育局长面前拍桌子大吼："我的孩子今年因为语文成绩太差，没有考取高中，原因是选用了洪宗礼的教材，你们要负全部责任！"可是经查实，这个孩子所在的学校恰恰没有使用他的教材。由此我们可以想见，他在改革实验的初期所遭遇的巨大压力。

然而，他的文字中很少直接提到自己遇到的困难，他只是常常用诗一样的语言表白自己的坚韧意志："改革中我天天在经受痛苦，也天天在享受快乐。""几十年来我不唯书，不唯上，在改革实践中打磨。""石缝中的小草更具生命力。""下雪的时候，我就想到春天不远了。""撼山易，撼我钟爱的语文教育大业难。""我天天都在走路，有时甚至在跑步，因为只有不懈追求，不厌思想，不停探索，不断跋涉，不辍劳苦，才能在有生之年走到心弛神往的目的地。""压力就是动力，暂时的劣势，也许未来是优势。""病魔可以摧残我的身体，但决不能磨灭我的意志。"

多年废寝忘食，终使他积劳成疾；和疾病的斗争，也让我们看到了他顽强的意志。1989 年，他到外地一家印刷厂校对教材，三天三夜没有睡觉，回学校后又继续讲课，接受电台"校长访谈"，得了急性脑缺血，昏迷 16 个小时。医生说"24 小时不醒就去了"。可第二天早晨醒来，病房又成了他的办公室。

他说："人在最困难的时候，在事业、生命遇到挫折的时候，也往往是最有希望的时候，要用星星之火去点燃生命之火，使之延续，要在微小希望中去争取光明的前途，这样，人的有限生命就可以发挥出无限的创造力。"这是一种不屈的斗志，也是一种生命的韧性。具有这种韧性和斗志的人，必然取得常人难以企及的成功。

五、不断创新，勇于探索，能建起属于自己的里程碑

教育最最需要的是创新的智慧。洪宗礼是一个充满智慧而勇于创新的人。

他有一双善于发现的眼睛，他抓住了命运所给予的每一个机遇，并且创造了一个个奇迹。他初为人师的20世纪60年代初期，正是极"左"路线盛行之时。他却凭自己的工作实践赢得了担任国家布点的五四二、五五制教材改革实验班班主任和语文教师的机会，并且扎扎实实地完成实验工作，为今后的发展打下了基础，做好了初步的积累。十年动乱，堵塞了教改之路，他却借这个机会进行业务进修，学习了逻辑学、哲学、写作学等专业知识。1977年，"文革"结束，他担任学校教研组长，就"自觉不自觉地以强烈的民族责任感投入了'抢救'语文的工作"。1981年他开始任泰州中学教务主任，1983年开始任副校长。他利用这一机会，在初高中各年级进行数十次实验。他边实验边总结，期间发表论文两百多篇，出版了《中学语文教学之路》等多部著作，同期还在《江苏教育》和《语文教学通讯》两家杂志开设专栏介绍实验，分别连载16期。1986年，国家开始出台"一纲多本"的政策，他抓住了这个千载难逢的机遇，"自编自教"的实验教材，终于"登上了大雅之堂"，得到了正式承认；1988年他的实验升级为江苏省普教局的实验项目。世纪之交，全国第八次课程改革首先从义务教育阶段开始，他又把握了这一最为重大的机遇，使自己的教材成为真正的"国"字号教科书，得到了蓬勃发展。有人说，洪宗礼的教材能有今天，是遇到了课程改革这样的好机会。这话并不错，但这样的好机遇，并不是每一个人都能抓住的，也不是只为他一个人准备的。

唐代诗人李商隐有诗道："天意怜幽草，人间重晚晴。"他用他富有传奇色彩的人生经历为这两句古诗赋予了新的内涵。稍加留意，我们就能发现他的人生"事业线"和许多大家、大师有所不同。绝大多

数大家和大师，其事业的高峰都在中壮年时期，有的甚至是在青年时期；也有些大家和大师则是"大器晚成"，很迟才迎来事业的辉煌。而他和这两者都不相同。在已经取得卓著成就的基础上，60 岁退休之后他又接连登上了事业的新的高峰：一套高质量的国标本教科书，两个具有深远影响的国家级课题。这固然与时代赋予的机遇紧密相关，与他的前面几十年厚实的积累紧密相关，但同时也让我们深深感到：哪怕是在已经创造了事业的辉煌之后，哪怕是在退休之后，他仍始终在不断寻求新的机遇，并始终在为下一个机遇的到来准备着。

他能抓住这样一个个好机遇，首先是因为他具有睿智而超前的思想。回顾 47 年的语文教育和研究的经历，他认为自己有三个高峰：一是实验总结；二是编写教材；三是课题研究。三个巅峰，无不表现了他发现问题的智慧。"文革"结束，高考恢复，当人们只是埋头抓高考成绩的时候，他已经开始有计划地进行教改实验；当别人想到进行教改实验的时候，他已经开始了编写教材的尝试；当国家提倡"一纲多本"的时候，他的教材已经初具雏形；当第八次课程改革启动的时候，他的教材和语文教育已经相当成熟；当别人拼劲力气也想编写教材的时候，他已经以放眼世界的眼光，着手气势宏大的中外母语教材的比较研究。我想，所有人都会承认，早在 1983 年就想到并动手自己编写教材的人，一个能联手全国最一流的语文教育研究专家研究中外母语教育比较这种重大课题的人，不仅仅具有超乎常人的胆识和魄力，更具有一种难以想象的超前思想和发现问题的大智慧。

他勇于创新的智慧，尤其表现在教科书的编写和改革之中。和许多教科书编写者不同的是，他从一起步就自觉承担起学科改革的使命，追求通过教科书革新来引领语文教学的改革，引导教师的教学和学生的学习，使教科书成为教学改革的引导者。他主编的"单元合成，整体训练"语文教材，全套教科书 6 册 36 个单元，包括阅读、写作、基础知识及运用三个纵向系列，各系列中的知识点和能力训练点又进行了横向合成，形成"分之系列分明，合之相互为用"的教材体系。建构了"一本书、一串珠、一条线"的"三一体系"新思路，在"一纲多本"起步时独树一帜，形成了比较全面地体现了义务教育的要求，具有整体综合教学效应；建立了比较完善的助读系统，有利于学生自学，教学内容达到了质与量的统一，有利于减轻负担，制约教法，有助于进行诱导式教学，突破语文教材封闭体系，向课外延展等显著特点。完备的助读系统，先进的"双引"理念，不仅弥补当时教师队伍自身的不足，使教科书在一定程度上发挥了帮助教师业务进修、提高教师专业素质的作用，而且有效地扭转了当时普遍的"教读"风气，积极引导了教师的教学行为的转变。

洪宗礼主编的国标本语文教材，在不断完善"单元合成，整体训练"教材特色的基础上，又有三大创新：合成式的主题单元；名著推荐与阅读；专题阅读。这些设计充分体现了研究性学习、跨领域学习的课程目标。

可以说，洪宗礼主编的每一套教科书，甚至教科书的每一次修订，都闪烁着他富有创造性的思想之光；也正是这种创造的智慧，使他的教科书具有鲜明的个性和独创性，使他在语文教育这块园地里收获了令人不可望其项背的成果。

洪宗礼走过的路，是一条求真的路，也是一条创新的路，是一条探索的路，也是一条成功的路，是一条艰辛的路，也是一条幸福的路。他的成功告诉我们：唯有挚爱，才能无怨无悔；唯有求真，才能矢志一念；唯有务实，才能不断登高；唯有坚韧，才能百折不挠；唯有创新，才能永远充满活力。

4 洪宗礼教师专业发展创造期的借鉴意义

| 温立三 | *

　　新世纪基础教育课程改革中，人们越来越清醒地认识到，改革成败的关键在师资。因之，自 20 世纪 80 年代兴起的教师专业发展问题，在这几年中重新受到人们的关注。教师专业发展是指这样一个过程：教师在整个专业生涯中，依托专业组织，通过终身专业训练，习得专业知识技能，实施专业自主，表现专业道德，逐步提高自身教育素质，成为一个良好的教育专业工作者。一个教师一生的专业发展，一般分为适应期、成熟期、高原期、创造期和退职期五个阶段。创造期是指教师有创新精神和创造能力，形成了个性化的教学风格，能总结、提炼自己的教育观点，科研成果丰富且有分量，在校内外、省内外能产生较大影响。

　　但并非所有教师都能迎来自己的专业发展创造期，创造期只属于教师中极少数的优秀分子。那么，一个优秀语文教师的专业发展创造期一般出现在什么年龄段？可以持续多长时间？可以说有长有短，有早有晚，长达几十年，短则三五年，早的二三十岁，晚的五六十岁。总之，依不同个体而定。但对洪宗礼而言，他不仅拥有自己的专业发展创造期，而且时间跨度极长：从 20 世纪 80 年代初直到现在，他创造的成果层出不穷，且越到后来成就越大。尤其是在他退职之后的 60 岁到 70 岁这十年间，洪宗礼不仅让洪氏教材脱胎换骨，走向全国，惠及无数青少年学子，而且主编了十卷本共五百多万字的《母语教材研

---

* 温立三，人民教育出版社课程教材研究所副编审。

究》。教学实验、教材建设和课题研究这鼎立的三足，撑起了洪宗礼精心构筑的巍巍语文教育大厦。

在此，有必要先梳理一下洪宗礼在他的专业发展创造期所取得的几项具有里程碑意义的成果：1983年（46岁），主编初中语文教材第一稿油印本问世，跨出人生最重要一步。1986年（49岁），与程良方合作的第一部语文教育论著《中学语文教学之路》出版，标示着他从教16年来语文教学思想的基本成熟。1992年（55岁），苏教版义务教育三年制初中语文教科书（试用本）通过国家教委中小学教材审定委员会审查，在全国范围内使用，他成为建国后民间编辑教材向"国家队"挑战成功的第一人。1995年（58岁），《洪宗礼语文教学论集》出版，这标志着"一位具有自己鲜明特点的语文教育家"（刘国正、顾黄初语）正式诞生。2000年（63岁），全国教育规划"九五"重点课题"中外母语教材比较研究"成果五卷本出版，同时，江苏母语课程教材研究所正式挂牌，洪宗礼亲自任所长。2001年（64岁），2001年苏教版义务教育课程标准初中语文教科书通过教育部中小学教材审定委员会审查，在全国范围内使用，使用者数量空前。2007年（70岁），十六卷本共八百三十多万字的"母语教材研究"丛书出版，这项研究所取得的五个方面的成果和十条共识，是"20世纪初语文独立设科以来的一百多年间，对于现代语文课程教材建设来说，其理论意义和实践价值最高的一项成果"（顾黄初语）。

正如特级教师黄厚江所概括的，洪宗礼在语文教育的几乎每一个领域都有自己的创见：在教育思想方面，他有"五说"（工具说、导学说、学思同步说、渗透说和端点说）语文教育观；在教学实践方面，他有自己的"双引"语文教学论和"语文教育链"；在教材建设方面，他有完备的语文教材编写"理念"和"单元合成，整体训练"的独特结构；科学研究方面，中外母语教材研究探寻出中外母语教育的特点与规律。小小泰州城，却孕育了一位全国知名的语文教育家，其成功的秘诀何在？为此，早有一些研究者将之上升为一种"洪宗礼现象"进行专门的研究。但本文想从另一面思考：在普遍强调语文教师专业发展的今天，洪宗礼在其专业发展创造期所取得的巨大成就，给我们广大语文教师究竟有着怎样的借鉴意义？

1. 只有几十年如一日的坚持与努力，语文教师的专业发展才能进入自己的创造期。

洪宗礼说："在我人生的日历表上，似乎未见过休息日"；他又说："勤奋与积累有时是在'天赋'之上的"；他还说："我天天都在走路，有时甚至是跑步，因为只有不懈追求，不厌思考，不停探索，不断跋涉，不辍劳苦，才能在有生之年走到心弛神往的语文教育改革目的地。"这些话告诉我们，语文教师专业发展创造期的到来，必须建立在长期努力与积累之上。据洪宗礼回忆，他在语文教师专业发展的准备期——大学期间，刻苦学习，博览群书，成绩优秀，获得了语文教师职业所需要的足够的知识和能力。这些知识和能力，包括丰富的语言文学知识、语文学科专业知识、必备的教育学心理学知识以及语文教师所需要的智慧能力、表达能力、审美能力、教学能力、写作能力和科研能力等。在他专业发展的入门期——初为人师阶段，并不满足于大学里所学的那些知识，而是继续学习，不断提高自我修养；别人是一心闹革命，他则坚持走"白专道路"，在教学之余阅读了大量的中外教育学、心理学、哲学、文学、语言等社会科学方面的著作，为其成为日后的名师打下了非常扎实的学术基础。在洪宗礼的教师专业发展成熟期和创造期，他学习的劲头不是减退了，而是增强了，他密切关注教育界的新思想和新动态，即时了解语文教育改革的最新成果；他不仅胸怀祖国母语教育，而且放眼全球母语教育，研究全世界几十个国家 26 个语种的母语课程标准与母语教材。洪宗礼永不满足的求知和积累，使他如发射架上腾空而飞的火箭，成为达到新高度的原动力。

教师这门职业不同于其他的职业，教师专业发展的时间极其漫长；教师的工作与其他行业相比，流动性相对较低，很多人大学一毕业就扎根教育，终身不变；许多人甚至就像洪宗礼这样一生就在一个学校，这在其他行业是相当少见的。正因为这样，许多教师在漫长的职业生涯中易产生挫折感、倦怠感和幻灭感，导致事业陷于停滞，不再追求教学专业上的卓越，工作上满足于长期积累的那点经验而吃老本，有的甚至抱着"做一天和尚撞一天钟"的心态在课堂上混日子，等待一二十年后退休生活的到来。在生活上，有些则满足于比同事相对较高的工资待遇而自得其乐。洪宗礼绝不是这样，几十年来，他从来就没有懈怠的时候，他对语文教育一直热情不减，一开始就认准要一辈子做语文教师，其他所有的诱惑，从来都不曾打动过他的心。为了心中的这份执著，洪宗礼几十年来没有节假日，别人热闹地过年，他则在大年初一跟人煲电话粥谈语文。他的脑子里只有语文，甚至梦里也是语文。

洪宗礼的成功告诉我们，只要敬业乐业，成功迟早会到来。任何一位语文老师，哪怕他智力平庸，能力有限，但只要有这样的坚守与坚持，他的专业发展创造期就会在前方招手。

2. 语文教师必须是个博学多识的"杂家"和勤于写作的"写家"，否则就没有创造期。

语文学科涉及的其他学科知识极广，语文课程的综合性，使语文教师必须成为"杂家"。这从现代以来的语文教育家叶圣陶、朱自清、吕叔湘等身上可以看出，也可从当今诸多语文名师的身上得到验证。洪宗礼显然深深意识到，在语文教师的专业发展历程中，作一个"杂家"是成为名师所绕不过去的一段路。1962 年在江苏常州举行的一次语文教育会议上有人提出，语文教师要做到"人人写一笔好字，说一口普通话，能写一手好文章，会背诵二百篇文章、三百首诗词，有较渊博、较全面、较系统的语文知识，懂得一些教育学和心理学知识，善于通过不同的教材采用不同的教法"。这些要求，洪宗礼都全部做到了，他也"非常直率"地承认自己是个"通才"，"在课程学、教育学、外国文学、文字学等方面，什么都懂一点"，又在几十年的教学实践中积累了多方面的经验，尤其是在长期亲自"下水"的过程中掌握了心理学、哲学、编辑学、思维科学等多方面的知识。从语文课程层面看，从教学实践到教材编写，从教育实验到课题研究，从汉语文到外国母语，从古代语文到当代语文，他都了然于胸。再从教学层面看，洪宗礼对语文教学的目的、任务、性质、原则、教法等十几个领域都进行过深入的研究，有他独到的观点和成熟的思想。这使得他拥有广阔的学术视野，写起文章来旁征博引，名言典故，信手拈来，这就是博览群书的语文教师，这就是"杂家"洪宗礼。

洪宗礼在自己的文章中不止一次地引用过叶圣陶的话："颇感教师增加本钱，最为切要。所谓本钱，一为善读，一为善写。唯有老师善读善写，乃能引导学生渐进善读善写。"写作，使洪宗礼得以顺利进入语文教育的自由王国。"文革"结束后，许多人未能及时找到自己的方向，洪宗礼则早早沉浸在自己的语文天地里自得其乐。洪宗礼首先是个爱思考的人，他说："我的第一信条是'思'，我从早到晚都在思考，在'梦'中也在思考，思考教材，思考课题，思考一切。"接着就是把思考的结果写下来。他凭着二十来年的教学、阅读及思考的积累，论文写了一篇又一篇。他回忆自己的当年，每教完一个单元便写一篇教学杂记，后来，又改为每教完一课便写一篇教学杂记，这样一直坚持了18年！这就是洪宗礼在20世纪80年代写作"井喷"的源头。不积小流，无以成江海；巍巍大厦，起于一砖一瓦。没有这18年的思考和练笔，他不可能写出洋洋洒洒上万言的《试论语文教学的工具性》和其他如《论阅读教学中的思维训练》、《论写作教学中的思维训练》、《想，是一个总开关》、《选准写作与思维训练的结合点》、《语文课重在"引读"》、《引而不发，跃如也》、《引读十法》等精彩篇章。研究发现，从"文革"突围出来的那一辈语文特级教师中，像洪宗礼这样，在改革开放的第一阵春雷中就写出这么多高质量的语文教育论文是不多见的。正是因为写作，洪宗礼才迎来专业发展的创造期。

需要特别强调的是，在语文教师的专业发展中，思考、研究、写作最重要的前提是教学反思，可以说，反思是语文教师专业发展的内驱力，是解开语文教师各种疑惑从而找到新路的一把钥匙。什么是教学反思？就是语文教师要经常思考和记录在教学中的得失、见闻、思想，不断反思自己的教育教学行为，为自己以后的改进教学迅速找到有效措施和策略。对洪宗礼来说，他的反思无时不在，无论是他长期坚持写单元教学后记和课文教学后记，还是在他文章中多次提到的初登讲台时的备课，都成了洪宗礼不断进行教学反思的典型案例。

3. 只有志存高远，淡泊名利，不断前进，语文教师的专业发展才能迎来自己的创造期。

洪宗礼说："名可丢，利可弃，志不可移，业不可毁"；他又说："你可以拿走我的财产和权力，但搬不动我的事业"；他还说："事业永驻，为自己钟爱的母语教育事业奋斗到生命尽头，才是我的幸福和快乐……我所追求的不是生理上的高龄，而是事业上的'长寿'。"这些话是洪宗礼跋涉在语文教育之路上的誓言，也是他行动的写照。在他的心中，语文教育从来就不是饭碗，也不单是一门职业，而是太阳底下最崇高的事业。职业和事业，一字之差，境界却天上地下。他在20世纪60年代初刚走上工作岗位时，就用毛笔工工整整地写下"情操高、教风实、教艺精、知识博、基本功硬"十六字箴言，几十年来一直挂在卧室床头的墙壁上。他说，这是自己在成师道路上迈出的第一步，是自己语文教育事业的真正起点，是几十年来专业发展的思想基础。这样的箴言，现在有些人看到很可能会哈哈一笑，但这恰恰证明洪宗礼年轻时候起就胸怀远大理想，立志要成为一名最优秀的语文教育工作者。现在，他做到了。

欣赏洪宗礼所主编的教材，分享他编写教材的经验，方知像他这样做事才叫干事业。许多人知道，洪宗礼在自编教材的起步阶段，没有资金，缺少资源，往里倒贴钱，教材编写组的所有人都没有稿费。后来，终于有了一点稿费，也是少得可怜，但没人有意见，也无人后悔，因为洪宗礼带头不要钱。再到后来，编写组所得到的稿酬总算比较丰厚了。这时，如果换了别人，可能就不再进取，甚至互相争名夺利，然而洪宗礼及与他共事的同仁中没有出现这种情况。洪宗礼从来不为钱，他有崇高的追求，就是破解语文教育斯芬克斯之谜。研究国家级重点课题的经费不够，他动用编写组所得的印数稿酬，创造性地发明了"以稿费发稿费"的办法，使得课题研究得以顺利进行下去并获得成功。另外，洪宗礼还用稿费给学校造教学大楼，设奖学金，成

4
深远影响

245

立母语教材资料中心。为此，有人说他傻，本属于自己的钱不要。而这，正是洪宗礼得以深入语文教育腹地而登堂入室的秘诀。

世间有多少语文教师，一旦获得"特级"之后，就以为事业到头了而停步不前，但在洪宗礼看来，这只是他事业的开端，更重要的事还在后头：编写教材，研究课题，教学实验。别的人哪怕取得洪宗礼的其中任何一项成绩也可能开始坐享其成了，但他决不知足，小马拉大车，向语文教育这片神奇的天地继续推进。"贪婪"可以用在洪宗礼的身上，但不是为名，不是为利，而是为了语文教育事业。正是对事业的永不满足，成就了洪宗礼的专业发展创造期。

4. 教学实践—教材编制—科学研究—教学实践，语文教师必定迎来专业发展的创造期。

洪宗礼之所以能够超越其他许多特级教师而卓然成为一代名师，就在于他打通了语文教育的各个环节：从教学到教材，从实践到科研，从中国语文教育到外国母语现状，他都有全面而深入的研究。他在长期的教学实践中发现了制约语文教学的死结——教材，在语文教育家顾黄初的鼓励下，他开始自编教材，把二十多年来的语文教育心得体会形成理念渗透到教材编写中，又将教材投入教学实验中检验。在教材与教学实践中，他又发现了语文教育理论的贫乏，进而开始课题研究，搞中外母语课程教材的比较，探索两者的共性和汉语文的个性。在从实践到理论又回到实践的循环之中，洪宗礼的学术成果如汩汩泉水喷涌而出，终成大器。

在语文教育界，有些语文教师评上特级之后，多数人的专业发展便停留在高原期而终身未能进入创造期，什么原因？因为他们自以为已登上人生最高峰。其实，成为一名特级教师只是刚刚走到专业发展入口处。看洪宗礼，他从教学起步，带着长达二十余年的实践经验，毅然跨入教材领域，编出富有洪氏特色的初中语文教材。取得这样的成绩他当然还不满意，又投入几百万元经费，组织中外二百多位语文教育专家，将研究触角伸入博大精深的中外母语课题研究之中。如今，洪宗礼正在将这项课题研究的五方面成果和十条共识，用来指导语文教学实践和教材编写实践。这样，从教学实践到教材编写再到理论研究，最后又回归到教学实践中，实践与理论交错前进，互动共赢，洪宗礼得以成就了他在专业发展创造期的伟业。

洪宗礼创造的奇迹提醒我们思考一个问题：为什么洪宗礼在苏北那块并不富饶的土地上却能长成一棵参天大树，而在居于大都市里的一些专业编者却未能成为语文教育家而只能成为"编书匠"？原因是多方面的，时代风气，成才机制，单位环境，历史传统，自身素养等，但是，还有极其重要的一点必须承认，即个别专业编者长期脱离语文教学一线而闭门造车，他们中的多数，不仅自身缺少教学经验，不知语文教学为何物，而且对当前的语文教学课堂实际现状也两眼一摸黑；当然，科学研究的风气差，科研能力的有限，理论与实践的脱节，等等，也是不能忽视的因素。

5. 只要心中爱——爱母语，爱教育，爱学生，语文教师就一定能创造专业发展的奇迹。

洪宗礼说："撼山易，撼我钟爱的语文教育大业难"；他又说："我一生挚爱母语，亲近母语，探究母语，弘扬母语，钟情于母语教育"；他还说："一个不爱母语的语文教师，必定不是好的语文教师，一个不爱母语的教材编者，永远也编不出好的母语教材。"可以说，对语文的爱贯穿了他的一生：从自幼读书塾起，母语便为他奠基，伴他成长，铸造他理想；母语天天给他启迪，给他智慧，给他力量，给他美的享受。从小学到大学，洪宗礼的语文成绩都是班上最好的，因为他喜欢语文。自从登上讲坛之后，他在语文教师的成才道路上从来没有犹豫过，动摇过，彷徨过。打个恰当的比方，语文教育是洪宗礼在自己事业上的初恋"情人"，相亲相爱，白头到老。他多次回忆，在自己长达半个世纪的语文教育职业生涯中，他有不少机会改行、高升，有人要他去大学当教授，有的领导要提拔他任教育局长、宣传部长，但他每次都毫不犹豫地拒绝了。他说自己"好为人师"，这是洪宗礼的幽默，这"好为人师"的背后，是他对母语的爱、对教育的爱、对学生的爱。有人说，洪宗礼爱语文到了偏执的程度，他被封为语文界"第一痴"。

其实，不管是"偏执"还是"痴迷"，都是基于一种爱，而这已经不是一般的热爱，而是对语文教育的"痴迷"。一个人能长期痴迷于某一件事，就一定能干出一番成绩来。

热爱的前奏曲是兴趣，职业兴趣进入高级阶段就会对职业产生爱。一般的说，一旦个体对教师这一职业感兴趣，就会追求这一职业，并愿意为此付出努力，这些努力包括学习有关知识、接受教师道德职业规范约束，即主动积蓄教书育人的资本。尤其当个体正式进入教学活动后，职业兴趣可以使教师更快地熟悉并适应职业环境和职业角色，从而努力钻研业务，磨练自己的职业道德行为，不断追求教育的更高境界。于是，教师就在教学实践中表现出为人师表、热爱学生、爱岗敬业的优良品德，获得身为人师的快乐，最终变成对教师职业的热爱。然而，当今不少语文教师对自己正在从事的职业没兴趣甚至厌倦，更谈不上爱。但是，他们出于先天的惰性、现实物质利益的考虑和自己跳槽能力的欠缺，因而仍一直留在讲台上混日子。这不能不说是可悲的。其实，不仅是语文教育，从事任何职业，喜欢而且热爱是成就一番事业的前提。洪宗礼在他的创造期所取得的成绩告诉我们，朝三暮四的语文教师是不会有创造期的，唯有认准目标，在语文教育的道路上一条路走到黑，才能迎来喷薄的黎明。

6. 只有善于合作的教师，方能成就自己的专业发展创造期。

时代发展呼唤教育要着力培养合作型的人才。合作是新课程改革中引人注目的话题，也成为语文教师专业发展的关键词。团体的智慧永远高于个人的智慧。教师要想获得专业发展并迎接创造期的到来，就必须学会合作。在这个强调合作讲求共赢的时代，孤军奋战哪怕再有能耐也难成大事。在语文教育研究中，课题合作是语文教师成才的一种高层次的合作方式，它要求组织人员齐心协力，共同攻关；还要求组织者不仅自身具有较高的业务水平，而且要有很强的组织、管理和协调能力，能把不同个性的人员组织到一起，共同完成既定的研究课题。由此可见，语文教师成才过程中合作能力的重要性。

洪宗礼说："千斤鼎一个人举不起，一个合作群体也许可以举起万斥鼎"；他又说："'洪氏教材'之所以姓'洪'，因为它是无数细流汇集而成的"；他还说："上天不用打梯子，团结协作就是登天梯。"合力的形成来自洪宗礼的人格魅力，他的合作精神和组织能力是我们学习的典范，并形成了一个磁场吸引着大家，许多"能人"都不由自主地聚集到他的身边，成为志同道合的同志，去共同攻克一个又一个的语文教育的堡垒，取得一个又一个"语文教育改革战役"的胜利。从20世纪80年代初开始，无论是教材编写组还是课题研究组，洪宗礼与人合作无数，打过交道的人极多，但无论是官员还是学者或者是普通的中学语文教师，事后无不对他交口称赞，称赞他的学问，他的人品，他的能力。洪宗礼主持的"母语教材研究"课题无疑是对他的组织合作能力的最大考验，因为这项课题涉及国内外语文研究专家一百六十多位，面对这支由教材编者、出版家、学者、教授、中小学教师所组成的庞大的研究队伍，洪宗礼如何指挥，如何组织，如何协调，如何解决彼此间的矛盾，特别是如何处理不同学术观点的纷争并作出取舍，使科研成果顺利成品，等等，他碰到的困难之多，一般人是无法想象的。但事情处理得相当好，让他攻克了很多专业组织都无法完成的重大科研课题。

"洪宗礼现象"印证了许多道理，但有一点必须强调，他的组织协调能力及从中体现出来的合作精神出类拔萃，非比寻常。教育，说到底就是育人的艺术，教人如何跟知识打交道，跟他人打交道。所有希望迎来专业发展创造期的语文教师都应向洪宗礼学习怎样与人合作。

这是一个创造的时代，创造需要很多条件。洪宗礼的专业发展创造期的借鉴意义远远不止以上这些，但上述六个方面我们只要做到其中的一部分，就能让自己的专业发展出现飞跃。

5 洪宗礼语文教育思想的包容性

|秦兆基 | *

细读《洪宗礼文集》，我们可以体悟洪宗礼语文教育思想具有巨大的包容性，其核心是洪宗礼先生的个人经验和在此基础上的理论升华，但也包含对先哲、时贤和外国语文教育理论的借鉴、吸收和运用。

洪宗礼语文教育思想的内容，诚如他自己在《语文教育随想录》中所概括的那样，解开语文教育之"谜"，揭示语文教育之"链"，求证语文教育之"真"，以此为自身的最大心愿。洪宗礼先生在"解谜"、"建链"和"求真"方面，不懈实践，不断探索，不辍研究，历时近五十年终于构建成了足以揭示语文诸要素及其构成关系、序列，且呈现为网状的"语文教育链"。

"语文教育链"学说的提出，发前人之所未发，是在语文教育理念、教材编写思想和方法、教学模型等方面一项重大的创新成果，也使洪宗礼语文教育思想从经验层面、一般教育理论层面上升到教育哲学的层面，赋予它以思辨色彩。

"语文教育链"学说的提出，是基于对语文学科本体的清醒认识，是基于对语文教育的全貌及其内部规律的确切把握，是基于对语文各要素之间的逻辑联系及其建构原理的深刻理解。它是源于实际，并经过一定范围内的实际检验，被认为比较成熟的语文教育理论体系。

洪宗礼先生在长期实践中，曾总结出"五说"语文教育观和"双引"语文教学法。所谓"五说"，即工具说、导学说、学思同步说、渗

---

* 秦兆基，苏州市第十中学高级教师，江苏版国标本高初中语文教材核心编者。

透说、端点说。"五说"语文教育观，立足于语文教育的整体，以期实现语文教育应该而且可以达到的多方面的效应。所谓"双引"，即引读和引写，就是在语文教学中立意于引导，培养学生的学习主动性与创造性，使他们能逐步做到自能读书与写作。"五说"语文教育观和"双引"语文教学法，反映在洪宗礼先生多部语文教育论著和数百篇论文中，也渗透在由他先后主持编写的三套中学语文教科书中。已为全国数百万中学语文教师心领神会，在教学实践中予以运用。"语文教育链"是在"五说"语文教育观的基础上，依据使用教材的教师以及各方面的反馈的意见，参照国外现代母语教育理论改造制作的结果。它比"五说"语文教育观和"双引"语文教学法更为透辟，更有系统。

洪宗礼语文教育思想来源于他长期的教学实践。洪氏文集的 2～5 卷为"躬行录"。它囊括了洪宗礼先生从早期到现今，在语文教育各个领域中探索的成果，其中有关于阅读和写作课堂教学的——引导的艺术，有关于教科书编写的——语文教材编制创新，有关于学生语文素养提高的——思维训练教材建设，有关于中外母语教材比较研究的——母语教材理论研究。

"躬行录"是与第一卷、第六卷的"思想录"互为表里的，"思想录"中的一些观点，是源于作者近五十年的躬行。"纸上得来终觉浅，绝知此事要躬行"。"绝知"就是彻底弄懂，"躬行"就是亲身去做。"思想录"中的一些观点，都可以在这一部分中找到佐证，找到这些观点是如何形成的，它的全部内涵所在。

"躬行录"还提供了洪宗礼先生语文教学中有代表性的个案，为广大语文教师提供直接的借鉴，有相当强的可操作性。尽管语文教学指导文件、语文教材、教学对象有所变化，但洪宗礼先生教学个案中体现出的智慧，仍然可以参悟。

洪宗礼语文教学思想具有著者鲜明的个性特征，它不只是经验性的总结，某些文本的解读，教学实验的体会，诚然这些经验都有其价值，但是洪宗礼语文教育思想所涉及的范围则比较广泛，除了系统的语文教学经验以外，更有语文教科书的编写理念、经验、中外母语课程教材研究的心得体会。

洪氏语文教育思想源于实践，是实际经验向理论升华的结晶。它不同于一般学者的语文教学论述。学者们有着自己的学术优势，有着比较深厚的理论，能够吸纳多方面的经验和研究成果，但是直接接触中小学语文教育的机会并不太多，往往有赖于他人提供的材料，因而发表的言论，与实际不免多少有点隔膜。洪宗礼先生从普通教师到特级教师、学校领导，由从事教学实验、教学内容的改革到教材编写，直到主持母语教育专题研究，始终没有离开过教学，他了解实情，掌握着很多鲜活的材料。正如江苏省教育学会会长、江苏省教委原副主任周德藩先生所说："一个普通教师，只要坚持边教学边研究便著述，终可以成为教育家。"

洪宗礼语文教育思想是动态发展的，是不断求新的，而不是在形成学派、体系以后，就故步自封。洪宗礼先生一方面注意整理和总结自己的经验，并且注意提升到理论层面上来，因而他的教育思想不断能添进新质。一方面不断扩展自己的研究领域，从教学实验进而到教材编写，再到中外母语教学研究，因而他的教育思想内容也不断扩展。一方面，他总是不断吸纳新的教育理论，吸取他人的经验，接受批评意见，不断反思，扬弃自己过去的见解，形成新说，表现出理论创新精神。这三个方面都在不同侧面体现出研究者的学术勇气。洪宗礼先生主编的语文教材，经过多次修订而每一次修订对于主编者来说，都是一次学术思想的升华，一场精神蜕变。正如一次当记者问及洪氏教材何以能一路领先时他所言，教材编者要有两种勇气：一是"力排众议"的勇气，一是"自以为非"的勇气，对于正确的东西要敢于坚持，对于陈旧和落后的东西包括自己的"经验"也要敢于否定。也正如著名语文教育家朱绍禹先生所说："洪宗礼是一位不避困难、不辞辛劳的实践中的跋涉者，是一位不厌思考、不断研究的理论上的探索者；是一位不肯休止、不停脚步的事业上的追求者。"教育理念的不断创新，就是源于这种不断求索的精神。

从现在情况看，中小学教师的社会地位并不高，远不如教授、学者或政府官员。形成这种现象的原因很复杂，这里不想作具体分说，其中重要的一点，就是有些从业者认为在这个岗位上，很难有所作为，他们把教师工作视为谋生的手段，失去了锐气，庸庸碌碌地打发日子。洪宗礼先生则不然，在20世纪80年代，他婉拒了去高等学府担任教授、主持教研室工作的敦请，也不愿意离开教学岗位去担任宣传部长、教育局长，甘愿终身当一个中学语文教师。现在来看洪宗礼先生于中学语文教坛的建树、等身的著作，他的典型意义在于说明：语文学科以及其他学科的教师，只要执著一念，坚持边教学边研究边著述，就会像洪宗礼先生一样，卓然成家。

语文教育界有一个流行词语：洪宗礼现象，又称洪宗礼奇迹、洪宗礼之谜。"现象"、"奇迹"、"谜"，都是说洪宗礼和他的事业是待解的命题。要真正理解洪宗礼现象，认识这个奇迹，解开这个"谜"，关键在于走近洪宗礼，领略他的人格精神。洪宗礼先生述说自己从事语文教育研究心境时吐露过："改革的路上不是都铺满鲜花，往往是荆棘丛生。回头审视身后之路，有如履薄冰之感"，"我在诸多曲折中不断发现机遇，在新的机遇中又经受挫折，……我总是在挫折与机遇的立交桥上寻找自己生存的交叉点、坐标点。"洪宗礼先生的事业发展史同时就是他的精神成长史。洪宗礼先生的人格精神：挚爱母语，自觉地把探索母语教育规律作为毕生使命，坚韧而富有智慧，既胸怀远大理想而又埋头苦干，在这样的进程中得到了充分的展现。

6 洪宗礼先生引领我走上教材改革之路

| 李 震 | *

我和洪宗礼先生相识，是因为我用了他主编的初中语文教材。

那是 1990 年 8 月，我从连云港市语文教研员程华老师那里得知：泰州中学的洪宗礼先生编了一套初中语文教材，反映很不错；从油印本开始试教，经过几轮实验，由江苏教育出版社出版试用。程华老师还送了我一套洪先生主编的语文教材，建议我选用。

当时，连云港市初中语文教学都用的是人教版教材，我又教高中语文。但是，当我翻阅了这套初中语文教材后，顿觉耳目一新。于是我就主动打报告，要求到初中任教，试用洪宗礼主编的教材，并将新招的初一（4）班作为整体教改班，对语文、数学、外语、政治四科进行整体教改规划设计，着重从教材教法上进行教学改革，希望能够求得语文教学的整体效益。这个请求得到了学校领导的支持。从此，我用这套教材在初中连续进行了九年的语文教学改革实验。九年来，我和洪先生从不相识到相识，再到相知，并在语文教学事业中得到他许多的指导和帮助，结下了深厚的友谊。

20 世纪 90 年代初，教学改革处于起始阶段，我只是摸着石头过河。

我以洪先生的"五说"语文教育观和"双引"教学法为指导，把初中语文课型分为预习课、教读课、自读课、总结课，重点围绕"引读"做了动态构建，目的是辩证地处理教与学的关系，"启发学生的能

---

* 李震，江苏省新海高级中学教授级高级教师、享受国务院特殊津贴专家。

动性，引导他们尽可能自己探索"（《叶圣陶语文教育论集》）。洪先生把"五说语文教育观"的"引读"教学法融入了教材编写之中，我则根据教材中"引读"、"引写"教程的框架结构设计教学模式和创新教法，从教学实践的层面上运用洪先生的教学思想进行"引读"设计，又独立思考，在教学中有所创新。

预习课中，我引导学生预习课文，充分发挥教材中"单元教材支配表"、"学习目标要求"、"读中提示"的作用。教读课重在教以规律，授以方法，举一反三。自读课是引导学生自奋其力，主动探索，通过自读形成阅读技能的迁移。总结课则重在引导学生形成概括、综合、创造的能力。几种课型虽各有其结构特点但都是教师引导学生以自学为主的动态过程，使语文课堂教学形成一个可操作的、可控制的结构性流程。

洪先生曾创立了引读十法23种课型。我一方面借鉴他的经验，一方面从自己的教学实践中总结提炼自己的教法，这些教法力求体现八方面特征：①语文学科性质的工具性与人文教育的渗透的统一；②教师教学地位的主导性与学生学习地位的主体性的统一；③教学目标的相对集中性与学生学习过程中思维的相对发散性的统一；④教学结构的程序性与教学过程中操作的随机性的统一；⑤教学步骤的阶段性与总体系列的整体性的统一；⑥年级阶段教学方式的相对稳定性与初中三年教学方式的动态性的统一；⑦教学内容的相对确定性与教学训练指向的迁移性的统一；⑧语段教学方法的单一性与全篇课文教学方法的灵活性的统一。

我把这种设计方案寄给洪宗礼先生，向他请教，不久便得到回应，后来不断得到他许多指导和鼓励。在教学实践中，我学习洪先生的治学精神和态度，严格按照预设目标来实施，并设定了对比班级。三年下来，收到了比较理想的效果。第一轮实验报告在南京师范大学的《语文之友》发表后，获江苏省第二届教育科学研究优秀成果三等奖，获全国农村中学语文教改研究中心举办的教学科研成果评比二等奖，并被收入国家教委、中央教科所等单位编撰的《中国当代教育成果大典》。

第一轮实验结束后，我认真反思实验过程，认真体会洪先生教材的编写思想和编写意图。我感到，教者的这种揣摩反思实际上就是一种和编者的对话。教者充分地理解了编者的意图，才能实现教学实践中的创新，求得语文教学的最大效益。

1993年9月始，我修改方案，进行了第二轮实验，侧重点在学习习惯培养上。市教育局和洪先生给我提供了许多展示的机会。1995年12月，在省教委于徐州召开的"中小学语文教改成果汇报会"上，我介绍了实验情况，得到与会专家和同行的好评，并被省教委教研室评为"先进教师"。1996年8月13日，"苏教版初中语文教材建设总结表彰会议"在无锡太湖饭店开幕，有六位试教教师被评为"苏教版初中语文教材实验先进个人"，我名列榜首；安排大会发言介绍经验时，洪先生提出让我第一个发言，我感到非常荣幸。

1996年9月~1999年6月为第三轮实验，我重新修改了实验方案。第三轮实验着眼于发展学生的个性，力求使学生的语文素质和学生的心理素质同步发展。该课题被列为江苏省"九五"教育科研规划，被全国中语会课题实验研究中心列为全国重点研究课题。1999年7月，第三轮实验报告获得全国中语会主办的首届"语通杯"全国语文教研大赛一等奖，我个人获"优秀实验教师"称号。2000年，《语文教学通讯》比较全面地大篇幅地介绍初中语文引读教学实验情况；同年11月，这项实验顺利地通过了省专家组的评估验收，实验报告发表在《江苏教育学院学报》2001年第4期上。

在实验期间，我积极开课，带动全局。到第二轮时，连云港市已经全部使用了"洪氏教材"。1996年春，我面向连云港市中学语文界同行开设了"飞向太平洋"引读教学展示课，受到市教委领导的表扬及同行的肯定，不少学校购买了该课录像带。1997年5月，应全国课堂教学研究中心邀请，我前往江西庐山，在全国课堂教学研究中心第十三届年会上执教"梅岭三章"，向近千名与会者展示引读教学法，受到专家和同行赞誉。同年12月，在省教研室召开的"加强教学改革，进一步提高课堂教学效率"研讨会上，我再次执教引读教学示范课，并在大会上介绍了引读教学经验。每当我取得成绩，洪先生知道后，都会打电话或者写信给我以鼓励，这使我在语文教学探索之路上一路阳光，一路凯歌，始终充满了信心。我深切感到我的一些成就是离不开名师洪先生的帮助和引导的。

在我心目中，洪宗礼先生不仅仅是教材的主编，更重要的是我人生的楷模。我通过使用洪氏教材认识了洪先生，又通过认识洪先生找到了一位人生导师。每当我在《语文教学通讯》上抑或是在《人民教育》上读到有关洪先生事迹的文章，我都为之感动。他"精心编织教材改革蓝图"，我在教学实践中深深理解了他的教材编写思想以及对语文教育事业的热爱；他"走进理论研究殿堂"，在身体多病、年且六十之时，勇敢地肩负起母语课程教材研究的责任，当我捧读那厚厚的 10 卷本《母语教材研究》时，真有"高山仰止"的感觉；他"让生命之火越烧越旺"，在教学中探索，他付出了精力，付出了汗水，付出了心智。他常说："意志不老，心态不老，思维不老，事业不老"，这些至理名言，我定会把它融进我生命的旅程。用他主编的书执教，我获得了心智的提升；读他的事迹介绍，我获得了精神的冶炼；得到他的鼓励，我生命的风帆从此高扬。我从他的精神、他的意志、他的学术思想中获得许多启示和鼓舞。我想，当我们敢于在烟波浩渺之处飞舟时，那"落霞长天"的景致就会领略到。1999 年 4 月，我去江西庐山上课，游滕王阁之后，写了一首《登滕王阁》诗："斗牛辉映第一楼，王勃奇序传千秋。雕梁丹柱镌翰墨，山云树影映碧流。九槛分出承丽日，两水合抱翔江鸥。俯看烟波浩渺处，落霞长天又飞舟。"诗的最后两句，表达了我学习洪先生教改事迹和改革精神的感受。我深切感到，我们已经进入了一个语文教学发展的全新时代，十分需要学习洪先生那样的"拼命"精神，立志改革，勇于改革，像洪先生那样去求语文教学之"真"。

1993 年 11 月 2 日，江苏省中语会第六届年会暨省青语会成立大会在常州一中召开，作为省中语会副理事长、著名特级教师的洪宗礼先生致开幕词，他代表省中语会再次表达了江苏老一辈中学语文教育工作者对青年语文教师的鼓励和期待。也是在那次会上，我当选为省青语会副理事长。

1995 年 10 月 20 日，我去成都参加全国中语会第六届年会，遇到洪宗礼先生，他又询问了我的教改情况，并嘱我协助收集对语文教材的意见，以便继续修订。大会分组发言时，洪先生特别强调了语文教学要姓"语"的观点，这是 1992 年洪先生在江苏百名语文教育工作者参加的南通会议上发言的核心观点。21 日晚饭后，我和洪先生谈到准备写大会综述，他很支持我，说了一点建议、两点体会、三点内容，名曰"一二三工程"。语言简练而概括，我听后很受启发。会议结束后，我就写了一篇长篇报道，发表在有关刊物上，文中体现了洪先生的许多语文观点。

1995 年 12 月 8 日，收到洪先生惠赠的《洪宗礼语文教学论集》。全书分"教学论"、"教法论"、"教材论"、"改革求索篇"四个部分，内容丰富而论述独到，书中表达了洪宗礼语文教学的核心思想——"五说"语文教育观、"双引"语文教学论。拜读后，给了我深刻而重要的启迪。通读此书，洪先生那种对语文教育事业的执著追求的精神，那种对语文教材编写的精益求精的治学态度，那种对实验团队成员的关心和爱护，都给我留下了深刻的印象。

1996 年 4 月 25 日，在即将去丹阳"说课"研究会议上作报告之际，洪先生匆匆给我一封信，信中鼓励我说："你正值风华正茂之际，学术上是最佳发展期，祝你在教改研究中作出不懈努力和更大成就。"

2004 年 4 月 10 日，我到南京大学参加"教育美学与教学改革研讨会"，听了洪先生的报告，他讲的是"教材编写的审美眼光"，特别强调"语言文字"与"人文"的关系，他说："我主张'一张皮'主义。你讲'人文'，能离开语言文字吗？他讲语言文字，能离开'人文'吗？"这和我在 1996 年在《语文学习》上发表的综述观点是一致的。

洪先生的语文教材越编越好，越改越新，越修越精。我在九年的教学中不断实践，不断总结，不断把教学成果扩展开来，先后在赣榆县及连云港市，在江苏省乃至在全国开示范课，把"引读"提炼为一种课型结构，升华为一种教学理念，凝聚为一种实践精神。进入 21 世纪，为适应新课程改革的趋势，我又在"引读"理念指导下进一步探索和发现了一种提高课堂教与学效率的有效途径——教与学整体设计，把洪氏教材从"教"、"学"、"练"、"评"四个层面进行了综合设计。其中，突出动态设计，突出可操作性，注重问题情境的设置，把整个教学过程设计成引导学生自主、合作、探讨、交流的过程，并主编了一套 24 本约五百万字的"教与学整体设计"丛书。

前些日子，洪先生惠赠了我一套 6 卷本的《洪宗礼文集》，再次捧读洪先生的著作，真切地感受到洪先生确实"是一个仰望天空的人"，"是一个胸有大志，怀有大爱，当仁不让，贡献社会的仰望天空的人"。这使我眼前高扬起一面旗帜：一面学术的旗帜，一面人生的旗帜，一面精神的旗帜。

从我第一次读了"洪氏教材"开始，洪先生一路引领我在语文教学改革的道路上行进，九年的教学实践，八年的研读思考，不断实践，努力创新，我终于在教学和教材改革中有所长进，被评为江苏省首批名教师、江苏省首批教授级中学高级教师，并享受国务院特殊津贴。

我感谢洪宗礼先生！

思
教
英
撷

5

1 母语教育十论

| 洪宗礼 |

　　母语作为人最初学习的语言（无论是本土语，还是外来语），它都是人类生存发展的不可或缺的要素，是思维、学习、交际、表达情感与传承文化的重要工具。它如影随形地伴人一生。

　　自幼时读书塾始，母语便为我奠基，伴我成长，铸我理想，成就我的事业，与我结下不解之缘。

　　母语天天都给我启迪，给我智慧，给我力量，给我美的享受。在母语中觉醒，在母语中感动，在母语中陶醉，在母语中成长发展，正是中华儿女坚定的教育信仰，也是人们对母语教育的价值追求。

　　我在语文教育改革的园圃里，耕耘了近五十个春秋，为了改变语文教学费时多、收效微的低效状况，寻找一条大面积提高语文教学质量，培养具有全面语文素养的人才的"捷径"，我结合教学教材改革实践和中外母语教育比较，从十个方面多维多角度地研究语文教育，分析了语文教育内部各要素之间的构成关系及其与外部方方面面的联系，提出了构建语文教育之"链"的思想，并阐述了其理论基础，试图以系统思想为指导，从整体上改革语文教学，探求提高语文教学效率的规律。

一、语言也是文化

　　语言承载文化，传播文化，弘扬文化，语言可以表达人文文化、历史文化、科技文化等一切文化，因此它又是传承人类文化的工具。

语言本身也是一种文化，即使是在识字教学中的辨字形、字义、字音，亦为传承先民的造字文化；有了造字文化，人类文明才有了升华。可以说语言是人类文明的象征。因此，我以为，以大文化观而言，语言是诸多文化中的一枝独秀；以语文观而言，其本身则蕴含深厚的文化，是创造艺术的文化。

语言还是表达艺术、创造艺术魅力的基础与手段之一；在社会发展中只有借助语言才能进行科学研究，享受科研成果。没有语言，就没有文化，没有艺术，没有科学，甚至一切社会交流都会无法进行。在语文教育中，语言和文化是密不可分的共同体，语文课程文化只有借助语言才能表达出来；学习者也只有在语言研习的过程中才能培育审美观念，体味、感受、涵泳语言文化之美，获得文化熏陶。

母语教育、母语课程教材建设的根本目的，正是为了更好地弘扬祖国的文化、人类的文化。每个语文教师和语文教育工作者，都必须直面母语课程教材的文化价值，务必致力于加强民族优秀文化的理解和吸收、创造和发展。任何一个民族的语言文字不仅仅是一个单纯的符号系统，它反映了一个民族认识客观世界的思维方式，蕴含着民族精神的深厚积淀；它是维系民族精神和民族感情的心理纽带，是民族生命的组成部分。当然，认同语言的文化价值，并不意味着否定和淡化语言文字作为载体、工具的基本功能和个性特质。母语教育和课程教材改革，就是要站在历史发展的高度，以更广阔的视野塑造母语课程教材文化。

二、母语无价

母语的地位、价值是由母语的性质与功能决定的，我们必须全面而正确地认识和理解母语的功能性质及母语教育的目标。

世界上有六七千种语言，各民族一般都有自己民族的语言，不同民族有不同的语言。语言的多样化是文化多元性的基础。关于母语的含义，各类权威文献表述不尽相同。一般认为，母语指一个人最初学会的本民族的通用语。这个定义的核心要素是"本民族"。然而随着世界现代化、信息化社会的迅速发展，国际交流的增多，各国的历史、政治、文化等生态有了发展变化。一种民族语言，往往为许多国家所使用，如英语就是一种世界通用的语言；另一方面，世界上有不少国家（尤其是移民国家、多民族国家或原来的殖民国家）鲜有自己的民族语，或自己的民族语衰退，而被其他强势民族的语言（即外来语）取代。

民族语与外来语的渗透、大众语与官方语的交叉、古代语与现代语的关联，导致了"多国一语"、"一国多语"的世界语言多元、复杂格局的形成。这个变化发展，使人们对母语作为"一个人最初学习的民族语"的含义产生了新的困惑，也让我们认识到世界母语发展形势的严峻。为了保护人类的多元文化，必须尊重、保护和包容世界民族语言的多样化。

鉴于世界语言发展的格局和"多国一语"、"一国多语"的现状以及多彩的语言、多彩的文化、多彩的经济构成的多彩世界，因语言同化异化而形成的语言文化彼此渗透的格局，使语言在国际交流中的功能地位凸现出来。

在全球化、现代化、信息化的当代世界，无论哪个国家哪个民族，都不约而同地把母语教育、母语课程教材的发展与创新，放在基础教育改革的显著地位。正如日本一位哲人所说："放弃母语，就是通向亡国（毁灭文明）的捷径。"我们从四十多个国家和地区当代语文学科的周课时和各学段的总课时的安排比较分析中了解到，除德国近几年因欧盟要求学两种官方语而相对减少了母语教学课时外，语文学科的课时都是最多的。美国等国家历来把母语教学放在各学科之首，语文周课时大多在 8 课时以上。因而，当前某些地区、某些学校"轻母语、重外语"的思想和做法都是不足取的。国家教育行政部门应采取果断措施，改变这一现状，在适应改革开放需要、加强外语教学的同时，确保母语教学的"首要"地位。

汉语是我们的母语，是中华民族的共同语。汉语是世界上使用人数最多的语言，也是屹立于世界多样语言之中的使用历史最悠久且最优美丰富的语言之一。我国作为世界文明古国，有五千年的文明史，有文字记载的历史则有三四千年，传统语文教育延续约两三千年，现代语文教育也有百年之久，确实是源远流长的语文教育的泱泱大国。经过无数仁人志士的不懈奋斗，终使我国母语教育有了长足的进步，哺育着一代代学子的成长。

传统的汉语文教育，具有其他语言文字不可替代的地位，有着无可比拟的优越性；积累、感悟、涵泳，是汉语学习的特点。尽管汉语和汉语文教学存在某些弱点，相信是可以在改革中得到改造和完善的。作为中华民族的共通语，汉语在社会主义现代化建设，在教学、科研、文化、生产等各领域的学习、交流、思维等方面的价值功能是不可忽视的。正是因为汉语在传承、弘扬中华文化方面，在社会交际、信息传递方面，具有不可替代的功能和十分重要的价值，所以我国历次制订的课程计划、教学大纲都始终确认语文科在中小学各学科中的"龙头"地位和"基础的基础"作用，始终把语文列为核心课程，把学习、理解和应用祖国的语言文字作为语文教育的主要目标。所以我说"母语无价"。

三、工具性、思想性附于"一张皮"

关于语文课程的工具性和思想性历来有争论，现在已有的部分共识，认为两者是统一体。但究竟如何准确而全面地理解两者关系，至今仍有分歧。对"语文"的理解不一，有语言文字、语言思维、语言文章、语言文学、语言文化、语言人文、语言文章等。其实，文字、思维、文章、文学、文化、人文等，在意义上都是交叉或相容的，只是强调的侧重点不同。从本质意义上讲并不互相矛盾，彼此之间可容性很大，似乎没有必要纠缠。依我之见，思想可以包括人文思想、科学思想、哲学思想，文学和文章也都是表达思想情感的。所以，我谈语文的特点一般取用"工具性与思想性的统一"这个观点。

用现代观念考察语文，从交际层面看，它是表达与交流的工具；从体现国家意志和渗透思想道德观念看，它是国家民族生存发展的基础；从传承、弘扬文化看，它是积淀、传播文化的载体；从发展人的情感看，它是文学教育、审美教育的重要组成部分（或一个主要分支）。由于语言本身也是一种文化，因而，它又具有很高的人文价值，这也是语文具有民族凝聚力的根本原因。以上这些都仅仅是从语文的功能来考量。倘若从语文课程教材内容构成来分析，它又包含语文知识技能、文学作品、文化科技著作、各类应用文章的阅读，以及各种语文活动设计，等等。其反映的内容涉及人与自然、人与社会、人与文化、人与自身的许多方面。

　　我们在中外比较中对语文的多元目标、多重功能和复杂内容做了辩证的、客观的、实事求是的研究，分析了语文和语文课程教材的主要矛盾和本质特征，作出如下判断：语文作为形式学科，它具有工具性（语言是核心）；作为内容学科，它具有思想性或人文性（思想是灵魂）；作为综合性基础学科，它是语言与思想的统一体，也就是兼具形式训练和实质训练的特点。如此定位，可以突出母语和母语课程教材在国家民族生存发展中的重要作用，凸现其在基础教育课程教材建设中其他学科无法代替的特殊地位。

　　语言与思想的统一是马克思主义语言学的基本原理。马克思说："语言是思想的直接现实。"语文是学习的工具、交流的工具、思维的工具和文化传承的工具。这样的工具完全不同于生产工具（包括现代的信息工具）。但另一方面，如果把语文看作纯工具，显然也是错误的。因为语言是表达思想的工具，语言文字是"表"，思想内容是"里"。两者始终存在于一个不可分割的统一体之中。语文作为工具是没有阶级性的，语文教学的任务也不是专门进行思想教育的，但是学生在语文课上学习和掌握语文工具，不是孤立地读字典、词典，啃语法、修辞、逻辑知识（即使是字典、词典和语法修辞教材中的字词知识，也不可能完全离开意念而存在），读的是一篇篇课文，写的是一篇篇作文。这些课文和作文不是单纯的语言文字的机械堆砌，不是用不相关的字句任意凑成的，而是语言和思想、形式和内容的统一体，它总是要包含不同的思想感情，学生在通过阅读范文和作文练习来学习和掌握语文工具的同时，必然受到思想文化的陶冶。从这个意义上讲，语文课的思想性很强。历代统治阶级无不通过语文教学宣扬自己的思想，就连只是单字的堆积，看似并无任何思想内容的《百家姓》，宋朝人编时要用"赵"字开头，因为宋朝皇帝姓"赵"；第二位是"钱"，因为吴越王钱镠的后代，曾把吴越国的土地主动送给北宋政府，受到北宋政府的优待，成为当时仅次于赵家的贵族。到了明朝，统治者就不容许这种现象继续下去，就改用以"朱"字开头的《千家姓》。可见语文教材的思想倾向性是十分明显的。

语文作为一门课程，一门学科，其目标就不仅是单一地掌握语言文字工具；语文教学的丰富多彩的内容，主要是借助一篇篇课文载体，来渗透深邃的思想，包括人文思想、哲学思想、政治思想、科学精神和科学思想、自然生态观念等。因此，语文学科必然同时具有工具性和思想性。思想只有借助语言文字来表达，语言文字离开了思想也便成了空壳。应当说，既具有工具性又具有思想性是语文课应有之义，工具性与思想性的统一则如一块硬币的两面，它们始终是附在"一张皮"上的。

四、模糊的科学，科学的模糊

语文教育有明确的目标、功能、要求、原则。语文内部各要素之间呈网状结构，具有显性或隐性的联系。在国家课程标准与教学大纲指导下，课文依据各学校各年级学生的需要严格筛选，有序编排。教材需要有合理的度和量，各种文体应有恰当的比例，一切设计都应考虑适合学生的"学"与教师的"导"。语文与其外部的方方面面浑然天成，有难以分割的联系，因而语文教育无疑是科学。然而，只要打开教科书，便会知道它是一个内涵丰富的科学组合的整体。所以，在实际教学中，既要作必要的、科学的基础训练，更要整体把握、整体感知，追求的是语文教学的整体效应，没有必要把内涵上已经有机地"化"入教材的各要素，再肢解成"点点块块"的碎片，因为字词句都是文章表达思想感情的工具。这就是语文教育的"模糊性"。但这种"模糊"，并不是提倡教学"杂乱无章"，而是要求教者把握语文内在的科学联系，遵循语文教学自身的规律。这里的"科学"是指模糊的科学，不要求什么丝丝入扣，不去刻意追求所谓严密的系统性。使模糊的科学与科学的模糊真正统一起来，正是语文教育的追求，也是语文教育走进艺术殿堂的必由之路。

正因为语文教学具有科学性与模糊性统一的特点，它的追求是整体综合效应。语文教学作为一个复杂的多维结构体，作为一项系统，它的内部存在着密切联系、相互制约的许多因素，而且它与其外部又有多方面的联系。从教学目标来说，它是多元的，既有传授知识、发展智力、提高能力和培养习惯的目标，也有思想教育、文化传承和精神陶冶的目标。从教学活动的过程来说，它是动态的、双边的，既有纵向的时间延伸，又有横向的空间拓展；既有教的方面的活动，又有学的方面的活动。从教学活动的内容来说，它包容诸多方面：语言形式方面，有字、词、句、篇；语言运用规律方面，有语、修、逻、文；语言行为方面，有听、说、读、写。而语文的边缘工具性质，又决定了它与毗邻学科以及社会生活有着广泛的联系。因为语文教育的根本目的是造就人、培养人，所以语文教学应当与人格培养的价值取向相一致，必须注重人的综合素质的提高，从整体上着眼并服务于未来一代的发展。对于语文教学这样一个纷繁复杂的多面体，我们要运用系统思想，进行不同层面、不同维度的整体研究，用心寻找语文教学诸种结构元素之间的联系及其最佳结合点，不断探求其规律性，并构建其学科体系。要使语文教学的各种因素、各个方面结合成一个和谐协调的有机整体，不能一味追求系统而把语文肢解，否则便忽视了语文教学模糊性的另一面。

五、教学艺术是创造的艺术

历来教师进行语文教学有两种状况：一种是照本宣科，把书教死；另一种是善于引导学生自己使用教科书，把教科书用活。因此，修炼教学引导的艺术，是教师成功地使用好教科书的关键。

教学的艺术是创造的艺术。

一个班级几十名学生，思维能力参差，个性特点各异，心理状态不一。然而，他们的内心深处都蕴藏着充足的思维能。教师是学生心理奥秘的探索者和发现者，又是学生思维能的辛勤开发者。

在语文教学中调动学生思维的积极性，是深层次的智力开发。它的价值不亚于开发一座座金矿。每一位成熟的具有创造艺术的语文教师，都会考虑充分融会课本内容，把握学习目标，运用自己的教学艺术，在读、写、听、说训练中，最大限度地调动学生思维的积极性，把学生引进"积极思考的王国"。

一般来说，在课堂上，只会有不善于启发引导的教师，不会有不愿思考或不能思考的学生。

乐思方有思泉涌。乐思，犹如童话中的魔杖，触及之处，智慧之花灿然开放。

具有较高教育机智的教师总是善于启动学生的思维机器，精心设计每一堂课，巧妙安排每一个教学环节，从而使学生始终有新鲜感、新奇感、追求感。

可设悬置疑，层层激思；可故拟相反答案，预设思维岔道；可投石激水，引起争论；可把学生带入特定情境，触景生思；也可别出心裁，策划智力游戏，引逗思维的乐趣。总而言之，要使学生感到，积极思维的确是一种需要，一种趣味，一种享受。

课堂上五十双眼睛就是一个个教学信息窗口。学生的眼神意态，就是无声的教学反馈：有的透出自信，有的含着怯懦；有的表露强烈的表达欲，不吐不快；有的显得胸有成竹，不屑一谈；有的锁眉沉思，有的茫然淡漠；有的表示心领神会，有的则百思不解……

教师"引"的艺术是否到达最佳点，能不能使思维反应慢的学生进入积极思维的状态，这是一块试金石。

每个班级总有少数学生的思维能呈潜藏状态，这些学生的心里同样蕴藏着思维能，他们心灵深处都有一片有待开垦的"处女地"。教师启发调动学生思维时，往往在他们身上"卡壳"。因此，要善于用睿智的目光，去发现他们一丝一毫的表达欲望，爱护他们一闪一烁的思考，点亮他们一星一点的思维火花，即使一时"启而不发"、"调而不动"，也要耐心地等待。"等他60秒"，是艺术，是对学生思维积极性、自尊心的保护。在60次"嘀嗒"中，学生思维的火花最终会燃烧成绚丽的彩霞。

思维的浅表性和直线性是一些学生的明显弱点。教师宜设法引导他们主动探求：或生疑兴波，从无疑处生疑；或由此及彼，启迪联想；或藏答于问，曲问通幽，向深处开掘。

画留空白，课留"思地"。

高明的画家会在画面上留下耐人寻味的空白，出色的乐师常把听众引入"无声胜有声"的境界，有经验的教师往往给学生留下充分思考的余地。满堂灌，满堂议，满堂问，追求的只是课堂上的表面热闹。教师要深谙动静相宜的妙处。

教师要有"等"的耐心，"留"的决心，还要有修炼艺术化的教学语言之恒心。课堂上，教师的语言可以成为萌发学生思维的春风，也可以成为凋零学生思维的秋霜。机智的一语点拨，可以让学生的思维如久壅顿开的泉水汨汨流淌；一句轻声的责备，也可以熄灭学生思维的火苗。教师课堂上每讲一句话，乃至每用一个词，都要"出言谨慎"，反复推敲，不仅要加大含金量，准确、深刻，要有哲理情趣，而且要语含温馨，亲切、自然，如话家常。

在语文教学的课堂上，教师天天都在训练学生的语言和思维，也天天在自我修炼。教师把学生引进了"积极思考的王国"，也使自身进入美不胜收的"教学艺术的王国"。只有这样，教科书的使用才可能

"活"起来。

50 平方米的教室，空间是有限的；45 分钟一堂课，时间是有限的。教师应当在有限的时间和空间里，运用自己活用教科书的教学艺术，去发展学生无限的思考力。

一套好的教材，只有采用适合的教法，才能取得理想的教学效果。教法要得当，关键是个"活"字，要修炼活教、教活课本的艺术。

六、用心点燃学生创造思维之火

具有创造艺术的教师往往是智慧型教师。他们总把教学看成是一种创造，而且能用自己的教育机智去激发学生的创造意识，用自己的创造之火点燃学生创造思维的火花。在十多年对中外母语教育和母语教材比较研究中，我清晰地看到一个重要轨迹：创造力的培养是各国母语教育发展的总趋势，创造性教育是各国母语教育的主旋律。我们要走出"赢在起点，输在终点"的困境，必须重视运用教科书来培养和发展学生的创造思维能力。

心理学实验证明，除了智力上有先天性缺陷的孩子，每个学生内心深处都蕴藏着创造思维的潜能。

一个成熟的教师，一名优秀的教材编者，往往会运用自己的教学艺术和创新设计，积极开发学生的思维潜能；会发挥自己的教育机智，用自己的心去点燃学生创造思维的火花。

创造思维并非深不可测的大海，亦非高不可攀的巅峰。它是在已知的基础上求未知，在继承的基础上求创新，在变革的过程中求突破。其基本特征是求新、求异、求变、求活。创造思维的基础是丰富的知识积累，而知识的运用是关键。多读书，读名著名篇，这是积累的重要途径，但在读中更须多体悟、多思考、多应用。要使学生懂得不能只满足于"继承"性地读书，而要在阅读实践中发表自己独到的见解和有创意的看法，不满足于只有一个所谓的"标准答案"。

"横看成岭侧成峰，远近高低各不同。"对同一问题，站在不同侧面，处于不同心理，选取不同角度，采用不同思路，都可能会有不同的看法。因此，只有摆脱预设"唯一"答案的这种根深蒂固的思维模式的禁锢，才能爆发出灿烂的创造思维的火花。

语文教学本身就是一个多彩的世界。语文教学发展学生的创造思维，具有广阔的空间和得天独厚的优势。语文教师必须也必然要在教室的有限空间里，在课堂的有限时间内，运用教科书启迪学生积极地想，合理地想，全面地想，辩证地想，从而打开他们创造思维的门扉。

在大多数情况下，学生的创造思维、非凡的灵感往往产生于极其细小的一闪念、极为普通的一瞬间。教师要特别留意这"一闪念"和"一瞬间"。在引导学生读写听说的过程中，要善于察言观色，透过学生的一言一行、一姿一容，把握学生的情绪和心理变化，相准"稍纵即逝的瞬间"，发现学生创造思维的嫩芽，排除堵塞思路的障碍。

亚里士多德说，思维是从疑问和惊奇开始的。教师要培养学生的创造思维，就必须使学生始终有新鲜感、新奇感和追求感，让他们把积极思维、突发奇想、标新立异、锐意创新作为一种需要，一种追求，一种乐趣，一种享受。

创造思维绝非贝多芬、莎士比亚、瓦特、爱迪生这些伟人的专利，任何人哪怕是最平凡的人都具备创造思维的潜质，处在创造思维萌发时期的青少年尤其如此。只要教师能够引导学生经常保持好奇心，不断积累新知识，不满足于固有答案，而去探求新思路，善于抓住灵感并将它发展下去，大多数学生都可以成为富有创造思维的人。

如果我们能把教科书编活，教活，让学生学活，就必然能点燃学生创造思维的火花。

七、教科书是教本，也是学本

教材历来是教学之本。要提高教学效益，就必须抓住教材建设这个根本，运用教科书来制约教法，发展思维能力、探索精神，促进学习方式转变，并引导学生在综合性学习活动中全面提高语文素养。它们是语文学习追求的更高目标。有鉴于此，我们不能把语文教材仅仅看成是"语文教学之本"，确切地说，教材是"帮助学生自主学习之本"，"引导学生学会学习之本"，"促进学生创造性学习之本"。教材不是供学生欣赏的知识花盆，也不是展示范文、注释、插图、练习等的展览厅，它是引领学生进行探究学习、独立思考的路标，是促进学生自主发展、自我构建的"催化剂"。面向21世纪语文新教材体系的构建，归根结底应当弄清楚"学生如何自主发展"这个根本问题。知识、技能，无疑应该切实掌握，而且要严格遵守语文学习规范：书要仔仔细细读，字要认认真真写，一丝不苟，一字不忽。然而，知识、技能只有在学习和运用语文的实践过程中，才能扎实、灵活、牢固地掌握。当然，倡导学生自主学习，并非忽视和削弱教师的作用，相反，要更重视提高教师的责任感，更注意发挥教师的诱导作用，力求达到教与学的高度统一和最佳结合，力戒变主导为主宰，变主动为盲动。教学相长是我国传统教育的先进理念之一，也是对教与学相互关系的最辩证、最确切、最具体的概括。

方尺之课本体积不大，容量有限。然而，它是教学之本，是学生用以获得知识技能，磨砺思想，陶冶情操，并得以终身学习、终身发展之重要凭借。母语教材更以它特有的魅力影响学生的未来，影响他们一生的发展。编者应致力于运用当代先进的编写理念，精心编制教科书。要正确处理课本与配套教辅用书，课本与课外的广泛阅读（包括经典文学名著、优秀科普作品的阅读），课本与学校生活、社会生活，课本与语文实践活动之间的联系和渗透，使课本成为学生终身学习的起点、扩展点。

尽管课本有教本、学本、读本多种功能，但无论哪种功能，既需要学生的主动学习，更需要教师的积极引导。学生是最灵动的生命体，教师要运用自己的智慧去激发学生的灵性；只有通过优秀教师的教，学生才能更好地提高语文素养。

要实现课本、教师、学生三者完美与和谐的结合，就要十分注重学习过程，要在学习过程中形成正确的价值观念、健康的情感、科学的态度。只有这样，才能从有限的教学过程中获取最大的教学效率。学生不能主动地"学"，教师不善于积极地"导"，其效果必然微乎其微。好的课本应当能够引导教学，好的教师一定可以驾驭教材。而教材改革最关键的，还是教者要对课本的价值功能有正确的认识，树立"教科书既是教本，也是学本"的思想，并修炼"用课本教"的艺术。

八、教科书要走进精品的殿堂

从亲身经历的教材编写实践中认识到，教材是教学之本，育人之本。教法学法改革，无不受制于教材。如果教材质量低劣，再好的教法也难以奏效，正确的教育思想内容也得不到体现。借助教材内容和体系的改革，把十几年乃至几十年的教改成果巩固下来，即用教法改革来促进教材改革，又以更新了的教材从根本上来制约教与学，这可以说是深化语文教学改革的"捷径"。

新教材必须有鲜明的时代性，充分体现面向现代化、面向世界、面向未来的要求。教材应当有"超前意识"，要尽可能考虑到十年二十年，乃至更长时间内社会发展对语文知识、语文能力的需求；应当立足治本，着眼"基本"、"基础"，让学生获得"以一当十"的规律性语文知识和举一反三的语文能力，从而使语文教材有利于形成学生终身使用语文和向未来发展的起点；要根据世界现代化进程，不断更新语文教材内容，改革语文教材编排体系，特别要使语文教材充分体现边缘工具性，强化与现代科技信息的联系，密切语文与其他社会科学、自然科学的关系。

新教材应当充分反映国内外语文教学研究的最新教学思想和最新教学成果。语文教材当然不可以"集大成"，搞"拼盘"，但要尽可能多地根据学生掌握语文知识获得语文能力的需要，有分析地借鉴吸收我国传统语文教学和语文教材编写的宝贵经验，并充分反映、融会我国改革开放以来国内外语文教学和语文教材改革的新鲜经验。大语文的教学思想，单元整体教学思想，"教是为了不需要教"的教学思想等，都可以成为教材编写的指导思想、原则；培养自学能力和自学习惯等经验也可以融入教材编写之中。

新教材应当力求形成科学性与实用性统一，系列性与模糊性统一的编排体系。我国传统语文教材的编排大致可以分为"综合型"和"分科型"（也称"合编型"和"分编型"）两种模式。人们几乎公认：分科型教材眉目清楚，系列分明，但要想取得整体的综合效应比较困难；综合型教材整体性强，一人执教便于统筹兼顾，但要形成知识学习和能力训练的科学系列，又颇不容易。编写新教材的实践，应当力求集两型教材之长，避二者之短，研究和设计出更新一代，更趋于完善的新的符合我国中学语文教学实际的教材编排体系，这种新体系要力求达到科学性与实用性、系列性与模糊性相统一。

新教材应当真正姓"语"。新的语文教材从内容到编排体系，都必须体现语文学科的个性特点，能够帮助学生切切实实提高读写听说能力，扎扎实实打好语文基础，逐步养成正确理解和运用语文工具的习惯，从而在义务教育阶段，初步具备社会主义公民参与现代化建设和继续学习所必需的语文基础知识和语文基本能力。同时要优化语文教材内容，使之在形成学生辩证唯物主义世界观方面起到潜移默化的作用，在弘扬民族精神、提高民族素质方面产生积极的影响，并充分反映汉语文丰富的文化底蕴，使学生能更好地了解和继承我国优良的文化传统，从而提高思想和文化素质。诚然，只要真正选好了文质兼美的课文，改进了教材编辑设计，贯彻了语言与思想统一的原则，教师又运用了科学的教学方法，那么，教材在完成提高学生语文能力、掌握语文工具任务的同时，是一定可以渗透思想道德教育的。

新教材应当体现新的语文教学效益观，要扭转长期以来语文教学费时多、收效低的状况；必须坚持辩证唯物主义的质与量的统一，追求语文教材的高效低耗；要从义务教育阶段学生各科学习的全面要求统筹考虑，确立合理的量、适宜的度、科学的序，通过范文和知识点的优化选择，教材内容的合理组合以及知识的延展功能的发挥，用较少的教学时间获取最佳的教学效果。为了提高语文教学效益，要从义务教育的性质、目的和要求出发，强化教材中利教便学的助读系统，力求使绝大多数学校的教师都能迅速地掌握和驾驭教材，使绝大多数学生能轻松地学好用好教材，从而达到既大面积地提高语文教学质量，又减轻学生负担的目的。

教材质量决定着教材的生命。因此，能走进神圣课堂的教科书，能对学生施以终身影响的教科书，毫无疑义应当是精品，是最美的精神大餐。我常常问自己：教科书如果不是精品，能进课堂吗？不是精品的教材，能算好教材吗？没有精品意识的编者能算称职的编者吗？随意挑选几篇作品，随手加上注释、练习，能成为学生学习的课本吗？从个人经历中我深切体会到：教科书作为教育后代的依据，确确实实要影响人的一生，它教学生学会做人、做事、合作、求知，独具审美眼光，净化、纯洁情感世界，积累丰富的语文知识和自然社会常识。一篇堪称脍炙人口的名篇佳作，未必能成为优秀典范的课文；一部震撼社会的经典著作，也未必可以作为一套优秀教材。因为名文名著是面向社会特定群体的，而教科书则是为孩子的终身发展而编写的，是"特殊精神产品"。它的内容要考虑全面提高学生的语文素养，它的体系要根据不同年龄段的需要来安排，它的编辑设计要适合学生身心发展特点和中国孩子学习母语的规律，而且要力求人性化、弹性化，努力构建师生之间、师生与课文作者之间平等对话的平台，它的语言表达应极其准确、严密、规范。

语文教材作为科学文化的载体，精神文明的结晶，国家意志的体现，培育后代的依据，必须以提高质量为根本宗旨。借用工程建设中的一句话来说，（编写教材）百年大计，质量第一。每个优秀的教材编者都要有教育家对后代高度负责的精神，有战略家高瞻远瞩的眼光，有科学家严谨求实的态度，有哲学家深邃的思辨和睿智，有艺术家无穷的超人魅力，坚持精编、精研、精改，严格、严肃、严谨的科学态度，用学养、智慧、经验，把语文教科书编成一流的卓越的"特殊精神产品"，让学生从有限的课本中去获取无限的知识。

九、为汉语文教育开窗

汉民族与世界各民族同居于一个地球，母语教育，包括母语课程教材建设互动、互融、互补，是当前世界母语教材交流和发展的趋势。

中国语文课程从清末废科举兴学堂开始，便引进西方课程，形成我国中小学教育的雏形，1904 年我国语文设科的第一套课本即有外国学者介入。百余年来，以杜威为代表的西方教育学家的教育思想，一定意义上催生了我国语文教育的现代化追求，而我国众多的语文教育家在语文教育探索之路上，总是把继承我国传统教育的精华与吸收国外先进教育理念的"他山之石"结合起来，使那些对我有用的舶来品中国本土化。这些人中既有远赴欧美、日本各国进行学术考察以其取来的"经"作为我国借鉴的蔡元培、梁启超、朱自清等名流，更有胡适、陈鹤琴、艾伟等学者，他们从国外学成归来后，把国外先进的语文教育思想理念化为自己的血肉。新中国成立后，普希金、凯洛夫、赞可夫、布鲁姆、布鲁纳、苏霍姆林斯基等外国教育家的教育思想源源而来。学习国外语文教育的思想理念和经验，从总体上促进了我国包括语文课程教材在内的母语教育的发展，尽管也产生过一些负面影响。

自 20 世纪 80 年代后期开始，世界各国不约而同地进行了不同规模、不同程度、不同形式的改革，世纪之交，其规模不断扩大，全球化、现代化、信息化的世界推动传统母语课程教材改革，已是大势所趋；即使某些局部地区（如我国的台湾地区等）出现了反复，但改革的潮流是无可阻挡和逆转的。

我国百年语文课程教材经历了曲折的发展过程。在当代，我国母语课程教材建设的相对滞后，直接影响了语文教学效率的提高，尤其是束缚了学生创造精神、创造力的发展。这正是制约着我国语文教育乃至整个素质教育健康发展最主要的因素，与建设创新型国家、发展创造教育是很不相称的。百年语文课程教材发展之所以出现波折，当代语文课程教材建设之所以发生困惑，其中一个很重要的原因，就是既往我们对中国百年语文课程教材的全貌，对发展规律的探究仅仅停留在梳理、概括和综合的浅层次上，只有局部的零碎的研究，系统而全方位的研究工作则刚刚起步；另一方面，又忽视了对世界各国母语课程教材的发展和改革的现状以及最新成果的广泛了解，缺乏国际母语教育宽阔的视野，难以摆脱封闭、独善、狭窄的思路，因而对母语课程教材改革必要性和迫切性的认识显然不足。时代要求我们，必须站在反思过去、面对现实、瞻望未来的高度，从封闭、狭窄、保守的思路中解放出来，坚定地走我国母语课程教材改革的创新之路。

为汉语文教育开窗，并不是权宜之计，乃是我国母语教育、母语课程教材建设的战略目标和适应当前国际潮流的时代要求。

说起母语教育借鉴外国，人们常常会联想到"搬"，并谆谆告诫："千万不能照搬外国。"这个提醒有必要，很重要，但也反映了有的人对学外国存有一种"杞忧"心态。机械模仿固属大忌，然而，对"搬"不可笼统地反对，不可绝对化，关键在于弄清楚"为什么要搬"、"搬什么"、"怎么搬"。外国的东西未必都好，毒品不可"搬"，洋垃圾不能"搬"，对此必须头脑清醒；财富、知识、智慧，包括母语教育经验，未必都是"中华牌"最好，要有自知之明。应该说，中外各有长短。我之长，当然要弘扬；我之短，可以用他人之长来补。这样，我们的知识才会更扎实，经验才会更丰富，智慧才能更具有灵性。有如此好处，何不"搬"之？

"搬"，又是要有眼光的。对国外母语教育和母语课程教材的经验，要有选择地"搬"，要挑真正有价值的"搬"；千万不要把毒品和"洋垃圾"搬回来。我以为，"搬"是前提，为我所用是目的，以我为主是原则，鉴而用之是途径。否定民族传统的虚无主义和"拉祖配"式的封闭主义皆不足取。

我们要理直气壮地"搬"，暂时搬不动的，如果真正对我有用，费尽九牛二虎之力，也要搬回来。话又说回来，要"搬"，又不能"一切照搬"，立足点还是自我发展、自主创新、自力更生、自强不息。"搬回来"的东西未必立马可用，重要的是"化"，要融化为自身的营养。这就是"搬"中有"创"。等我们也成了"造物主"之后，外国人也会把我们的"搬"过去，这就叫互动，或曰"搬来搬去"。这就是国际交流，国际互容，可以促进世界母语教育共同发展。所以，我主张：大家不妨都学学"搬运工"，在中西合璧中逐步完成自塑、创造的过程。

十、构建语文教育"链"

对于语文教学这样一个纷繁复杂的多面体，我们必须运用系统思想，从宏观和微观的结合上进行深入细致的不同层面、不同维度的整体研究，用心寻找语文教学诸种结构元素之间的联系及其最佳结合点，不断探求其规律性，并构建其学科体系；同时要客观而辩证地分析各种矛盾关系，力求抓住它的主要矛盾，从而变烦琐为简约，变肢解为综合，使语文教学的各个方面，各种因素结合成一个和谐协调的有机整体，具有最合理的密度和最恰当的容量，能够发挥系统的整体功能和综合的教学效应。我曾提出了"五说"语文教育观，即工具说、导学说、学思同步说、渗透说、端点说，试图以此为理论基础，分析和解决语文教学中的诸种矛盾。我立足于语文教学的整体，归纳了语文教学应该而且可以达到的多种效应。工具说，突出语文教学的个性特质，谋求语言与思想的统一，旨在取得"综合效应"；导学说，阐述教与学的关系，体现了教学过程中的认知规律，旨在取得"双边效应"；学思同步说，探求传授语文知识与发展智力的关系，注重智力发展，旨在取得"发展效应"；渗透说，论述语文与生活、平行学科的联系，探求课内外的关系，旨在突破旧语文教学的封闭体系，实现"开放效应"；端点说，注重分析标与本的关系，把当今语文教学作为学生未来学习、运用语文的一个起点，把语文学习作为终身学习的过程，即强调语文教学的"长期效应"。总之，"五说"论力求运用系统思想和矛盾的法则，揭示语文教学内部诸多方面要素的辩证统一关系，力求从分解中求综合，实现语文教学中的文与道、教与学、学与思、内与外、标与本及知与行的辩证和谐统一，从而发挥语文教学的整体综合效应，谋求语文教学的高效率以及语文课程结构的科学化与最优化。

正是依据"五说"语文课程建构观，我尝试把语文的要素及其构成关系、规律、序列编织成网状的语文教育"链"，以寻求高效语文教学途径。

所谓语文教育"链"，是指从宏观与微观的结合上相对地比较客观地反映语文教育的全貌及其内部规律，揭示语文各要素之间的逻辑联系及其体系建构的基本原理。肢解语文是荒唐的，否定语文教育的规律性则是不客观的。提出语文教育"链"，就是要从整体上全方位多维度认识语文教育，从而探索语文学科的科学的序，揭示语文内部的各要素间的构成关系。

这里构建语文教育"链"，其主要内涵是：把引导历练、能力发展、习惯养成、方法获得和思想文化素养提高构建成为一个纵横结合的科学体系。在这个体系中，知识和技能是基础，通过历练转化为能力；能力定型化，形成习惯，获得方法；在获得知识和能力的过程中渗透思想道德教育、文化教育、情感教育，达到知识技能与思维同步发展，酿成过程和方法、情感态度与价值观的和谐统一，从而达到全面提高学生语文素养的目标。

借助下图可大体看出语文教育"链"的结构关系。

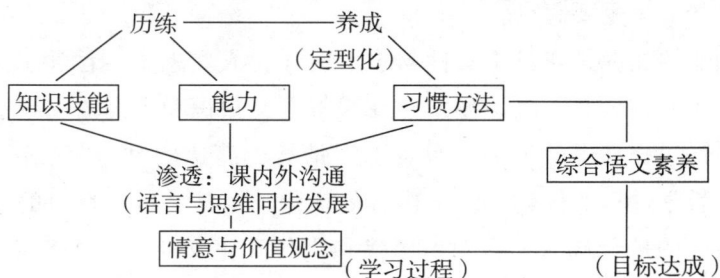

从上图可见，语文教育"链"包括了三个维度：一是内容维度，即"知识技能"、"能力"、"习惯方法"、"情感与价值观"；二是过程

维度，即"历练"、"养成"、"渗透"；三是关系维度，即"语文实践"、"定型"、"语言思维同步"。三者构成语文教育"链"的系统。这样的系统结构覆盖了认知、动作、情感三个领域。

语文基础知识与语文基本技能，是构成语文能力的主要部分，它犹如语文教育大厦的墙基，教学中必须夯得扎扎实实。然而，在全球化时代和现代社会背景下，语文教育有了新的发展。语文基础知识、语文基本技能的核心内容更加丰富了，比如语文知识，包括了静态的知识和动态的知识，其范畴扩大了，内容涵盖陈述性知识、程序性知识和策略性知识；语文技能除了传统的读写听说外，还应当包括思维能力、视听能力、展示能力、创造能力等。不过，它的核心内容及基本功能仍然未变，它始终是语文教育的基础。而要获得这些知识和技能，毋庸讳言，显然需要经过严格而科学的训练，而这种训练并不是既往的纯知识纯技能的机械操练，它与生活、语境、情境紧密结合，重在综合，重在应用，重在探究，重在发展思考力和创造力，它融入了语文教学的全过程和各个环节，亦即让语文"站"了起来，"活"了起来。

这里说及的学习方法、活动方式和思维方式，其价值在新课程改革中得到了较充分的体现，特别是综合性学习、探究性学习、合作性学习，都为学生语文知识技能的获得、为学生良好习惯的养成和全面语文素养的提高创造了良好的条件，是语文走向开放、走向生活、走向未来的一个重要起点。

由于语文课是兼具工具性与思想性（含人文思想、哲学思想、科学思想等）的学科，应该使学生在获得语文知识和提高语文技能的过程中，同时提高思想道德素养，发展情智。而达到这一目的的关键，是实现教学过程的优化和教学内容的优化，尤其是达成教材的选文优化。首要的是严选课文，选出历代和当代真正文质兼美的精品力作。这些作品的主题应该是永恒的，情感应该是深挚的，表达技巧应该是最独特的，语言运用应该是魅力无穷的。总之，它是读之令人一生经久不忘的。只要文本能够具有丰富的文化内涵、先进而深邃的思想，教师又能自觉地在读写听说等语文能力训练过程中有目的地、持之以恒地渗透（而不是外加）思想道德和优秀文化传统的教育，注意培养学生具有健康的审美情趣和正确的人生观、价值观、文化观，培养他们具有热爱祖国、关注科学、珍惜生命、尊重他人、合作和谐、保护生态等方面的意识，就可以顺理成章地达成思想道德教育的目标。当然，这里的"自觉"很重要。"思想道德教育自然完成论"是片面而有害的，它是难以达到全面提高学生语文素养的理想境界的。

良好的语文习惯的养成和科学有效的学习方法的把握以及学习兴趣、动机的培育，是语言、思维能力发展定型化的结果，它们是语文素养至为重要的组成部分，是学生在语文学习领域达到终身发展的重要保证和必要条件。教师务必完整而全面地理解语文教育"链"，尤其要把习惯的养成、方法的交传，列为教学的主要目标和实施教学的突出重点之一。构建语文教育"链"，是语文教学科学化的追求。忽视语文教学的科学体系，"链"上任何一方环节的脱节或断裂，都会使语文教学停留在杂乱无章的无序状态，必然导致语文教学效率的低下。

如果我们坚信语文教学是科学，那么我们就必须承认，语文教育应当有明确的目标、功能、要求和原则；语文内部各要素之间必然具有显性或隐性的联系，呈现为网状结构。在课程标准与教学大纲指导下，语文教材的内容要依据各学校各年级学生的需要严格筛选，有序编排。教材与教学需要有合理的度和量，各种文体应有恰当的比例，教学设计应考虑适合学生的"学"与教师的"导"；语文教学与其外部的方方面面应当浑然天成，有难以分割的联系。从上述意义上讲，语文教育无疑是一门科学，应当像生物"链"，化学"链"，产业"链"那样，也可以构建语文教育"链"。然而，语文教学是"模糊的科学"，我们不能把它等同于数理化，而应当同时理解它"科学的模糊"的一面，在实际的语文教学中既要作精心的、科学有序的安排，又要注重整体把握、整体感知，切忌把内涵上已经有机地"化"入教材的各要素，教学中再分解成"点点块块"的碎片。

　　铸就语文教育"链",是艰巨的语文教育工程,需要学习和运用系统思想、课程论和教育心理学等多方面理论,需要研究方式、思维方式的革新,它的构建和完善要有很长的过程。不过,作为一种探索、一项研究课题,冀望受到方家的关注。

2 课堂教学实录及评论

东坡先生诗云："不识庐山真面目，只缘身在此山中。"这两句诗是说，如果只能深入其中而不能高出其表，就难以识得庐山真面目了。然而，探求语文教育教学规律，提升语文教学理论，只有身入其中才能高出其表。正因为我数十年孜孜不倦地从事一线教育教学工作，才从实践中摸索了一些教学门径。我担任校长 20 年，当教材主编 25 年，主持国家重点课题 12 年，从未离开教学实践。如此"身入其中"，我才创立了"五说"语文教育观、"双引"教学论，锤炼了引导的教学艺术。

这里的三组教学案例就是我试图进入教学的理想王国、"高出其表"的尝试。

1.《一双手》 课堂教学实录

教材　江苏省义务教育三年制初级中学语文试用课本第一册
教者　洪宗礼
班级　江苏省泰州中学　初一（2）班
时间　1990 年 10 月 7 日

师：上课！请坐下。

同学们，试用课本第三单元的课文都是写人的，今天我们要学的课文是本单元的最后一篇课文，写的是一位林业工人。

大家知道，写人，特别是写人的外貌特征，往往抓住人物的哪部分来写呢？（学生举手）哟，都知道。好，你说！

生：我认为最好抓住人的表情来写。

师：人的表情？我刚才问的是写人物往往抓住外貌的哪部分来写的？

生：是眼睛。

师：眼睛。为什么要写眼睛呢？

生：从眼睛可以看出人的表情。

生：因为眼睛是心灵的窗户。

师：好。不错。我在讲台上看你们的一双双眼睛都是亮晶晶的、水灵灵的，的确是心灵的窗户。我就通过你们的眼睛知道你们心里想的是什么。你说了一点，是对的，写人物为什么写眼睛，还有没有其他什么理由？

生：眼睛是会说话的。

师：眼睛会说话？你的眼睛是怎样说话的？

生：比如说，现在我正在回答洪老师提出的问题，我的眼睛告诉洪老师：我正在思考。

师：你的回答真好，真聪明！一般的说，写人的外貌特点，是写眼睛。而我们今天讲的这篇课文的作者偏偏不去写眼睛，而是写一双手，（板书课题：一双手）请同学们把书翻到第135页。

美术老师说手最难画，而且无丝毫的表情。作者的思路是不是有点怪呢？我们一边读课文，一边思考这个问题。"我握过各种各样的手——老手、嫩手，黑手、白手，粗手、细手，还有唐婉式的红酥手，但都未留下很深的印象。"

师：唐婉是什么人？××同学说说看。

生：唐婉是宋朝诗人陆游的妻子。

师：你怎么知道的？

生：书上有注释。

师：他会看注释。看注释，这是读书的一种本领，很好。我们大家都要养成读书看注释的习惯。

红酥手的"酥"是什么意思？是不是街上卖酥饼的"酥"？

生：不是的。注释上说，红酥，亦写作"红苏"，指红润细腻。红酥手，是指古代美人的红润细腻的手。

师：作者握过很多手，但都未留下很深的印象。读到这儿，我又想到一个问题：课文题目明明是"一双手"，作者为什么偏偏列举出"各种各样的手"，而且这又是一双"未留下很深的印象"的手呢？是不是走题了？大家可以议论议论。（学生七嘴八舌小声议论）有人反应很快，已经知道作者的用意了，但还有些同学没有领会。读完第二、第三两段，大家都会清楚的。请读了以后再来回答这个问题。

请一位同学把第二、第三两段读一下。

（学生读第二、第三两段，教师运用幻灯片解释词语。肩镐：肩，这里是动词，意思是用肩扛；镐〈gǎo〉，刨土用的工具。板书：不论……只要……就……）好，念得很清楚，请哪位同学回答一下，为什么先不写这一双手，而是一开头就写各种各样的手？

生：我觉得这样写，把各种各样的手与这一双手做比较，可以从各种各样的手引出张迎善的手。这是用的对比衬托的手法。

师：对比衬托的手法？也就是用"各种各样的手"来衬托这"一双手"，是不是这个意思？

生：（齐）是的。

师：这是什么方法？

生：叫铺垫。

师：还有其他意见吗？

生：烘托。

师：还有什么说法？

生：衬托。

生：我认为是烘云托月。

师：你用的这个词是从哪儿来的？

生：我在昨天的报纸上看到的。

师：你看的课外书报不少，记忆力又好。和刚才几位同学用的词不同，但讲的意思都是对的。作者一方面写"未留下很深印象"的各种各样的手；另一方面又写"不论在什么地方，只要再提到它，就能马上说出"的一双手，目的就是要从各种各样的手与这一双手的对比中，更加突出"天下第一奇手"。

（板书：天下第一奇手）

师：那么，这一双手哪些地方"奇"？作者怎么写"奇"的？请大家一起来学习课文的第二部分，也就是第 4 段到第 18 段，共 15 个自然段。这是全文的重点，在这一部分中，主要写采访中关于一双手的见闻。请同学们运用试用课本中"阅读方法和习惯"中"读书四到"的方法自己独立地阅读这一部分课文。请先看幻灯。

（幻灯映出）

读书"四到"

眼到——仔细看书，一览文意

口到——出声念书，熟读成诵

手到——圈点勾画，摘记撮录

心到——揣摩领会，认真思考

师：眼到的要求是什么？

生：（齐）仔细看书，一览文意。

师：口到的要求是什么？

生：（齐）出声念书，熟读成诵。

师：手到的要求是什么？

生：（齐）圈点勾画，摘记撮录。

师：心到的要求是什么？

生：（齐）揣摩领会，认真思考。

师：用"四到"方法学习这部分课文，我提出几点具体要求。

"眼到"：仔细看懂作者写的是怎样的一双"奇"手。

"口到"：出声念描写手的特征的好的语段或句子。

"手到"：勾画圈点，标出段序，画出写手的特征的重要语句。

"心到"：用心揣摩，作者按照什么顺序，从什么角度写"奇"手的？写手"奇"运用了什么写作手法？写手"奇"的目的是什么？可以借助课文右边的"读中提示"来思考。

好，下面请一位同学朗读。哪位同学自愿读？（要求读书的人很多，指定一位同学朗读，其余同学轻声随读；教师在行间巡视，小声个别指点"四到"读书方法。）

师：读得很好，好极了。刚才我看了一下，许多人在课本上作了圈点勾画，标出了重点词语和重要语句，有的还在有疑问的词句旁边加了问号。说明大家不仅眼口都到了，而且手也到了。我提几个问题，着重检查一下同学们读书时心有没有到。

第一个问题：课文是人物专访。作者是从什么角度来写人物的"一双手"的？

哪个说？

生：我认为是从采访的角度。

师：对的，是采访的角度，所以写了采访者的活动。作者是在和被采访者张迎善的一系列接触中，通过所见所闻来写"天下第一奇手"的。哪位同学能从各段中找出反映采访过程的几个主要动词？抓住这几个动词，我们也就可以把记叙的线索理出来。大家可以边看书，边把找到的有关的动词用钢笔圈点勾画出来。我们看哪位同学找得最快，哪位同学找得最准，哪位同学找得最全。

有人举手了，好。又有很多人举手，不要着急。反应快的同学要耐心等一下。请××说一下。

（学生纷纷举手，找出一系列动词，教师放幻灯片，映出主要动词：

握→抽→裹→察看→问→量→搓→介绍手）

师：我们看看幻灯映出的词。勾画不全或不正确的同学，对照幻灯映出的词添加、改正一下。（借此师生共同划层次）

作者在一系列的采访活动中，通过自己的直觉写出了一双手的奇特，给读者以亲切感、自然感。

从同学们对第一个问题的讨论中可以看出，大部分同学读书时初步做到了"心到"。

我再问第二个问题：课文的哪一段是写"一双手"给作者最初的印象的？主要是哪几句话？哟，都知道。哦，还有一位同学没举手，大家再等等。好，全了。请××说。

生：第4段，"那简直是半截老松木"。

师：你见过松木吗？

生：见过的。

师：松木是什么样子？我最近请木工师傅找了个半截老松木，是这样的。

（出示半截鹰爪形的老松木，全班学生兴奋地笑起来。有的从座位上站起来看，老师在行间巡走。）

师：我要同学们看着老松木，想一想作者用半截老松木比喻一双手，说明一双手有哪些"奇"的特征？

生：粗。

师：为什么？

生：松木表皮粗糙。

师：还有什么？

生：老。

师：哪里老？

生：本来就是老松木。

师：还有什么？

生：干。

师：松木在老师手里。你怎么知道是干的？

生：那块树皮已裂了，所以干。

师：还有没有？想一想，仔细想想。你说！

生：（站起来　又愣住）

师：不要性急，我相信你会想起来的。其他同学可能已想好了，可我还一定要请这位同学说。（两秒钟后）

生：硬。

师：很好，硬，你摸一摸，硬不硬？（把松木送到学生手上摸一摸，学生回答"很硬"）还有一个词，能再想一想吗？

（全场静思）大家可以从颜色和形状上考虑。

生：颜色比较深。

师：对，色深。还有没有？

生：我认为还有厚。

师：好。大家一凑就把以树喻手的特征说得准确、完整而全面了。

（教师归纳以松木喻手的几个主要特征。板书：粗→老→硬→干→色深→厚）

师：我再问第三个问题。有人说，世界上任何比喻都是有缺陷的，你们觉得用"半截老松木"比喻一双"奇手"有什么不足？还有手的哪一个特征没有表现出来？

（几个学生插嘴："大！"）

师：大？课文中哪里写"大"的？能不能找出来？

（纷纷举手）

师：不要粗心，课文中写大的不止一处。要找全了。

（学生勾画圈点写手大的语句，教师运用幻灯字幕解释词语"本能"，即人和动物不学就会的性能。）

生：课文第17段，作者列举数字是写手大的。

生：第8段，手指特别肥大，一只手指就像一根三节老甘蔗，也是写大的。

生：第5段，"那只大手把我的手紧紧地裹住了"是写大的。

师：这个"裹"字用得好不好？同位的同学互相裹一裹手，看能不能裹起来。

（同学互相裹手，课堂一片活跃。）

师：裹得起来裹不起来？

生：裹不起来。

师：怎么会裹不起来呢？

生：手小。

师：手小，我的手与你们的手比起来可能是大手了，也不能把你们的手裹起来。（用自己的手裹前排一位学生的手，果然裹不起来）那么，课文作者是用什么方法写手大的呢？

生：（齐）对比。

师：对，用大手比小手，突出"一双手"之大。越比越大。那么，为什么又用"紧紧"呢？可不可以去掉？这句话中的"裹"能不能换成"包"？

生：不行。

师：什么理由？

生：因为这是比喻张迎善的手，用"紧紧"、"裹"意思很深。第一，说明手很大；第二，写手很有力量；第三，这个人很热情。

师：太好了，你想得这么全面深刻，可见你真正做到读书"四到"了。

这一段用对比写手大，那么第17段用的什么方法写手大呢？

生：用数字。

师：用数字有什么好处？不用数字不是同样可以说明手大吗？比如说有同学作文时写大，说"很大很大"、"非常大"、"大得不得了"、"大得惊人"，这样写好不好？

生：不好。

师：为什么？

生：（七嘴八舌）太空洞、太笼统。

师：张迎善的手究竟有多大？先请大家把文具盒里的小尺子拿出来量量自己的手多大，把数字告诉我。长、宽、厚全量出来，算出张迎善的手比你的手大多少。

（学生量手，并随口报数字：长16厘米，宽×厘米，厚1.2厘米……一片活跃）

师：（把手伸出）请位同学给我量一量。（学生争着量教师的手，一位同学抢上讲台量教师的手）

生：长18.5厘米。

师：班上哪位同学手最大？

（学生一致推荐体育委员任远。任远登上讲台量手。）

师：请把你的手的长、宽、厚的数字量出来。

生：长 19.5 厘米。

师：哈，比我的手还长 1 厘米。

生：宽 8 厘米，厚 1.5 厘米。

师：我们请你把你的左手按在幻灯片的张迎善的手图上，这手图的尺寸是按课本上的数字画的，因为人们手长、宽、厚一般是成正比例的，我们只要比一比手长就可以比出谁的手大。

（任远把左手按在幻灯片的手图上，教师打开幻灯，屏幕上立即映出手的对比影子，任远的手显得很小，全班同学哗然。）

师：哪个手大？

生：张迎善的手大。

师：下面讨论第四个问题：课文中写一双手，写得最细腻、最具体的是哪几段？啊呀，很多人都知道了！××说。

生：7、8、9 三段。

师：找得对。第 7、8、9 段写了张迎善的手的很多细小的部位。哪些部位呢？不必举手，可以随口自由地说。

（学生随口凑答：掌面、老茧、大指等。）

师：下面我说一个部位，你们就用课本中的话把它的特征说出来，这可既要眼到又要口到了。

师：皮肤怎么样？

生：（齐）呈木色。

师：纹络——

生：（齐）又深又粗。

师：掌面——

生：（齐）鼓皮样硬。

师：老茧——

生：（齐）布满每个角落。

师：手指头——

生：（齐）特别粗大肥圆。

师：一个手指头——

生：（齐）就像一根三节老甘蔗。

师：左手大拇指——

生：（齐）没有指甲，长过指甲的地方，刻着四条裂纹，形成上下两个"人"字，又黑又深。

师：手指各个关节——

生：（齐）都缠着线，线染成泥色。

师：下面请同学对照幻灯片映出的手图，默念课本上描写手的细部的语句，两分钟后，请一位同学不看书，指着手图，分析张迎善的手的各细部的特征。

（学生眼、手、口、心并用，紧张地一边观察手图，一边看书，一边圈点勾画，一边强记课文语句，教师巡视行间，个别指点。）

师：哪位同学上台讲？

（学生纷纷要求上台，教师指定一学生上台。）

生：（用教鞭边指手图各部位，边介绍分析）皮肤呈木色，说明手的颜色深；手指头粗大肥圆，说明手大；各个手指缠着线，说明手干硬；大拇指没有指甲，长着指甲的地方刻着四条裂纹，形成上下两个"人"字，说明手干硬；老茧布满每个角落，说明了手硬、干；纹络又黑又深，说明手粗、老；一只手指头，就像三节老甘蔗，说明手老；手指各个关节都缠着线，说明手干裂；掌面像鼓皮，说明手干裂。

师：你说得太好了，你记忆力很好，口头表达很清楚，有条理，而且还边介绍，边分析，可真正是眼、手、口、心都到了。刚才××同学说到张迎善的手是一双又粗又硬又干又老又厚色又深的手。这双手是不是"天下第一奇手"啊！

生：（齐）是的。

师：课文先总写"一双手"，又从细部写"一双手"，都是写的作者采访中的所见。接下来作者着重写关于手的所闻。通过所闻，交代形成天下第一奇手的原因。

师： 那么，32 岁的林业工人张迎善的手为什么会成为这样的"天下第一奇手"的呢？我希望大家通过眼看、手画、心想的方法，从课文中找出四句话来具体分析一下张迎善的手为什么变得粗、硬、老、干、厚、色深的。

（学生边看书边勾画圈点。）

师： 好，有人举手了。不要着急，再想一想，可以先把几句话勾画出来。不求完整，两句、三句、四句都可以。

生： "一天能栽一千多棵树"，"这双手已经栽树二十六万多棵"。

师： 这几句话是不是主要的？

生： 是的。

师： 还有没有？

生： "这是一双创建绿色宝库的手。"

师： 这句话有什么含意？

生： 张迎善的手，美化了祖国，创造了财富。

师： 好。还有没有？

生： "这双手亏得是肉长的，若是铁铸的，怕也磨光、磨透了。"

师： 对，把手与铁比，手比铁还坚硬。它有什么含意？

生： 把手与铁相比，说明手的坚硬、有力、耐磨，这个比喻歌颂了平凡而艰苦的劳动。

师： 你怎么想到的？

生： 是从课本"读中提示"看到的。

师： 你能借助"读中提示"来分析思考，说明你不但学会了课文，而且会学课文。你的眼不仅看到了课文，还看到了提示。很好。同学们，作者先写了"所见"的手的外形的特征，然后又通过"所闻"写出"一双手"创造的奇迹。把所见所闻结合起来，用一句话概括，该怎么说？

生： （齐）奇手创造奇迹。

师： 说得好。一方面是手的外形奇，是正面写的；另一方面是手的奉献奇，是手的内在的奇。到这里，我们可以悟到：为什么会说话的眼睛不写，而要写一双手，写张迎善这双手是因为张迎善不畏艰辛、无私奉献，因此说张迎善这个人是我们中国工人阶级的代表，写手是为了写人，是为了写张迎善这个不畏艰辛、乐于奉献、心灵美、情操高的人。这一点，大家必须清楚。作者从所见写到所闻，最后一段，又自然地写出了所感，请大家齐读最后一段。

生：（齐读）看着这双手，我仿佛看到了一山山翠绿的森林，听到了"嘎嘎"的树倒声……我隐约悟到：美，是以丑为代价的。

师：张迎善的手丑不丑？

生：（齐）丑。

师：绿色宝库美不美？

生：（齐）美。

师：这双手是既丑又美。表面上丑，实质上美。（幻灯映出：**美玉出乎丑璞**）这个成语，就是这个意思，我们每个人都应当有一种创造美的精神，从艰苦的劳动和奋斗中，发现美，赢得美，享受美。

张迎善的手为什么会丑的呢？

生：创造绿色宝库的。

师：绿色宝库为什么能这样美呢？

生：是以张迎善的手丑为代价换来的。

（教师板书）

代价
（所感）

丑（所见）————→ 美（所闻）

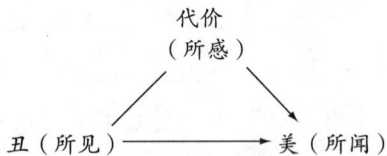

（粗、硬、老、干、厚、大、色深）（创建绿色宝库）

师：这个代价很重要。我们做任何事情，不付出代价，就不能获得成功。请大家想一想，在我们周围，社会上、学校里、家庭中，或者报纸上、影视中、书刊上，看到的人和事，还有没有能说明"美是以丑为代价"这个道理的？

（学生思考，先后举手。）

师：我建议每个同学都要举出一些人和事，至少要举一个例子来说说。讲自己爸爸妈妈也可以。

还有一两个没想到，再等一等，还有两位，还有一位，再等一等，因为每位同学都应该也可能举出例子来说说的。好，先请××说。

生：环卫所的工人成年累月工作，手上经常沾上粪污。

师：这例子说的什么道理？

生：美是以丑为代价的。

师：他的表述很好，不要再重复。

生：教师整天与粉笔灰打交道，一心扑在教育上、扑在学生身上，他们虽然手上是脏的，工作又很辛苦，但正是用这个代价，教育了后代。

师：你爸爸是干什么的？

生：是教师。

师：怪不得你举教师的例子，原来是歌颂你爸爸的。（众笑）当然，还可以包括歌颂我本人。（众笑）我今天来上课前把手洗了两遍，改作业时沾上的红墨水还没有洗干净，还有两三个斑点洗不掉。你们看看。（伸给前排学生看，众大笑）你嫌不嫌爸爸的手脏？

生：不嫌。因为他是我爸爸。（众笑）

师：只要是无私奉献的人的手，我们都不应该嫌，对不对？还有谁说？

生：（抢答）我认为，世上一切劳动者，都是用自己丑手为代价的劳动来换取美的成果的。

师：我看也不一定。比如，绣花姑娘的手很美，不照样换来美吗？这怎么理解？

生：我认为不能仅仅从手表面的美丑来判断丑美，要从本质看我们是不是付出了辛勤劳动，是否能创造物质和精神财富。

师：你讲得真深透，你的心不仅到了，而且"灵了"。还能举什么例子？

生： 还有我妈妈，她是厂里刨床工，很辛苦，每天手上都沾了很多油污，手心里的每个角落都布满了老茧，但她用这双手为国家创造了财富。

师： 你能不能举两个例子？

生： 再比如石油工人吧。

师： 你怎么想到石油工人的？

生： 我爸爸是石油工人。

师： 怪不得你随口能举出这么多的例子。石油工人操作是什么样子？

生： 满身泥浆、油污。

师： 同学们举的例子不限于手，扩大到一切人和事。顺着这个思路，大家再举些例子。

生： 我国运动员，为了祖国的荣誉，在训练中经常摔打得身上青一块紫一块的。

师： 你见过？

生： 我是从一本报告文学书上看到的。

师： 好。同学们说的许多人的手，都是平凡的劳动者的手，我们每个人都有一双手。一双双普普通通的手，一双双以丑为代价换取美的手，在各自的岗位上，每天都在创造、奋斗、奉献。我们每个同学，也有一双手，更有一颗献身四化的爱国之心。我们要用自己的手去学习、工作、建设，我们要像张迎善那样，献出美的青春，去建设美的祖国，创造美的生活，开拓美的未来。

[评论]

如何使课堂教学更加丰满
——《一双手》课堂教学实录评论（节录）
史绍典

《中学语文教学》编者语：拈出"充实"一词，实在是因为我们领教了不少僵硬沉闷的课堂，是因为我们已经厌倦了许多空泛飘忽的语文教学。但何谓教学的充实？这却是一个人言人殊的话题。

充实，并不意味着教学内容的多多益善，有时，适当减少内容，反而使教学更加厚重；充实，也不意味着教学环节的繁复，有时，简单的几个步骤却使得教学越发灵动；充实，也不等于教学手段的多样与时髦，有时，最朴素最古老的方法也能使教学效果不同凡响——这就是教学艺术的辩证法。

课堂教学的充实，本质上是知识、能力与精神的深化与升华，是学生收益最大化的体现。

在母语环境中，语文教学也许可以放弃一半以上的内容。但放弃并不是教师的不作为，而是为了更好地发挥教师的作用。一般说来，在教学中教师所放弃的，是学生已基本了解的或目前根本无法掌握的；教师所致力的，是学生最需要的并对学生当下发展能够起决定作用的内容。教师作出必要的放弃后，就可腾出时间与精力对最重要的内容进行品味探讨，沉潜涵泳。

删繁就简使教学重点突出，精雕细刻则使这些被突出的重点成为真正的重点。教师需要设计多维度活动对这些关键内容或重力敲击，或精雕细刻，使学生能够全面深入地得其真味。臻于此，我们的课堂才会丰富如复瓣之花朵，厚实如多声部重唱；我们的课堂才会立体丰满，教学内容才能有效渗透至学生心灵深处。

笔者读到洪宗礼先生《一双手》实录后，几有醍醐灌顶之感，似乎由此一窥课堂教学的基本门径；时至今日，这一片段依然带给我们极为丰富的启示。为此，特以洪先生的课例为蓝本，确立了本辑话题，并选录几个当下相关课例与之遥相呼应。穿过近二十年的时空隧道，我们有理由追问：今天的语文课与洪先生的教学相比究竟有哪些不同？这些不同究竟意味着什么？

主持人：史老师，这辑课例我们确定一个比较形象的话题——"如何使课堂教学更加丰满"，想听听您对此的看法。

史绍典：说一堂课"丰满"，指的是教学的充实与鲜活，这显然是个正面的比喻。当然，强调丰满，并非意味着丰满就是教学的唯一追求。事实上，如果每课堂都丰满，一课堂的每个环节都丰满，则过于肥腴，反倒少了一点意思。最好是有那么点空白（留有空间，引发玄想），"红肥绿瘦"，该瘦处则瘦，才是上上境界。

主持人：课堂教学的"丰满"有标准吗？

史绍典：有的。标准大致有三：首先，有情境；其次，有过程；第三，能增值。

先说有情境。宗礼先生的《一双手》教学实录在创设学习情境方面堪称典范。

情境一：巧用半截松木

学生没有见过"本体"（张迎善的手），洪宗礼老师就拿来"喻体"（半截老松木），由直观的"喻体"搭桥，学生在观察、描摹、感悟、对话的过程中，一双真真切切的张迎善的手呈现在他们的眼前了。

这样才有了对"半截老松木"的精彩解读，渐次抓住了以老松木喻手的主要特征：粗→老→硬→干→色深→厚。这样的教学是何等丰满！

我们该向洪老师学习，他没有刻意追求"丰满"，也不只是为了得出几个高度概括抽象的"手"的特征。他是反对那种"形而上"的不得要领的体认，让学生用自己的眼去看，用自己的感官去感受那手是如何得粗，如何得干……这样的感受一定要比单纯的抽象概括丰富得多，细腻得多。课例二也讲《一双手》。但做法却是让学生填空："张迎善有一双＿＿＿＿＿的手"，于是就有了"粗糙的手"、"神奇的手"、"创造绿色宝库的手"、"绿化世界的手"、"作出巨大贡献的手"……我以为这些关于手的概念，似乎使张迎善的手一下子高、大、全起来、丰满起来。但给人的感觉却太冷涩、太生硬、太干燥，又太崇高、太虚饰、太矫情。

张迎善到底有一双怎样的手？学生在第一时间里做了许多概括，但是，这些概括不但没有加深大家对这双手的印象，反倒使之更加玄虚、不真实起来。我们看到的是被概念化了的张迎善的手，而不是实实在在的张迎善的手。作者眼中的张迎善的手原本是那样的具体、真实，但是在教师引导下，学生一下子就跳到概括层次上去，具体的手化为"概念"的手，失去了丰富的细节，如同生命失去了血肉，于是便毫无丰满可言。

当下流行的语文教学的"新套路"也大致如此：迅速浏览课文，再用一句话、一个词把意思概括出来。这一套路未必无益，但如果将这种概括在一堂课中进行到底，则相当可怕。

与洪老师的课例相比，我们不难发现谁更能体现语文的特点，谁的课堂更加丰满厚实。

情境二：妙用一把尺子

讲张迎善的手"大"，作者用了长、宽、厚的一组数字，洪老师在引导学生体会运用数字的作用之后，设计了这样一个教学环节：用尺子量自己手的长、宽、厚，以与张迎善的大手作比较。这确实是神来之笔。

这个体味"大"的过程实在是巧妙，它把学生从惯常的概括之中拉回来，并让他们认识到简单的概括不是丰满，而是太空洞、太笼统！只有具体、具象，才是丰满。为了体味一个"大"字的妙处，洪老师采取了用尺子量的方法，使得一个看来非常空泛的"大"字顿时鲜活生动起来。

情境三：咀嚼一个"裹"字

洪宗礼老师还让学生从"裹"字里体会张迎善的手大，那个片段实在太出色了。一个很俗气的"裹"，一个很平常的"紧紧"，竟可以让学生感受出这么丰富的内容。洪宗礼老师用的是从直观读出具象的方法；在读书的过程中，通过还原"裹"、"紧紧"这些平凡词语的真实情境，使学生真切感受到了张迎善的手是如何得大！

这便是使课堂教学丰富起来的关键：从课文中拎出能够给学生留下印象的语句，然后想方设法引导学生体会这些词语所蕴含的丰富的意义与情味，而不是那种泯灭印象的概括（这里隐含着通常所说的由过程走向结果的理念）。

主持人：其实，洪老师的这个实录片段的内容很少，只讲了两点：一是"半截老松木"，二是"大"；但是我们却觉得非常充实，非常丰富。而我们经常听到一些课，老师洋洋洒洒涉及了许多内容，大家却觉得很空泛。

史绍典：确实如此。阅读教学在相当程度上需要体验，只有丰富充实的细节，才能够形成丰富充实的教学，而过度概括就损耗了体验所需要的丰富的情境因素。

再说有过程。

语文教学需要体验，与体验密不可分的就是过程，过程能够使作者所感受到的一切也为读者所体验到。过程，是使语文课丰满的要素。

语文课是要教学生读书方法的，要让学生学读书、会读书，最后形成读书的基本能力。那么，能力的形成，就离不开一个感受、体验、积累的过程。一个能使感情、认识渐次生发的教学过程就是一个教学逐渐丰满的过程。

2. 《你看他（她）像谁》作文教学实录（片断）

教材　自编语文实验课本第三册
教者　洪宗礼
班级　江苏省泰州中学初二（4）班
时间　1988 年 9 月 23 日

（导入，略）

师：同学们，本次写作训练要求是写一个人。

写谁？（停顿，微笑）

要写的人在你们当中。

生：（悄悄议论）是谁呀？

师：可能是你，也可能是他（她）。

生：（议论纷纷）

师：（板书作文题）

"人物速写"

你看他（她）像谁？

——为本班一位同学画像

师：写谁？清楚了吧。你们每个人既是写作者，要写本班的一位同学；又有可能成为其他同学的写作对象，有同学要写你。

生：（笑）哦，原来这样。

师：（用红色粉笔在题目上画了个大的问号）什么意思？

生：（思考片刻）不要说出写的是谁，读了作文后，闭眼一想，就知道写的是谁。

师：真聪明。题目有个副标题，规定要为本班的一位同学"画像"。"画像"，什么意思？

生：要写这位同学长得什么模样。

生：要写这位同学个性有什么特点。

生：要写这位同学和其他同学不相同的地方。

生：写谁就要像谁。

生：读了作文就好像见到了这位同学。

师：说得都很好，用什么方法来"画像"呢？这篇作文要求用"人物速写"的方法。

什么是"人物速写"？（边说边板书）"人物速写"是用简练的笔法寥寥几笔就把人物的主要特征迅速勾画出来。我们一起来讨论，人物速写有哪几个要领。

生：写出人物的主要特征。

生：笔法简练。

生：表达迅速。

师：说得好。我们进一步想想，怎样才能达到这些要求呢？绘画常用速写，大家不妨联系画画来想一想。

生：首先要仔细观察，要看清人物有哪些特征。

师：观察从哪儿开始？

生：从人物的外形。

师：为什么？

生：认识一个人，首先接触的是他的外形。课文《一面》写鲁迅先生就是从他的外形开始的，先后集中描写了三次。

师：俄国作家果戈理说："外形是理解人的钥匙。"除了外形，还要观察什么？

生：人物的动作、姿容、神态也要观察。

师：为什么？

生：人物的动作、姿容、神态常常是内心世界的自然流露。

师：对，作家杨朔说过："看不见一个人的内心，我们就永远不能认识这个人。"怎样通过外形观察走进人物的内心世界呢？

生：要有一双"鹰眼"。

师：什么意思？

生：鹰的目光敏锐，看得快，看得清，看得透。

师：你这个比喻很好。你用"目光"这个词也特别好。我就用你的意思，把观察力称为"目力"。这是"人物速写"的第一步，（边说边板书）就是要有"目力"——敏锐的观察力。就是要以敏锐的目光捕捉人物的外貌、服饰、举止、神态等主要特征。

生：我以为仅仅停留在外形是不够的，还要用心思考。

师：哦，为什么？

生：因为要走进人物内心。

师：说得太好了。思考什么呢，请说具体点。

生：要对观察的内容作筛选、分析。

生：要选择表现人物主要特征的内容。

生：从这个特征能够看出人物内心世界。

师：说得都很好。谁能举例说说？（举课内外例子说明，略）

师：好。这些例子说明：只有对观察到的一切作了分析、思考，才能抓住人物的主要特征，也才能表达其蕴含的思想内容。完成了这个思考过程，我们就称作"心力"，也就是深刻的思考力（板书）。我请大家再思考一个问题：要把观察结果迅速、准确、生动地表达出来，靠什么？

生：（七嘴八舌）靠描写，靠语言表达……

师：谁能把大家的意见集中起来？

生：用两个字表达吧："笔力"。

师：你概括得真好，高水平！那么，"笔力"又怎么看出来？

生：简练。

生：用词准确。

生：写得迅速。

师：要有"笔力"，最重要的是什么？

生：最重要的是要用自己的话来表达，说得明白、清楚。

师：大家的意见都很好。"笔力"——描写人物特征的表达力。（板书）即用简练的笔法和准确、形象、生动的语言迅速勾勒人物形象。

下面我们做一次速写练习，看看大家的"三力"怎么样。好不好？

生：（齐）好！

师：下面就请大家推荐一位同学上讲台讲个三四分钟的小故事，大家耳听、眼看、心想、手记。要很快地把讲故事同学的外形、姿态、动作"速写"下来。比一比，看谁写得快，写得好。你们推荐谁？

生：（不约而同）戴——荔！

师：为什么推荐她？因为她是班长？

生：她是我们班的"白雪公主"，很会讲故事。

师：好，那就请"白雪公主"上讲坛。（戴荔同学在掌声中走上讲台，用2分钟时间，讲了她童年的一件趣事。主要内容是：她养了一只小猫，很宠爱它，常常抱着小猫和它谈话。小猫调皮，干扰她的学习，她想了个办法狠狠惩罚了小猫。从此，小猫躲避她。她感到十分懊悔，表示以后要善待小动物。在叙述中，戴荔富有表情，语气不断变化，根据所讲内容还以姿势辅助说话，做了些动作。同学们听得入神，并不停地在纸上做些记录。）

师：大家开始速写，题目可以自拟。

（同学进行速写。教师在行间巡视，个别指点。同学们完成"速写"后，教师引导交流。）

师：谁来宣读自己的"速写"？

（很多同学举手，教师请一名同学诵读自己的"速写"。）

李勤：

"白雪公主"讲故事

她姗姗地走上讲台，转身面朝大家盈盈一笑。她中等的身材，上着蓝色上装，下穿褐色花纹裤，显得温文尔雅。只见她大方地看了一下大家，然后张开小嘴，有声有色地向大家讲述着她儿时的一件关于养猫的可笑又可爱的事情。她微笑着，语气是那样轻松愉快，两手交叉放在胸前，好像正抱着舅舅送给她的小猫还跟它谈话。讲着讲着，一片愁云爬上了她的脸庞。她皱着眉头，说话的语调也变低沉了，忽然转了几下眼珠，"嗯"了一声，原来她找到处置顽皮小猫的办法了。她故意地轻轻哼了一声，好像干了一件什么了不起的事。当讲到舅舅教育她不要惩罚小动物时，双手背在身后，拖长了音调，面容变得又严肃又可爱，一位"小大人"的形象出现在我们眼前。当她说到可爱的小猫被她无意弄呆了时，她又难过又懊悔，手轻轻地按在胸前，一脸哭相。当她总结教训时，态度又是那样诚恳认真。她讲得绘声绘色，表演得惟妙惟肖。正当我们听得入神时，她做了个"谢谢"的姿势，仍然温文尔雅地盈盈一笑，走下讲台。（原文，教师未作修改）

师：李勤写得怎么样，大家评一评。

生：写戴荔的外形特征很准确。

生：戴荔讲故事时动作、表情、语气的每一次变化都写出来了，她的观察很细致，"目力"不错。

生："温文尔雅"这个词用得好，戴荔平时给我们的印象就是这个样子，这是她的个性特点。

生：开头写"盈盈一笑"，结尾又是"盈盈一笑，走下讲台"，把戴荔写得温和可亲。李勤动了脑筋，用了"心力"。这样写又使文章首尾呼应。

生： 语言比较简洁、生动。就是某些句子还有些毛病。

师： 哦，请具体说说。

生： 有一句"可笑又可爱的事"，"可笑的事"没问题，"可爱的事"说不通，应该改成"有趣的事"。

师： 还有吗？

生： "一脸哭相"，这个说法不好。

师： 你帮她改改。

生：（思考）一脸……一脸沮丧。

师： 这样改，好不好？

生： 好。

师： 看来比老师评改得好。（众笑）

师： 同学们，刚才我们试了试笔，现在，对于运用"三力"速写人物，有把握吗？

生：（齐）有。

师： 那好，下面大家都来动笔写"你看他（她）像谁"的人物速写。

（近20分钟，同学们或是低头沉思，或是挥笔书写，间或有同学站起来向他的写作对象看看。教师在行间巡视，时而驻足某一同学身边跟他轻声交谈，时而来到举手的同学面前，解疑答难。对于班级中写作水平好、中、一般的学生，教师有选择地查看。）

师： 大部分同学不到20分钟就完成了作文。很好，现在交流习作，集体评议。

（同学纷纷举手，要求展示自己的作文。）

师： 姚逊，请读读你的作文。

（姚逊读作文。）

你看他像谁
——为本班一位同学画像

他见人总是笑。可这么一笑，就显得不太体面了，哦，原来他的一颗门牙掉了。

（课堂里发出窃窃的笑声。）

他的眼睛大而明亮，好一对虎眼。大概是由于爱笑，他的嘴边常常浮起两个浅浅的酒窝。他的皮肤很白，是全班出了名的。

他个子偏高，是校运动员，因此经常穿运动服。他体育好，学习更好，特别是在课堂上并没有因为缺颗门牙不敢发言，相反，他总是争着回答老师的提问。（众笑）你看，他举手要求发言时总是把右手使劲向前伸，直冲着老师，为了增加高度，引起注意，屁股总要离开板凳。（众笑）啊，老师终于点到他了，这下，他松了口气，但他并不是一下子站起来，反而先坐稳，然后才缓缓地站起来，两手往身后一背，交叉着，摆一下身体，晃一下脑袋，便高谈阔论起来。他的发言很有感情，既像古人吟诗，又像演员道白，半土半洋的话语常常引得同学们哈哈大笑，他自己有时也禁不住跟着大家一起笑起来，哎呀，不好，这一来又露出那缺颗门牙的一排牙齿……（原文，教师未作修改）

（一片笑声结束了姚逊同学的朗读。）

生：（热烈议论）写得好，写得精彩。

生：真像。

生：把李响的特点都写出来了。

生：（霍地站起，满脸通红）我抗议：他不应写……写……我的牙齿。侮辱人。

（风波陡起，满座愕然。教室里突然紧张起来。）

生：不行，反正你不应该写我的牙齿。

（姚逊、李响两人同桌，一时间争执激烈，并推搡起来。课堂上气氛绷紧。教师稍作思考后，走到姚逊、李响的桌旁。）

师：（面带微笑，语气和缓地）别急，请先坐下，听听其他同学的意见。

生：几次写别人缺颗门牙，确实不好，有损形象。

生：不对，作者没有这个意思。

生：缺颗门牙的描写删去就是好文章。

生：不能删，好就好在这个特征的描写。

师：哦，大家也是两种看法。听你们争论时，我想到两个人物。一个是《三国演义》中的张飞，罗贯中是这样写他的外形："身材高大，豹头环眼"，这"豹头环眼"美不美？

生：在电视"动物世界"节目里，我见过豹，豹的头小而圆，并不美。

生："环眼"，又大又圆，一发火，铜铃似的，样子有点怕人。

师：可这"豹头环眼"四个字用在张飞身上，好一副威风凛凛、英武凶猛的样子，有一种粗犷的美。还有一个人物就是鲁迅先生。大家想想：课文《一面》中，作者是怎样描写鲁迅先生的外形的？

生："黄里带黑的脸"。

生："竹枝似的手指"。

生："胡须很扎眼，好像浓墨写的隶体'一'字"。

师：能不能说，这也不美？

生：不能！

师：那美在哪儿呢？

生：美在这些细部描写突出了鲁迅先生顽强的性格和忘我的精神。

师：是的，大病初愈的鲁迅先生给人斗志顽强的美感。

请大家再看看姚逊同学作文中的人物，外形有哪些特征。

生：缺颗门牙。

生：一对虎眼。

生：两个酒窝。

生：白白的皮肤。

师：在我看来，缺颗门牙，表现在一个少年身上，也有一种特殊的美感，谁能用一个词概括出这种美感？

生：幼稚。

生：稚气。

师：对了，是稚气，就是孩子气。这是稚气未脱的童真美，谁不喜爱？请大家再想想，缺牙，虎眼，酒窝，白皮肤，高高的个儿，穿着运动服，这些特征联系在一起，给人一种什么印象？

生：活泼可爱。

生：有朝气，很神气。

师：姚逊观察人物，目力怎样？

生：敏锐，他抓住了人物的主要特征。

生：细致，人物的模样、身材、服饰都写到了，而且准确。

师：外形是惹人喜爱的。人物的个性特征，作文里又是通过哪些细节来刻画的呢？

生：他举手发言，为了引起注意，增加高度，屁股总是离开板凳。这个细节，表现了他争强好胜的个性。

生：老师点到他，他并不一下子站起来，反而先坐稳，然后站起来，这个细节，写出了他当时得意的神情。

生：发言时，两手一背，摆身体，晃脑袋，显示了人物聪明而又调皮的一面。

生：说话半土半洋，引得同学们哈哈大笑，李响平时就是这样幽默风趣。

师：细致的观察，生动的描写，画出了一个活泼可爱的阳光少年的形象。从这些描写中，我们可以感觉到作者对他所写的人物有着什么样的感情？

生：喜爱。

生：赞赏。

师：这样说来，我倒要为姚逊同学鸣不平了，李响同学有没有真正弄清姚逊同学的写作意图？李响，能不能说说你现在的看法？

生：（不好意思）要写就写呗。（众笑）

师：在我看，"缺颗门牙"，为李响的形象带来了独特的光彩，叫缺陷美。（众笑）大家说，是不是？

生：（齐）是！

师：姚逊同学，我要问你，"缺颗门牙"的细节在你的作文里出现了几次？

生： 三次。

师： 为什么要写三次？有的同学对多次写这个细节有看法。

生： 《一面》中写鲁迅先生的外形写了三次，我也想学一学。用它开头，能吸引人；中间出现，加强一下。

师： 是强化一下。

生： 用它结尾，能与开头呼应。

师： 看来，这个细节不仅成为人物外形的鲜明特征，使读者获得深刻的印象，而且它又成为贯穿全文的线索，使文章成为一个整体。你学得好，笔力不错呀！好了，李响和姚逊之间的争议解决了。同学们表个态，好不好啊？

（李响主动伸出手和姚逊紧握，课堂内响起热烈的掌声。）

师： 祝贺李响、姚逊两位同学在写作中加深了友谊，更祝贺大家写作和评论成功。

（学生谈体会，略）

师： 我设计了一份人物速写评价表（发给每人一份），下一节课请大家运用评价表自评、互评作文。下课。

"人物速写"教学简案

教学要求：

1. 训练人物速写，锻炼学生的眼力、心力和笔力；

2. 改革作文课堂教学结构，进行"三程"（引写程、训练程、评价程）单元整体作文教学。

教学时数：

四课时

教学过程：

第一、二课时

一、引写程

例文引写：

（1）指导学生独立研读本单元课文及例文：《一面》中鲁迅外貌的三次描写；《草地晚餐》中朱德总司令的语言、动作描写；乡土教材

《卖柿子的姑娘》中农家姑娘的神态、心理描写。

（2）教师提出人物速写的"三力"（目力、心力、笔力）的要求。

（3）观察引写：列表引导学生现场观察、描写人物。

二、训练程

内容：你看他（她）像谁？

——为本班一位同学画像

要求：1. 完成作文后，简要说明"写作意图"；

2. 把作文读给同学听，看是否知道写的是谁。

学生作文。

第三、四课时

三、评价程

1. 集体评价

（1）教师说明集体评价的标准、要求和方法；

（2）几名同学分别朗读自己的作文，并介绍写作意图；

（3）全班同学边听边填写"人物速记评价表"，作出评价；

（4）交流评价结果，通过讨论，总结写作经验和教训：评定优劣，分析原因。

2. 自我评价（按照集体评价的标准，各人填表评价自己的作文）。

要求：客观、准确；总结优缺点并分析原因。

3. 互相评价（把作文交被写同学或同位同学评价，然后交换意见，各人修改自己的作文）。

4. 巩固、提高性练习：人物速写比赛。

（1）提出要求：听、看、记、想、写。

（2）设置情境：一位同学作二三分钟自我介绍（讲述童年时代的一段经历）。

（3）学生作文：要求在25分钟内速写一个人物。

（4）抽读作文，并作简要分析。

5. 布置课外作文。

（王铁源整理）

真实·充实·教育爱

韩雪屏

这是 1988 年洪宗礼老师的一堂作文课实录。时隔二十多年，重读这份课堂实录，觉得它仍然以"写真实"的教学思想、以充实的课程内容、以饱满的教育机智与教育爱，启迪着今天写作课程与教学的改革。

生活是写作的源泉，真实是文章的生命；中小学生的写作训练应当从写真实做起。虽然中小学生也可以学习写虚构的想象性作文，但成功的虚构想象也必然以生活的真实为基础。大自然、学校、家庭、社会是学生赖以生存、成长和发展的天地，是他们生活的真实环境。只有身处真实环境之中，学生才能眼观六路，耳听八方，用心品尝百味；他们的感觉器官才能逐渐从懵懂到自觉，从迟滞到敏锐。苏联著名教育家苏霍姆林斯基为了达到这个目的，专门为学生开设了"蓝天下的学校"，让学生置身于大自然之中，有机会开放五官，去听、去看、去触摸，去感受、去想象，有能力去给大自然"写生"。洪宗礼老师在这堂作文课里，让学生观察自己身边天天相处的同伴，给人物"写生"。这一取材，实质上体现了教师"写真实"的写作和写作教学观念。

其实，引导学生叙写真实生活，抒发真情实感，并不是轻而易举的事。学生对日常生活视而不见、听而不闻的现象绝不是个别。对于每一个体来说，生活的真实大多是统一的客观存在。久而久之，学生对这个客观世界习以为常了，生活的惯性助长了智力的惰性。于是，他们的感知迟钝了，感受麻木了，感情冷漠了。因此，唤醒学生在沉睡状态中的自我，培育学生时时处处具有活跃的心灵、敏锐的内眼、细腻的感受、独具个性的反应，应该是写作教学义不容辞的首要任务。

因此，洪老师为这堂作文课准备了充实的教学内容。他提出要给人物画像必须具有"目力"、"心力"、"笔力"。目力是对人物外形的观察。观察不同于泛泛观看，"察察为明"强调的就是仔细地查看，就是细节的凸现；观察得到的是呈现在头脑中的心理表象。心力是对人物个性特征的思考。思考就必然进行筛选和比较等心智活动；对写作材料的弃取，对材料详略、主次的判断尽在其中；思考得到的是概括认识。笔力是用语言表述自己观察和思考，表述得到的是用词语、句子和章法构成的语段。于是，"三力"作为一个概括化了的理性知识，就充实而明晰地成为这堂写作训练指导课的教学内容，成为教师引导学生练习和掌握人物速写技能的坚实支点。我们从李勤和姚逊的习作例文中，都可以清楚地看出学生对这堂课教学内容的有效理解和应用。

"写真实"不容易，还因为面对同一客观对象，不同个体的理解与评价是不同的。对于李响"缺颗门牙"这一客观事实，不仅李响与姚逊二人，就是在全班同学中也存在着不同的观感。由此而引发了当事者的激烈口角和同学们的热烈讨论，就成为这堂课中十分精彩的瞬间。洪老师胸有成竹地引导学生研究讨论，他以"阳光少年"、"缺陷美"的论断，不仅平息了口角，而且深化了学生的思考，提升了他们认识，促进了他们之间的友情。因而，也成为这堂课美妙的绝响！

这堂课是洪老师改革作文教学过程的中间环节"训练程"。此前的环节是"引写程"，此后的环节是"评价程"。应该强调的是：在这一完整的写作教学过程中，教师用来引导写作训练的方式，有范文引写，有知识引写，有例文引写。其中关于人物速写需要"三力"的写作知识，完全是在学生已有知识与经验的基础上，由师生共同建构起来的。例如，"什么是人物速写？"这是在界定概念；"人物速写有哪几个要领？"这是在提取规则；把人物速写的基本方法概括为"三力"，这是应用规则的前提。从概念定义到规则提取，再到规则应用，层层递进，有理有序。这是一个由具体到抽象、由个别到一般的认识过程。当得出有关"人物速写"的理性知识以后，教师及时地引导学生把知识应用到解决同类性质的任务中，去具体观察和描写一位同学；这是由抽象到具体、由一般再到个别的过程。在这个螺旋上升的过程中，教师自觉而自然地体现了从领会知识到应用知识的教学基本规律。于是，充实的教学内容就在连续的教学过程中得以充分展开。学生在这堂课里，都毫无例外地经历了运用感官感知表象，运用思考概括表象，运用语言创造表象的心理过程；在完全没有什么负担的情况下，学生学得了新知识，历练了新技能。与此同时，他们的心理能力也得到了积极的而又潜移默化的锻炼。这就是洪老师积极倡导的"学思同步训练"观。这一成功的实践再一次证明了"培养心理能力不能代替促进掌握知识。如果心理能力是可以培养的话，那么，最好的培养途径是通过掌握与该任务有关的知识。思维之心只能寓于知识之体之中。"①

当年在教学现场听这堂课，或者现在阅读这一课堂教学实录，我们都不难感受到或想象出洪宗礼与他的学生娓娓对话的情景。师生之间有问有答，顺序而下，毫不勉强；自然而然，有说有笑，绝无做作；学生或读或写，或表演或评论，自由自在，如话家常，毫不拘束。洪宗礼驾驭教学对话过程的娴熟与干练，确非一般教师所能比肩。究其实，是因为这个对话过程运载着丰富的知识、技能和方法的意义信息；更因为这个对话过程的目标高悬于：指导学生的写作过程，而不只注重学生的写作成果！因此，它与当今某些课堂上为了追求热闹气氛，体现合作形式，而盲目地、连续地组织同桌的同伴互动和前后座位的小组讨论等貌似活跃，实则内容苍白、虚弱的现象，是迥然不同，大相异趣的。

今天，我们不能回避学生在应试压力下不得不"为文造情"的事实。学生作文中存在的胡编乱造的"假大空"风气，无病呻吟的"强说愁"姿态，绮靡矫饰的"小文人"现象，可以说是屡见不鲜。今天，我们还不能回避不少教师为应对考试压力，以古今中外不变的名人名事、名篇名句、八股结构等组成的"套作技巧训练"。因此，重温这个课堂教学实录，我们就会发觉它对当前写作教学还具有沉甸甸的警示

---

① 瞿葆奎. 教育学文集·智育 [M]. 北京：人民教育出版社，1993：51.

作用。

最后，还应该提到的是，这堂作文训练课中处处洋溢着教师的教育机智与教育爱。这种爱，首先表现在洪老师相信学生具有学会语文知识和掌握言语技能的"自力"，因为他深信在母语环境中学习母语课程、养成母语能力，是具有一定的"半自然"性能的。因此，他善于用睿智的目光，去发现学生们一丝一毫的表达欲望，用教育爱心去保护学生一闪一烁的思考，点亮他们一星一点的思维火花，即使对那些一时"启而不发"、"调而不动"的学生，他也真诚宣告"等他60秒"！这是一种教学艺术，但更是对学生思维积极性的信任、更是对学生自尊心和成功欲望的保护。其次，从他妥善地处理李响与姚逊的口角矛盾上，我们还看得出他对阳光少年李响的真爱；更体会得到他相信姚逊对朋友绝无嘲笑挖苦之心。于是，教师对于学生的信任与热爱，此时此地就具有了强大的化解矛盾、协调关系的力量。人们总是愿意用"教育机智"一词来赞赏能够有效处理课堂突发事件的教师，认为他们具有一种难以言传的特殊的施教才能。这样，"教育机智"就被涂上一层神秘的色彩而玄虚化了。固然，从处理事件的妥当、果断来说，教育机智确实不失为一种灵活多变的才干与机敏。但是，通过这个事件，我们却能透视出教育机智的背后仍然是教师对学生的了解、信任和珍爱。教育爱，才是教育机智的真正归因。因此，它杜绝一切对学生的斥责、辱骂和惩罚；它与灌输、说教、训诫也毫无缘分。博大无私的教育爱，正是每一个为师者应该追求和可能追求到的崇高境界！

3. 《模拟法庭辩论》 课堂教学实录

教材：六年制重点中学高中语文《写作》课本第一册

教者：洪宗礼

班级：江苏省泰州中学高三（3）班

时间：1985 年 10 月 3 日

第一、二课时

师：上课！

生：（起立）

师：同学们，请坐下。

请大家把《写作》课本打开到第 220 页，这里有一份模拟法庭的出庭记录。提到法庭，我们都知道这是一个庄严而神圣的地方。同学们，你们有没有列席过人民法院组织的庭审？（不少同学轻轻摇头）看来，大多数同学都没有列席过庭审。你们中有没有看到过开庭？（有同学轻轻点头）你们在什么地方看到的？（有同学说在电影、电视里看到的）在这一单元教学中，我们要依据课本中这份《出庭记录》中的案件，组织一次法庭辩论，让我们全班同学都来参加一次庭审。同学们，有没有兴趣？（学生：有）同学们，你们有谁知道人民法院的庭审程序？

生：先宣布开庭，然后进行法庭辩论，最后进行宣判。

师：这几点讲得不错，但还不够完整。谁来补充一下？

生：法院在组织法庭辩论之前，还应该先进行法庭调查。

师：这一点很重要，法庭调查是法庭辩论的基础。没有法庭调查，法庭辩论就难以开展。严格地讲，法庭庭审程序是从控诉人向法院起诉始到法庭宣告裁决止，历经庭前准备、宣布开庭、法庭调查、法庭辩论、合议庭评议、宣告判决裁定等阶段。其中"法庭辩论"又是法庭庭审中一个极为重要的程序。

刚才我说的这段话中有两个概念需要探讨一下，一个是"控诉人"，一个是"合议庭"。请问各位同学："控诉人"是不是受害者本人？

生：是的。受害者就是原告，原告就是控诉人。

师：又有同学举手，看来有不同意见。我们请这位同学说说。

生：不一定是。有一种情况，"控诉人"不是受害者本人，而是人民检察院的人，这种人称之为"公诉人"。

师：哪一种意见正确？（学生齐答：后一种意见）后一种意见是正确的。"控诉人"不一定是受害者本人，我们今天课本上提供的这份《出庭记录》中的起诉就是由人民检察院的同志担任的。一般情况下，在民事案件中，"控诉人"就是"原告"；在刑事案件中，"控诉人"就是"公诉人"。

什么是"合议庭"呢，有没有同学知道？

生：老师，合议庭是指人民法院审理案件时，由一定数量的审判人员，采取法定的形式所组成的审理案件的组织。

师：讲得很好。你是怎么知道的？

生：辞典里有，我查了辞典。

师：是的，"合议庭"是法院审理案件的一种组织形式。老师不仅查了辞典，还请教了法院的同志。"合议庭"一般由审判员和人民陪审员组成。"合议庭"成员是法庭人员的第一部分，也就是我们通常所说的"审判组"（板书：审判组）。书记员一般也属于"审判组"之列。此外，法庭人员还应该包括"控诉组"和"被告组"。（板书：控诉组、被告组）在民事案件中，"控诉组"由原告及其代理人组成；在刑事案件中，"控诉组"由公诉人员组成。"被告组"一般由被告及其辩护人员组成。

同学们，我们要参加这场模拟法庭辩论，不论你是"审判组"的，或是"控诉组"的，还是"被告组"的，你现在要做的第一件事是什么？

生：了解案情。

师：同学们讲得很好。了解案情是我们参加这场模拟法庭辩论的基础。因此，我们第一件事就是要认真阅读《出庭记录》，详细了解案情的来龙去脉。如何阅读这份《出庭记录》？我想分"速读——细读——研读"三步进行。（板书：速读 细读 研读）

首先，我们谈一下"速读"。所谓"速读"，顾名思义就是快速阅读。它的特点是快，要求读得快，理解得快，要用尽量少的时间去获取尽可能多的信息。速读的目的是尽快把握全篇的大意梗概，得其要领。因此在阅读中，对某些难点，只要不影响对总体的把握，可以绕道而行，不必在一处多耗费时间。对于长句，要善于抓住主干；遇到生字、难词，只要不影响对大意的理解，可以跳过去，以免影响进度。速读是一种阅读方法。但速读并不意味着降低阅读质量，速读允许略，但决不容许错。现在，我们请全体同学把《出庭记录》快速阅读一遍，时间为 10 分钟。阅读要求是初步掌握"出庭记录"的大意，了解基本案情。在阅读时，同学们可以在书上勾勾画画。

（学生阅读《出庭记录》，并在课本上勾画圈点。）

师：（学生阅读 8 分钟后）已快速读完一遍，并能说出"出庭记录"的大意和基本案情的同学举一下手。（有 5 位学生向老师举手示意）有 5 位同学仅用了 8 分钟已经读完了这份五千多字的《出庭记录》，没有读完的继续阅读。

师：（又过了 2 分钟）还没有读完的同学，请举手。（有 4 位同学举手）好，没有读完的同学，下面我们还有时间给大家继续阅读。现在，我们请哪位同学说说"出庭记录"的大意。

生：《出庭记录》记载了一次审判情况，主要记录了法庭调查情况。人民检察院检察员向人民法院就被告人赵山川故意伤害他人一案提起诉讼，审判长对案件进行了审理，对被告进行了询问，被告人及辩护律师当庭做了辩护。

师：这是一起什么案件，能不能介绍一下基本案情？

生：这是一起刑事案件。被告赵山川是新平县石子山乡赵庄村农民，不满 16 岁。他自幼被村里人戏称为"八戒"，有时受到村里某些人的歧视和取笑，对此，他极为不满。1984 年 5 月 13 日，他收工回家，路遇 7 岁幼童张小娟。张小娟和 5 岁的张小冬在路边玩耍，张小娟叫赵山川"八戒"，赵山川极为恼火，揪住张小娟的辫子，将她甩出一米多。张小娟撞到水泥柱上，颅脑损伤，被诊断为脑震荡，并认定终身成为痴呆。

师：概括得不错，基本案情已经讲清楚了。能不能用七八十个字概括一下基本案情，谁能概括得再简洁些？

教思撷英

319

生：新平县石子山乡赵庄村未满 16 岁的农民赵山川因多次受人歧视，于 1984 年 5 月 13 日将再次取笑他的 7 岁幼童张小娟撞成痴呆。

师：第二位同学用语更为简洁，一句话就把时间、地点、人物、事情交代得很清楚，而且被告和受害人的身份也交代清楚了。我想了解一下，你阅读《出庭记录》花了几分钟？

生：大概七八分钟。

师：你仅用了七八分钟的时间就浏览了全文，并且抓住了《出庭记录》的要点，真的不简单。请你说说你是怎样快速阅读全文的？

生：我在阅读时重点抓住了公诉人宣读《起诉书》这一部分内容，其余部分采用了跳跃式阅读方法进行扫描，有时采用一目十行的办法。

师：是的，"快速阅读"不仅帮助我们节省了时间，更重要的是训练了我们思维的敏捷性。刚才我们已经完成了"速读"的既定目标，现在进行第二步，"细读"。细读，又称为"理解性阅读"，即详细、逐行地阅读，以理解并掌握全部内容。细读是培养阅读能力最主要、最基本的手段，从语言到内容都必须全面把握、深入理解。通过"理解性阅读"，我们要求同学们要进一步了解案情的来龙去脉，要搞清楚赵山川犯罪的缘由、主观原因、客观背景、认罪态度以及犯罪性质。（板书：犯罪的缘由　主观原因　客观背景　认罪态度　性质）"理解性阅读"，时间为 15 分钟。

（学生继续阅读《出庭记录》，并勾画圈点，加注旁批。教师行间巡视。）

师：好，时间到。我们先来讨论一下"赵山川犯罪的缘由"，被告人赵山川是在什么情况下起意伤害 7 岁幼童张小娟的？

生：赵山川当天收工回家，路遇幼童张小娟和张小冬在路边玩耍。年仅 7 岁的张小娟和 5 岁的张小冬称赵山川为"八戒"，并嘲弄他。赵山川认为连小孩都敢欺负他，因此极为恼怒。在这种情况下，赵山川踢了小冬一脚，并抓住小娟的辫子猛晃，将其推到水泥柱子上。

生：我想补充一下：该村的一些人经常歧视和取笑他，并多次称他为"八戒"。就在事发当天，锯木厂小工张辉还揪住他的耳朵，让他学猪叫。我个人认为，赵山川伤害张小娟，是在极为无奈的情况下发生的。

师： 刚才两个同学谈到的既有赵山川犯罪的缘由，也涉及犯罪的客观背景。其实，我们翻看一下《出庭记录》中审判长的两次讯问就很清楚了。第一次，审判长讯问"被告人，你在什么情况下起意伤害他人的"，被告人答"他们叫我外号"。第二次，审判长讯问"你是在什么情况下伤害他们的"，被告人答"就是他们叫我外号"。我认为赵山川"犯罪的缘由"是年仅 7 岁的张小娟竟然也敢叫他外号。赵山川犯罪的主观原因、客观背景又有哪些呢？谁来先说说赵山川犯罪的主观原因？

生： 赵山川只"上了 3 年小学"，文化水平低。

生： 赵山川小时候曾被电过，虽然不属病态，但是由于受电击，影响了他的智力发育。

生： 赵山川根本不懂法，他不知道故意打人是犯罪。当审判长讯问"你为什么不去自首投案"，他竟然回答"我不懂什么叫自首投案"。

师： 刚才 3 位同学答得都很好。"不懂法"是赵山川犯罪的主观原因。他犯罪的客观背景又有哪些呢？

生： 赵山川从小就被村里人称为"猪八戒"，平时干活时，别人老欺负他，打他，叫他外号，往他身上撒尿。就在他犯罪的当天，还有人拎着他的耳朵，让他学猪叫。他小时候得过肝炎，还被电触过一次。

生： 此外，赵山川所受到的家庭教育也是不幸的。他爸爸和哥哥常常打他，而且是用棍子和三角铁打。赵山川认为他爸和哥如此打他都没有受到处分，他打了张小娟肯定也没有什么了不起。他们家的家庭教育方法不当，这一点是不是也可以算着是被告犯罪的客观背景。

师： 两位同学的答案加在一起，就比较完整了。现在。我们来看一下赵山川的认罪态度。

生： 应该说，赵山川的认罪态度是比较好的。他不仅一一承认了自己所犯的罪过，而且多次表示要"听从政府判决"。他说"我知道我缺德"，在最后陈述时他还说："我认罪伏法，服从政府的判决，别的没有什么说的。"

师：最后，我们再来讨论一下赵山川"犯罪的性质"，谁来发表一下自己的意见？

生：根据公诉人宣读的《起诉书》，赵山川已构成故意伤害致人重伤罪。

生：我认为是过失犯罪，不是故意犯罪，不应该负刑事责任。

师：同学们，你们认为是过失犯罪，还是故意犯罪。（绝大多数同学认为是"故意犯罪"，也有人认为是过失犯罪）看来，绝大多数同学都认为是"故意犯罪"，也有少数同学认为是"过失犯罪"。有不同意见，是好事。我们暂不作结论，也暂不讨论，因为我们下面还会有时间来思考和探讨这个问题。从刚才大家的讨论中，我们可以看到，同学们的发言既有观点又有材料。这些材料是从哪里来的？毫无疑问是认真、详细阅读《出庭记录》的结果。这些观点是从哪里来的？是我们阅读和思考的结晶。

师：接下来，我们进行第三步："研读"。所谓"研读"就是研讨性阅读。研讨性阅读的方式很多，这里先介绍两种，一种是比较参读，一种是质疑阅读。（板书：比较参读　质疑阅读）

所谓"比较参读"，就是在精读某一篇文章的基础上，再参读其他文章，找出它们之间的异同。我们在精读《出庭记录》的基础之上，再阅读课文后辑录的《中华人民共和国刑法》有关条文，通过比较分析就能辨别案情的是是非非，进而使我们的思维更具准确性和丰富性。

所谓"质疑阅读"，就是在阅读中发现问题、提出问题、分析问题、解决问题。《出庭记录》中公诉人和被告人、辩护人双方观点之间存在不少差异。有差异，就有疑问。质疑大致有两种情况：一种是有疑而问。在阅读中，确实还有一些谁是谁非的问题没有解决，需要提出来研究并解决。另一种是明知故问。有些问题，虽然已经明白了是与非，但如果我们把材料前前后后联系起来考虑，再对照《刑法》中的有关条文，还有一些"为什么"需要提出来进一步思考和研究。更有甚者是于无疑处生疑，我们依据《出庭记录》中的有关事实，还可以提出一些商榷性的疑问。

"研读"是一种高层次的阅读，是我们撰写《模拟法庭辩论稿》的基础。研读时，可以和前后左右的同学小声讨论。这种讨论既可以是议论性的讨论，也可以是争论性的讨论。时间同样为15分钟。

（学生阅读《出庭记录》和《中华人民共和国刑法》有关条文，教师行间巡视，同学之间、师生之间不时地进行小声讨论。）

师：同学们，大家用了15分钟的时间，在学习了《刑法》有关条文后，对《出庭记录》再次进行了阅读。刚才，不少同学还进行了交流和讨论。通过比较参读和质疑阅读，我们有没有找出公诉人和被告人、辩护人双方观点之间存在的差异？在研读中，我们又进行了哪些有益的思考，提出了哪些有价值的疑问？

生：案发后，赵山川在他母亲的一再追问之下才向母亲讲述了他的犯罪经过，是他母亲向村治保主任揭发归案的，这种情况是"揭发归案"，还是"投案自首"，我们发现公诉人和被告人、辩护人双方有意见分歧。

生：对照《刑法》第11条和第12条，我们几个同学对赵山川把幼童张小娟打成重伤，是"故意犯罪"，还是"过失犯罪"，有分歧。公说公有理，婆说婆有理，谁也说服不了谁。

师：除了刚才两位同学提到的问题，还有些什么疑问需要提出来讨论和研究的？

生：长期以来，被告人赵山川被村里人称为"猪八戒"，且常常遭受毒打。这一客观事实虽然不是被告人行凶的依据，但是应该说这与被告人的犯罪行为是有一定的关系的。这种关系到底有多大，我们认为控辩双方的意见并不完全一致。

生：被告人赵山川不满16岁，且小时候被电击过，影响了他的智力发育。这对于量刑的大小，是有关系的。这种关系有多大，我们发现控辩双方也是有意见分歧的。

师：几位同学讲得都很好。我们找出分歧，找出矛盾，也就找出了法庭辩论的要点。刚才同学们提到的，诸如"故意犯罪"与"过失犯罪"的异同，"揭发归案"与"投案自首"的区别，犯罪的"主观因素"与"客观因素"之间的关系，犯罪的年龄、智力与犯罪性质之间的联系，这些都是我们法庭辩论的要点所在。我们不仅要从《出庭记录》中找出相关的文句，还要对双方的看法进行分析和思考。

师：同学们，我们在撰写模拟法庭辩论稿之前，我认为还有 3 件工作要去做。第一，要进一步整理并分析"案情"。（板书：**第一，进一步整理并分析"案情"**）我设计了一张表格，请看幻灯片。

（幻灯映出）

被告人姓名		年龄		犯罪时间	
与本案有关人员					
犯罪基本情节					
犯罪主要原因					
犯罪主观动机					
犯罪客观背景					
罪犯认罪态度					
罪犯犯罪性质					

同学们可以根据表格中所列项目进行梳理和填写。第二步，自选假定身份，充分展开讨论。（板书：**第二，自选假定身份，充分展开讨论**）身份可以是控方，即公诉人，可以是辩方，即被告人及其辩护人。大家可以自由组合，三五人为一组。相同观点的同学可以组合成一组，不同观点的同学也可以组合成一组。相同观点的同学在一起，可以商量如何确立己方观点，如何收集论据，如何运用论辩策略等。不同观点的同学在一起，能够互相沟通，彼此传递信息，通过争辩还可以摸清对方辩论的角度和内容，找出双方论辩中的有利因素和不利因素。

（同学们用两三分钟时间完成了自行组合。）

师：同学们可以围绕被告人赵山川犯罪的性质进行讨论，重点可以放在赵山川该不该判刑，如果判刑怎样量刑才合适等问题展开。在讨论中，我们还可以发现问题，提出疑问。解决不了的问题，我们可以先把它记下来。分组讨论的时间为 15 分钟。

（同学们进行分组讨论，讨论非常热烈，气氛异常活跃。教师也先后参加了几个小组的讨论，有的小组还展开了激烈的争论。）

师：同学们，我们经过讨论，对法庭辩论的中心话题以及各自的基本观点有了初步了解，但如何撰写法庭辩论稿还需要进一步探讨。因此这第三步，就是要了解法庭辩论稿的一般写作要求。（板书：第三，法庭辩论稿的一般写作要求）

就本案具体情况来看，在法庭辩论中一方是公诉人，一方是被告及其辩护人，由公诉方和辩护方双方进行辩论。首先，公诉方要写好公诉词，辩护方要写好辩护词。（板书：公诉词　辩护词）所谓"公诉词"，是指人民检察院根据法律规定，在人民法院审判公诉案件时，派出人员在法庭辩论阶段的口头发言稿。公诉词不是对起诉书的简单重复，而是以起诉书为基础和依据，有重点、有针对性地揭露被告人的犯罪动机、犯罪目的、犯罪手段和犯罪后果，是对起诉书的进一步说明。所谓"辩护词"，是辩护人依法参加刑事诉讼活动，行使辩护权，在法庭辩论阶段的口头发言。

"公诉词"一般以正面阐述为主；"辩护词"既要正面阐述，又要进行反驳，两者要有机结合。"公诉词"和"辩护词"，从文体上来讲都是议论文，在结构上大体相同，在写法上也有许多相似之处。撰写"公诉词"和"辩护词"时，尽量不让对方从发言中找到矛盾，使对方没有可乘之机。对对方在发言中可能提出的观点在己方的发言中该认定的认定，该反驳的反驳，使对方的辩论处于一种被动状态。无论公诉词，还是辩护词，开头都应该有呼告语，可写"审判长、审判员"或"尊敬的审判长、审判员"。如有人民陪审员参加，在呼告语里，还应加上"人民陪审员"。在发言重要之处，需要提醒法庭成员注意的，也可另起一行写上呼告语。但呼告语不能滥用，以免影响发言的连贯性。"公诉词"和"辩护词"既然是议论文，因此议论文的一般写作要求都应该严格遵守。比如说，运用概念要准确，作出判断要鲜明，进行推理要正确，分析说理要辩证，语言要有概括力。这些，在法庭辩论稿的撰写中都很重要。"控""辩"双方分别写好"公诉词"和"辩护词"，是不是就能参加法庭辩论了？仅仅准备好"公诉词"和"辩护词"够不够？（众答：不够）为什么呢？

生：准备好"公诉词"和"辩护词"还远远不够，"控""辩"双方还应依据案情和对对方观点的分析研究，预测辩论动向，预先设定好讯问提纲和答辩提纲。

师：预测辩论动向，写好讯问提纲和答辩提纲，这同样是法庭辩论前的一项重要准备工作。对对方的分析和预测，"控""辩"双方都应该尽可能准备得详尽一些。要充分估计到对方可能提出哪些问题以及他们所持有的事实依据和法律依据，我方如何来应对对方的问题，我方还应该向对方提出哪些问题。我们准备得越充分，辩论时的底气才会越足。我相信只要我们"控""辩"双方都做好充分准备，那么我们下周的法庭辩论就一定能够取得圆满成功。

今天的课，就上到这里。现在我们布置一下课外作业。看幻灯片：

（幻灯映出）

课后作业：

    1. 带着阅读和写作中的问题向法官和律师请教，向书本请教，向老师和同学请教；

    2. 撰写模拟法庭辩论稿；

    3. 脱稿试讲 1~2 遍。

师：好，现在下课。

第三、四课时

（将本次模拟法庭出庭人员的姓名和所扮演的角色等信息投影到屏幕上。）

师：上课！

生：（起立）

师： 同学们，请坐下。大家上周撰写的法庭辩论稿，我都一一看过了。绝大多数同学辩论发言稿有观点，有材料，有分析，感情充沛，且富有论辩性。不少同学进行了面壁试讲，有的同学还自找对手，进行了针锋相对的辩论。在此基础上，大家将辩论稿进行了再次修改。看到我们今天教室里的布置和陈设，就知道我们将要举行一场模拟法庭辩论。我们邀请10名同学分别扮演审判员、书记员、公诉人、被告人、辩护人等角色，其余同学作为听众。作为听众的同学，要对这10名扮演者进行评议并给直接参加法庭辩论的几位同学分别打分。《评分标准》和《评分表格》见幻灯片。今天我们还特别邀请了泰州市人民法院审判员章中强同志担任本次模拟法庭的审判长，大家欢迎。（大家鼓掌）

（市人民法院审判员章中强同志身着"审判长"制服，起立。）

审判长： 同学们好。现在，我们按照法定程序对赵山川致人重伤一案进行审理。（示意书记员上场）

书记员： （查明本案诉讼人、被告及其代理律师是否到庭，并宣布法庭纪律。）

全体起立，请审判人员入席！

（审判人员入席后站立）

审判长： 请全体人员坐下！

书记员： （站立，面向审判长）报告审判长：本案诉讼人、被告及其代理律师均已到庭。请决定是否可以开庭。

审判长： （面向书记员）可以开庭，请坐下！

（面向全体人员）现在宣布开庭！（用法槌击打桌面）

（宣布法庭组成人员，核实当事人和诉讼参加人身份，告知被告人对法庭相关人员有提出申请回避的权利，并询问是否申请回避等事宜。）

现在开始法庭调查。由公诉人宣读起诉书。

公诉人： （宣读《起诉书》）

审判长： 被告人，你是在什么情况下起意伤害被害人的？交代你的犯罪事实。

被告人：（陈述犯罪事实）

审判长： 由于犯罪事实清楚，证据确凿无误，公诉人和被告及其代理双方对基本事实都已认定，现在进入法庭辩论阶段。请公诉人发表公诉意见。

公诉人 A： 审判长、审判员，被告赵山川故意伤害，致人重伤一案，事实清楚，证据充分，被告人亦供认不讳。本院认为：被告赵山川目无国法，在光天化日之下行凶残害儿童，手段极为残忍，后果特别严重，触犯了《中华人民共和国刑法》的第一百三十四条第二款的规定，已构成故意伤害致人重伤罪。为严肃国法，保护儿童生命安全，打击刑事犯罪活动，依据《中华人民共和国刑事诉讼法》第一百条的规定，提起公诉，请求依法惩处犯罪分子赵山川。

审判长： 被告人为自己辩护。

被告人： 打伤张小娟是我的错误，我承认。但是我没有先打她，是她先骂我的。那天，我收工回家，他们看到我老远就叫"八戒来了"。我走近了，他们叫得更厉害了。张小冬还学着猪，用嘴拱地。我先吓唬他们，但他们不买账，他们一面叫"八戒、八戒"，一面还继续学着猪用嘴拱地。我在忍无可忍的情况下才去揪张小娟的辫子的，我把她向电线柱上一推，没想到竟然把小娟给撞晕过去了。那天，我看到小娟倒在地上流了血，我害怕了，拔腿就跑。跑回家，妈妈问我怎么回事，我把事情的经过情况都向她坦白了。妈妈用扫帚狠狠地打了我，还叫我赶快去张婶婶家承认错误。我不是有意的，我更没有想到后果会这样严重。我知道我错了，我听从政府处理。

但是有一点，我想向政府说明一下。平时我干活时，别人老欺负我。他们不仅叫我"猪八戒"，经常打我，骂我，还往我身上撒尿。我打不过他们，只好忍着。就在事发当天上午，锯木厂的小工张辉还揪我的耳朵，让我学猪叫。我不肯，他就拧我的耳朵，在院子里转。我没办法，只好学猪叫。在收工回家的路上，又遇到张小娟和张小冬再次嘲弄我，我想连这两个小崽子都敢欺负我，因此我也火了，我就狠狠地打了他们。我认罪，我下次再也不敢打人了。我文化水平低，只上到小学三年级。小时候我得过肝炎，还被电触过，脑瓜子也不好使。我说不好，我请求律师为我辩护。

审判长：请辩护人发表辩护意见。

辩护人A：尊敬的审判长和各位审判员，我们受××律师事务所的指派依法担任本案被告赵山川的辩护人。介入本案后，通过会见被告人，审阅卷宗材料，特别是通过今天的庭审调查，我们认为，赵山川致人重伤一案的案情基本事实是清楚的。对此，被告人赵山川从1984年5月13日投案至今天法庭调查结束前也一直供认不讳，并表达了其认罪态度。对于此行为给被害人所造成的伤害，辩护人也深表同情。但是，对被告人的处罚应当也必须依照客观事实及法律的规定来进行。辩护人根据本案的相关事实及我国法律的相关规定发表辩护意见如下：（1）事发当日，被告受到年仅7岁的张小娟和年仅5岁的张小冬的嘲弄，尽管被害人年幼无知本不该和他们计较，但他们的嘲弄恰恰是被告打伤被害人的起因。（2）长期以来，被告人受到村里某些人的歧视和讥笑，对此极为反感。当遇到两个力气比他小的儿童时，他便产生了武力报复的心理。在这种情况下，被告赵山川产生这种武力报复心理是于法不容但情有可原的。（3）被告人未满16岁，文化程度只有小学三年级，小时候又受过电击，影响了他的智力发育。（4）事发后，被告人能主动投案自首，并主动交代犯罪事实，认罪态度较好。以上几点辩护意见，辩护人提请法庭合议时予以高度重视，并能从轻处罚。

审判长：请公诉人根据被告及其辩护人提供的证据，就相关部分进行辩论。

公诉人B：审判长、审判员，被告人自幼被村里人称为"八戒"，有时受到村里某些人的歧视和取笑，事发当天，被告又受到两名幼童的嘲弄，我们承认这是不可否认的事实。这一点，我们在公诉词中已经明确表明了我们的态度。但是这决不是被告行凶打人的依据，何况被告伤害的又是两个年幼无知的孩子。被告被他人嘲弄已不是一两天的事了，当他遇到两名幼童时就出手报复，这是典型的欺软怕硬。这种怕强凌弱的行为，我们尤其不能容忍。

辩护人 B：尊敬的审判长、各位审判员，我们认为：如果说被告把两名幼童的嘲弄作为行凶打人的依据，那肯定是错误的。应该说，被告长期以来受到村里某些人的歧视和讥笑这一事实，与他行凶打人，致人重伤是有一定的联系的。说到弱者，其实被告赵山川在村里也是一名弱者。在家里，他挨父亲和哥哥用棍子和三角铁打；在外面，他经常被村里人欺负，他打不过人家只好忍着。出事当天，被告出手行凶打人，虽不能称之为自卫反击，但确实是出于无奈。辩护人不想也不应该指责两名幼童，因为他们年幼无知，但是两名幼童对被告的讥笑，对本案的发生确确实实也起到了一定的作用。因此，我们认为两名幼童的讥笑，和被告的犯罪是有一定的联系的，合议庭量刑时对这一情节应当予以考虑。

辩护人 C：尊敬的审判长和各位审判员，《中华人民共和国刑法》第十一条明文规定："明知自己的行为会发生危害社会的结果，并且希望或者放任这种结果发生，因而构成犯罪的，是故意犯罪。"对照《刑法》相关条例，第一，被告人由于受到年龄、智力、文化程度、作出行为时的环境背景等条件的制约，未能预知其行为会给被害人张小娟造成脑震荡并成为痴呆这样严重的后果。当时，被告出于报复心理，仅仅是想教训一下两名幼童，却万万没有想到竟会造成如此严重的后果。第二，被告人更没有希望或者放任这种如此严重后果的发生。被告的犯罪并非是故意的，只能算着过失犯罪。《刑法》第十二条规定："过失犯罪，法律有规定的才负刑事责任。"我认为，《起诉书》认定被告人故意犯罪是不当的。

公诉人 C：我们讲被告"已构成故意伤害致人重伤罪"，是认定被告所犯罪过是"故意伤害"，而不是"过失伤害"。当两名幼童嘲弄被告时，被告使劲将受害人张小娟的头朝旁边的电线杆上撞，这种行为完全是故意的。正如辩护方所说，被告受到某些条件的制约，未能预知其行为会给被害人张小娟造成脑震荡并成痴呆这样严重的后果。我们认定的是"故意伤害"，而不是"故意犯罪"，我们还请辩护方弄清楚"故意犯罪"、"过失犯罪"、"故意伤害"、"过失伤害"等几个概念的区别和联系。

辩护人 B：尊敬的审判长和各位审判员，公诉方已经认定被告是"过失犯罪"，而不是"故意犯罪"，这和我们辩护方的观点是完全一致的。此外，我们认为事发当日被告回家后，向其母亲陈述了犯罪事实，村治安主任找到乡公所，被告人随即又交代了犯罪事实。因此，我方认为被告也应算作为自首。

公诉人 B：事发后，被告能主动交代出犯罪事实，认罪态度较好，这一点我们与辩护方的观点是一致的。但是关于自首问题，被告向其母讲了他的犯罪事实以后，由其母向村治安主任揭发归案，这一点与被告人自己主动向公安部门投案自首是有区别的。在刚才的法庭调查时，被告承认事发回家后是在他母亲的一再追问下才讲述了他的犯罪经过，他自己并没有主动投案自首。况且，当赵玉新叫他站住时，他假装没有听到，撒腿就跑，这难道不是想畏罪潜逃吗？

辩护人 B："投案自首"与"揭发归案"，这是性质完全不同的两个概念。我方认为，被告人现在还未成年，他的父母是他的法定监护人，监护人代为投案，同样应该认定为投案自首。其一，被告在监护人的母亲的追问下，能够主动交代。其二，公安机关在没有确切掌握被告犯罪事实的情况下，找被告人谈话时，被告随即交代了其犯罪事实，应该视为有悔罪的表现。其三，赵玉新叫他站住时，并不知道他已经打了人，只是问问那是怎么回事，仅凭这一点那就更不应该认定被告是畏罪潜逃。此外，被告赵山川虽然致人重伤，但毕竟年幼无知，缺乏文化，客观上又受到社会上一些人的嘲弄和歧视，确实有些可怜，也值得各位同情。

公诉人 B：大家都知道，对犯罪分子的处罚，应当依据犯罪的事实、犯罪的性质、情节和对于社会的危害程度。感情是不能代替法律的，法不容情。

辩护人 C：为了对被告人赵山川依法作出客观、公正的处罚，我想重申这样三点意见：（1）被告未满 16 岁，文化程度只有小学三年级。（2）被告小时候受过电击，脑子受过伤，影响了他的智力发育。（3）被告家庭教育方式不当，存在严重的问题，他经常被爸爸和哥哥用棍子、三角铁打。以上三项客观因素，对被告的成长带来一定的影响。我们恳请合议庭在合议时应当对此予以充分考虑。

公诉人 C： 被告人小时候受过电击，脑子受过伤，这是事实。但是，在我们的调查中，并没有人反映说被告人被电击以后智力发育受到影响。

辩护人 C： 被告受过电击，确实没有造成严重后果，当然不能属于病态，但是年幼时受到电击，他的智力发育肯定会或多或少受到一定程度的影响。

审判长： 公诉人对这一点还有意见吗？

公诉人 C： 没有。

审判长： 经过事实的陈述和控辩双方的论辩，本案情况已经非常清楚。请问，公诉人还有什么补充意见？

公诉人 A： 没有了。我们请求法庭按照《中华人民共和国刑法》相关条例惩处犯罪分子赵山川。

审判长： 辩护人还有什么意见？

辩护人 A： 没有了。请法庭合议时对辩护人提出从轻处罚的几点理由予以充分考虑，对年仅 16 岁的被告从轻处罚。

审判长： 法庭辩论到此结束，现在由被告人作最后陈述。

被告人： 尊敬的审判长、各位审判员，我把小娟打成重伤是违法的，我向小娟全家表示道歉。过去我不懂得什么是投案自首，也不知道故意打人是犯罪。因为许多人都打过我，我爸爸和我哥哥也常打我，他们都没有受到处分。所以我以为打人没有什么了不起，更不懂得打人造成严重后果的就是犯罪，还要判刑。现在我懂了，我认罪伏法，我服从合议庭的合议。谢谢大家对我的帮助和教育，别的我没有什么要说的了。

审判长： 本次开庭到此结束，经合议庭合议后再行宣判。现在休

庭！（用法槌击打桌面）

师：刚才的法庭审理暂告一段落，几位法官在那里进行休庭后的合议。现在我们利用这短暂的时间分小组预测一下：被告赵山川该不该判刑？如果判刑，怎样量刑才合适？

（学生分组讨论，议论纷纷，争论热烈。）

师：好，合议庭合议已经结束。到底谁的分析更加接近真实的答案，下面进行案件审理的最后程序，请我们的法官作最终裁决。

书记员：（面向全体）下面重新开庭，请审判长、审判员入庭。

（审判人员入席后站立）

审判长：请全体起立。

（全体人员起立）

审判长：新平县人民法院刑事判决书：

公诉机关：新平县人民检察院。

被告人赵山川，男，出生于1969年3月，新平县石子山乡赵庄村人，农民。因故意伤害，致人重伤，经新平县人民检察院批准，于1984年5月14日，由新平县公安局逮捕，现在押。

辩护人（写明姓名、性别、工作单位和职务）

新平县人民检察院于1984年7月23日以被告人赵山川犯故意伤害罪，向本院提起公诉。本院受理后，依法组成合议庭，公开开庭审理了本案。新平县人民检察院检察员李树青出庭支持公诉，被告人赵山川及其辩护人、证人等到庭参加诉讼。本案经合议庭评议并报本院审判委员会讨论决定，现已审理终结。

经审理查明：被告人赵山川，于1984年5月13日上午十时左右路遇幼童张小娟和张小东二人在路边玩耍。张小娟叫被告人的外号"猪八戒"，被告极为恼怒，遂揪住张小娟的辫子猛晃，然后朝电线柱子上猛推。张小娟颅脑损伤，造成脑震荡，将终身成为痴呆。同时又将张小东的门牙踢落一颗。上述罪行，有证人证言，现场勘查笔录，医院检查结论在案佐证。被告人赵山川当庭陈述的事实与指控事实基本一致。公诉机关的指控事实清楚，证据充分，罪名成立，本院予以确认。

在法庭辩论中公诉人认为，被告人赵山川未能及时主动向公安部门投案自首，有逃避行为。经审查，被告未满16岁，在事发后向其母亲讲了犯罪事实，在公安机关尚未掌握被告犯罪事实的情况下又再次向村公所交代了犯罪事实。本庭认为：被告事发后能主动交代自己的犯罪事实，有悔罪表现，可视为投案自首。

被告人赵山川及其辩护人对公诉机关指控的犯罪事实均表示认定。被告的辩护人提出了对被告从轻处罚的几点理由，本院认为，尽管被告文化程度低，长期以来又经常受到他人的歧视和嘲弄，确实令人同情，但是在法律面前人人平等，任何公民犯罪都应依法受到刑事追究。至于被告"案发后能如实供述犯罪事实，认罪态度较好"、"年龄不满十六岁"等，可以依法减轻处罚。

综上所述，本院认为，被告人赵山川目无法纪，侵犯公民人身权利，致人终身残疾，后果严重，业已构成伤害，根据《中华人民共和国刑法》第一百三十四条第二款、第十四条第二款之规定，判决如下：被告人赵山川犯故意伤害罪，判处有期徒刑三年。如不服本判决，可在接到判决书的第二日起十日内，通过本院或者直接向中级人民法院提出上诉。

审判长：吴志彬

审判员：吴国泰、刘娟

公诉人：李树青

书记员：李明

闭庭！（用法槌击打桌面）

师：各位请坐。刚才模拟法庭的审判程序已经结束，但同学们的思考还远远没有结束。同学们可能会产生这样或那样的疑问，一定会提出这样或那样的问题，下面我们欢迎审判长章中强同志为我们解疑释难。（全体鼓掌）接下来，同学们可以随便提问。

生：请问审判长，被告赵山川犯罪事实是由其母亲向村治保主任揭发的，为什么视为投案自首？

审判长：《刑事判决书》上的表述已经很清楚了。这里，我再详细说明一下。我们认为符合以下几种情况都应视为自动投案：第一，投案行为发生在犯罪人尚未归案之前，这是自动投案的时间规定。例如本案中，即使犯罪事实和犯罪分子均已被司法机关发现，但司法机关尚未对犯罪分子采取讯问或强制措施之前，也符合犯罪人尚未归案之前的情形。第二，投案行为是犯罪分子的意志所决定的，这是自动投案是否成立的关键。例如本案中，经家长、亲朋好友规劝而投案，也属此列。第三，必须是向司法机关或者个人承认自己实施了犯罪行为，这是投案自首的实质性条件。这里的"个人"是指犯罪分子所在单位、城乡基层组织、其他有关负责人。例如本案中，向村治保主任坦白，村治保主任也属于这一条中所讲的"个人"。此外，被告人现在还未成年，他的父母是他的法定监护人，监护人代为投案，同样可以认定为投案自首。

生：我想请问审判长，合议庭评议时，如果几位法官意见不一致，怎么办？

审判长：合议庭评议时，由审判长领导，除书记员在评议室做记录外，非合议庭成员不得参加评议。评议中如果发生意见分歧，实行少数服从多数的原则，但少数人的意见应该如实记入评议笔录。评议笔录由合议庭全体成员签名或盖章。评议结束后，应当依法制作判决书，并由合议庭全体成员在判决书上签名。这些措施有利于合议庭评议的公平、公正。

生：我的问题是，模拟法庭辩论和我们学生平时举办的辩论赛这两种辩论，发言时有什么不同？

审判长：这个问题提得很好，但最好由你们老师来回答。他的回答，肯定要比我说得好，我们请洪老师来回答这个问题。

师：我们平时举行的辩论赛强调的是语言技巧和表演性，双方针锋相对、唇枪舌剑，言辞激烈，不仅要"以理服人"，更多的是靠"以情动人"；而模拟法庭辩论主要是靠"以理服人"。模拟法庭辩论要求参辩人员不仅法律知识丰富、法律思维睿智，而且要求逻辑推理严密。在模拟法庭辩论中，当事人在陈述时的语气、手势和眼神都有讲究，过于随意不是法庭辩论的风格。当事人应当心平气和地娓娓道来，不需要咄咄逼人，更不需要把对方的每一个观点都驳倒，关键在于自己是否有理有据，毕竟是"事实胜于雄辩"。

师：同学们，今天的模拟法庭辩论课得到了泰州市人民法院的支持，我们衷心感谢法院的同志对我们这次教学活动的指导和帮助。（大家鼓掌）

师：现在，我们进入本课的最后一个程序，对今天的10名扮演者进行评议并给直接参加法庭辩论的几位同学分别打分。现来看一下《评分标准》和《评分表》，请看幻灯片。

（幻灯映出）

分类	思想内容	语言表达	表情姿态
具体要求	观点鲜明 事实充分 引文准确 分析深入	口齿清楚 声音响亮 感情真挚 切合身份	自然大方 助以姿势

序号	发言人姓名	思想内容40%	口语表达40%	表情神态20%	总分
1					
2					
3					
4					
5					
6					
7					
8					

我们先分小组讨论，然后每组派一名代表到台上来进行大组交流。

（学生分组讨论，教师先后参加了几个小组的讨论。）

［大组交流，每组派一名代表上台发言。在学生评议过程中，教师做适当点评（略）］

师：同学们，刚才大家的讨论非常热烈。不少同学的评议坚持一分为二，既肯定了成绩，也提出了问题。其中有一位同学提到了"人物语言的个性化"，我认为这个问题提得很有价值。例如，被告人赵山川是个文化层次只有小学三年级水平的农民，他的语言应该符合他的身份。从总体上看，被告人的两次发言基本上是符合人物的身份的，但也有个别句子需要做适当的修改。在被告人的第一次发言时，有一句"就在事发当天上午，锯木厂的小工张辉还揪我的耳朵"，"事发"一词作为赵山川的人物语言，与这一人物的身份不吻合。"就在事发当天上午"可以改为"就在我打伤小娟的那天上午"。在被告人的第二次发言时，也有一句"我服从合议庭的合议"可改为"我服从政府的判决"。此外，有的同学在评议中还提到了概念和判断的准确性，推理的逻辑性以及论辩的针对性等问题，我认为大家讲得都很好。建议同学们根据刚才大家评议后形成的一致意见，把各自撰写的发言稿再一次进行认真修改，修改后誊清到作文本上。这就是我们今天的课后作业。

师：好，现在下课。

（丁翌平整理）

[评论]

语文综合性学习的早期范例
——《模拟法庭辩论》课堂教学实录评点
韩雪屏

这个课堂教学实录充分地体现了洪宗礼语文教育观念的核心之一的"渗透说"。渗透说是洪氏对语文课程教学内部和外部各种因素关系的探讨。他认为语文课程教学内部的和外部的各种因素之间应该是一种相互关联、互相渗透的关系。

就语文课程内部各种因素而言，在这一课堂教学过程中涉及语文课程知识和语文读、写、听、说各项技能之间的关系；其中有如何阅读法律文书"庭审记录"、如何写作"法庭辩论稿";基础阅读方法系列中的速读、细读和研读;细读中的圈点批注,研读中的"比较参读"和"质疑阅读";法庭辩论试讲和实践等。应该强调指出的是:这些知识与技能都是结合在一起出现的;换言之,知识不是以单纯的静态面貌出现,而是以动态过程形式呈现的,成为指导学生听、说、读、写言语实践的程序性知识,发挥了适时地为学生的实际操作定向的作用。在这一课堂教学过程中还涉及语文活动与思维活动的关系;其中有对于庭审记录的话语概括、整理分析案情时填写表格、预测辩论动向、预设询问和答辩提纲等;这些设计把学生在阅读庭审记录、法庭辩论过程中的思考活动外化为可见可查的口头与书面语言。有学有教就必然要有评价,无评价的教学是无效或低效的。因此,课堂教学在法庭辩论阶段,虽然只选择了 10 名学生扮演法庭辩论中的各种不同角色;但是,其他学生都要参与给这 10 名学生的评议和打分,这个过程实际上也是一种自主学习活动。

从语文课程与其他学科的关系而言,洪宗礼认为,人类社会的各种活动和经验都离不开语言,各门学科知识都必须用准确、精致的语言文字来表述。于是,就形成了以语言为轴心的各门学科之间的互相沟通与渗透。因此,这个课的教学目的之一,就是把法制教育与语文教学结合起来。我们可以清晰地看到在整个教学过程中,学生所接触到的关于庭审程序、公诉人与公诉词、辩护人与辩护词、合议庭及其评议、罪行性质、犯罪原因、量刑大小、判决裁定等一系列法律常识。因此,语文课程就有效地发挥了它在基础教育阶段的多重功能与奠基作用。

从语文课程与社会生活的关系而言,这个案例把社会生活中实实在在的法律事件引进到语文课堂教学中来,使语文课程与教学成为现实法律生活的写照。在校学生不可能接触到社会生活的方方面面,但是,通过设置模拟情境,学生扮演角色,使他们了解社会、接触社会、融入社会。这种基于案例、基于问题以及基于项目的学习,体现了基于真实情境和解决复杂问题的课程设计理念。这种课程理念进一步拓宽了母语课程的内容;既反映了现实生活对教育的需求,又在不断地容纳新的教育内容；它本身具有无限开放的可能性，使语文课程与教学朝向"基于学科，超越学科，面向真实世界；始于课堂，走出课堂，融入复杂社会"的大方向发展。它为学生开辟了一条与他生活于其中的世界交互作用、持续发展的渠道，倡导学生对自我、社会和自然之间内在联系的整体认识与体验。于是，学生在探究与体验自然中不断成长，在参与和融入社会中不断成熟，在认识自我中不断完善。

值得指出的是：这一课堂教学过程是在虚拟的情境中进行的。也就是说，学生是在扮演法律庭审角色，教室是按照法庭形式布置的。但是，模拟并不等于虚假，因为学生学习的材料是真实的刑事案例，学生学习语言的任务是阅读、分析和写作由案例决定的法律文本，学生的学习过程和活动是真实发生的，模拟法庭的审判长是真实的泰州市人民法院的审判员；因此，这一模拟情境就为学生的学习任务、学习过程、师生关系带来了不容怀疑的真实性能。即便是在虚拟的情境中，学生也在真实地扮演着各种不同的社会角色，理解和体验着各种不同角色的思想和情感。角色扮演就是学生与社会联结的一种媒介物。角色扮演的特殊教育效果是：获得对有关社会问题、价值观念的知识；形成对他人的移情；培养解决人际交往问题的能力等。因为这个情境本身不仅要求学生知道做什么，怎么样做，而且还告诉学生为什么做，在什么情境中去做，做到什么程度最为理想。因此，情境本身就具有动员学习的功能，它可以激发学生学习的兴趣，唤起学生实践的欲望，维持并不断地提升学生的学习动机。这就进一步说明了当代课程知识的设计与编排应该讲述一个个真实的"知识故事"；讲清这些故事发生的时间、地点、人物、事件、过程和结果；也就是说，应该让知识和技能带着情境出现在学生面前。

最后，还应该注意的是这堂课发生在二十多年前，洪宗礼先生就以他系统辩证的语文教育观念为指导，高屋建瓴地为今日课程改革所倡导的"语文综合性学习"作出了样本，因此它尤为难能可贵。今天，当我们回顾这堂课的时候，仍然会发现它所具有的现实意义和实用价值。所以，我们把它称之为"语文综合性学习的早期范例"。

3 教学艺术镜头速写

1. 做一做 "排" 的动作

课文《孔乙己》中有这样一句：孔乙己 "对柜里说，'温两碗酒，要一碟茴香豆。'便排出九文大钱。" 老师们讲到这句，常常要抓住句中精彩的 "排" 字，或作反复提问，或作详细讲析，做番文章。确实，这个字大有嚼头。

洪老师讲这个字，却有另一种处理：

"同学们，'排'是个极平常的字，但鲁迅先生用在这儿，很有深意。请大家好好琢磨一下：孔乙己当时究竟是怎样'排'出九文大钱的，我们不妨做做看，学一学这位'上大人孔乙己'的动作，用心体会鲁迅先生用字的妙处。需要提示大家：人物的外在动作，是他内心情感的直接反映。要做好动作，必须准确把握孔乙己当时的心理状态，我给几分钟时间，大家准备准备。"

同学们一下子都愣住了，谁也想不到老师会出这样一个练习；但短暂沉寂后，便都兴奋起来：有的细读课文，想从字里行间找到表演灵感；有的托腮沉思，想象孔乙己当时的神态姿态；有的相互讨论，研究如何动作；有的则掏出一把硬币……课堂里，个个活跃，百态纷呈。

几分钟后，开始演了。

甲生走上讲台，把九枚硬币在桌面上排成一线，然后双手把硬币向前一推，并说："就这样'排'。"

"不是这样!" "不对，不对!" 甲生刚做完动作，讲台下纷纷否定。

洪老师对他说:"请你说说,你这样做动作的道理。"

甲生说: "孔乙己好喝酒,数出九个钱,双手一推,急着要喝酒哩。"

课堂里爆发出一阵笑声。

洪老师也笑着说:"你是第一个'吃螃蟹'的人,应该表扬。"

乙生走上讲台。他拿起九枚硬币,一线儿平列在右手掌心上,先得意地看了看,然后倾斜手掌,"哗"的一溜儿泻在台面上。

台下一时静默,同学们在体味这位同学的动作,未置可否。

洪老师对乙生说:"也请你说说,这样'排'的道理。"

"孔乙己今天口袋里有钱,他洋洋自得,'今朝有酒今朝醉',这个动作,就是要表现他得意的心理状态。"

洪老师说:"有点味儿了。你已能深入人物的内心进行揣摩了。可我要说,孔乙己当时不仅仅是因为有钱喝酒而得意。需要再提醒大家:人物离不开环境,别忘了孔乙己是身处咸亨酒店之中;别忘了他的地位,人们对他的态度;别忘了孔乙己这个人物具有的个性特点。"

过了一会儿,一些同学似有所悟,纷纷举手,要求做动作。

丙生上台了。他上台前,还和同桌先耳语了几句。

当他走近讲台时,同桌突然喊道:"孔乙己,你脸上又添伤疤了!"原来,他们是合计好了的,同桌当"短衣帮"这一配角。

只见他向传来声音的方向投去鄙夷的一眼,又慢条斯理、抑扬顿挫地说:"温——两碗酒,要——一碟茴香豆。""两碗"还加重了语气,说得很有滋味。

然后,他平展右手,掌心里躺着几枚硬币;他又把掌一收,五指合拢,用拇指和食指一搓捻,再用拇指把一枚硬币按到台面上,硬币接触台面上,硬币接触台面的声响,清晰可闻。九次动作,九个声响,九枚硬币整整齐齐赫然"排"在台面上……

课堂里响起了热烈的掌声。

洪老师说:"掌声肯定了你的表演。你也向大家说说,这样'排'

的道理。"

"孔乙己一进店，听到有人嘲弄他，但他是个自命清高的人，尤其在'短衣帮'面前，从不肯放下臭架子。所以，他是很有派头、郑重其事地排出了九个钱，他心中说：'我孔乙己今天不但付钱喝酒，酒还要两碗哩。我是个知书达礼之人，满肚子学问，你们竟敢笑话我？真是岂有此理!'"

洪老师称赞说："做得好，说得也好！你把'排'字的含义挖掘出来了!"

"同学们，通过以上表演我们可以看出鲁迅先生只用一个极平常的字就揭示出人物丰富的内心世界，刻画出他性格特征的一个方面：自命清高、迂腐酸臭。这样高超的'一字传神'的语言艺术，我们应当好好体会、认真学习。"

课后，洪老师说："让学生在课堂做一做'排'的动作，亲身体会一下人物的思想感情，从而悟出作者用词的匠心，这会胜过教师千言万语的分析。提问，是激发学生思维的手段，但过多过烦的提问会引起学生心理上的厌倦。实践证明，在课外组织学生演出课本剧，收益颇多，受此启发，让学生在课堂内'动一动'，在活泼的氛围中学习，这不更好?"

2. 等他60秒

洪宗礼老师正在上《皇帝的新装》。安徒生笔下有趣的情节，洪老师幽默的讲解，使50个学生都走进了奇妙的童话世界。

课文分析已近尾声。

"谁能说说，童话的结尾为什么让一个孩子来戳穿骗局?"

这问题似乎不难回答，好多学生立即举起了手。

"小孩子天真，他讲真话。"

"说得对，"洪老师既满意又不满意，又追问一句，"大家再想想，有没有更深一层的意思?"

几秒钟后，一个男孩猛地竖起手臂，"我想，我想……"话刚出口，却又"卡"住。

"不要紧张，慢慢讲。"洪老师鼓励他把话讲出来。

"我想，我想……"仍然无下文。

教室里响起了笑声。那笑声仿佛说："太冒失了，该想好了再说嘛。"

那男孩似乎听出了嘲讽，变得不安起来，脸也涨红了。

"不要怕，说错了不要紧。"洪老师仍在鼓励，但小男孩却什么都不讲了。

从教室里回荡的笑声中，从眼前这张涨红的脸上，洪老师也察觉出什么，他语气温和地对男孩说："刚才，肯定有什么从你脑中闪过，可你并没有抓牢它，它溜了。你坐下，再细细想一想。"

小男孩坐下了。30秒过去了，教室里静悄悄，有个学生疑惑起来，不解地望着老师："值得等吗？"

洪老师也用目光示意他，像是说："你自己为什么不用心去想想呢，给他时间想，也给你时间想呐。"

50秒钟过去了，教室里静悄悄。有一个女孩举起了手，她要求回答。

洪老师向她微微摇头，那意思是：请再等一等。

那举手的女孩放下了手臂。

一分钟过去了，教室里仍是静悄悄。终于，那小男孩站起来，说："我想，结尾让小孩来戳穿骗局，合情理，因为天真的小孩不知道怕，所以敢讲真话。而且让一个小孩道出事实真相，更有讽刺意义：这个皇帝连小孩都不如，真是愚蠢之极、昏庸透顶，还配做什么一国之君！"

他刚说完，洪老师高兴地说："嘿，你真把那一闪而过的东西又抓回来了，而且想得更清楚、更完整了！"

那小男孩十分高兴地坐了下去。

课文分析，又继续往下进行……

一个学生在课堂上面对教师和几十个同学回答问题，这是需要一定勇气的。教师对发言者的积极性加以保护。回答正确的理应得到表扬；回答错误的不应受到指责；回答不完整、不深刻的，应促其再思，这既是对学生的尊重，也是符合认知规律的做法。创造出一种和谐宽松的教学气氛，就会使每个学生勤于思考、乐于发言，看来，课堂里出现的这无声的一分钟，绝非是 60 个空虚的"滴嗒"啊。

3. 给 "笑" 加个形容词

《卖油翁》读讲之后，同学们几乎都能"对译如流"了，不少同学"欣欣然"而有些自满。

洪宗礼老师转身，把课文最后一句话"康肃笑遣之"写在黑板上，笑着说："请在'笑'字前面加上一个形容词，把康肃的'笑'具体化。"

同学们来劲了，"大"、"微"、"爽朗"、"冷冷"、"友好"、"挖苦"、"温和"、"客气"、"嘻嘻哈哈"、"真心诚意"……几分钟内，出现了几十种不同的"笑"，说"笑"的听"笑"的，都忍俊不禁，一时间，教室变成"笑室"了。

洪老师说："陈康肃不可能同时笑几十回呀，此时此地的陈康肃，他究竟是哪样'笑'呢？谁能准确地形容一下，要说出自己这样形容的理由。"

这么一问，充满笑声的课堂顿时鸦雀无声，你盯我，我瞧你，有的低眉翻书，有的垂首沉思……一鸟不啼山更幽，此时无声胜有声。问题看起来不难，听起来有趣，但这不是一个可以"信手拈来"的形容词，也不是一个可以"妙手偶得"的描写语，它需要学生认真钻研课文内容，深入分析人物性格才能正确地解决，这是一次有趣的，又是高层次的思维训练。

突然，一个、两个、三个……举起了右手，争相发言，课堂经过几分钟的沉寂，又水流潺潺，流动起来，活跃起来了。

"'笑'字前面可以加上'礼貌'或者'佩服'二字，因为陈康肃这个有身份、有地位的人，看到卖油翁对葫芦里注油，一滴都不漏出来，他会很佩服，很有礼貌地笑笑让卖油翁走。"

　　立即有同学表示不赞成："陈康肃一贯骄傲自大，自以为'当世无双'，怎么会佩服一个卖油的老头，还'礼貌'地笑笑呢？"

　　"'笑'字前面可以加上'抱歉'或者'惭愧'两个字，因为陈康肃看到卖油翁确实有一手，而自己原来不把卖油翁放在眼里，还气愤地指责他，卖油翁却不计较，这一对比，陈康肃心里就会惭愧起来，所以，他抱歉地笑笑让卖油翁走了。

　　又立即有同学提出异议："陈康肃是个有权有势的人，他怎么会心里感到惭愧呢？"

　　"夸奖"、"勉强"、"僵硬"、"苦恼"……一个个"形容词"在思维的火花中喷发，又在热烈的争论中接受严格的推敲。学生在思辨中"由表及里"地读书思考，"由形而神"地分析人物，"有理有据"地发言、讨论，"聚精会神"地听取争辩，教学也在不知不觉中进入了理想境界。

　　在同学们热烈讨论、争论不休的时候，洪老师笑着问大家："作者为什么写康肃'笑而遣之'，而不是让康肃说几句话再放卖油翁走呢？"这既是一个有趣有味的问题，又是一个巧妙的点拨，同学们猛地悟出来了，有同学竟成了"冒失鬼"，不举手就喊起来："他无话可说！""他愣住了！"

　　洪老师笑着说："陈康肃既然是无话可说，那么，他的'笑'应该是——"

　　"无可奈何！""尴尬！""……！"

　　瓜熟而蒂落，水到而渠成。紧张而愉快的思索，结出的是甜果子。

　　洪老师趁势讲了如何深入读书，说："只有多想，读书才有可能读透；只有多想，说话才有可能说准；只有多想，听话才有可能听明白；只有多想，写文章才有可能写清楚。想，是一个总开关。"

　　同学们十分专注……

4. "疑问" 是这样产生的

洪宗礼老师正在初一（2）班讲《人民的勤务员》。课文浅显易懂，字是常用字，词是常用词，学生普遍认为"简单"，有的学生甚至说"一览无余"、"一目了然"。预习之后，全班没有一个人提出问题。但是，洪老师心里有谱：学生没提问题，不等于没有问题；学生提不出问题，本身就是一个不小的问题。他要引导学生于不疑处生疑，让学生平静的脑海激起思维的浪花。

洪老师把课文中"他寻找一切机会为人民服务"这句话板书在黑板上，似有不解地说："这里为什么用'寻找'，而不用'利用'，或者'看准'、'抓住'呢？"这一问，学生立即忽闪着眼睛，有的默念着"寻找"、"利用"……通过一番思考，大家悟出了"寻找"的深层含义及表现力，也品尝出"于不疑处生疑"的滋味来，同学们一个个都来了神。才品评完"寻找"，就有学生举手："我觉得，'寻找一切机会'中的'一切'这个词，也应该注意推敲。"

"'一切'这个词，也值得推敲！说说看！"洪老师有意地重复，目光中充满了鼓励。

"作者为什么用'一切'，而不用'许多'，或者'很多'呢？我们只要联系下文一看，就不难找到答案……"显然，他是套用了洪老师"生疑"的思路和用语，听课的老师都微微地笑了起来。

洪老师高兴地说："这个'疑'一'生'，课文的结构就一目了然了。"他充分肯定了那位同学的发言，笑着问："你是怎么想到这个问题的？"

"受了老师的启发。"

"噢。什么启发呢？"

"老师用'利用、看准、抓住'与'寻找'相比较。"

"噢，你就用'很多'、'许多'与'一切'相比较。换词比较，可以生疑促思。是不是？"

"是的。"那位同学笑了，洪老师笑了，许多人笑了。

洪老师说："'他寻找一切机会为人民服务'，是课文的关键句。凡是文章的关键处，都要引起注意。一篇文章，从字词句章到主题思想、写作方法，可以提出许多问题。我们主要是根据文章的特点和学习的目的，抓住'疑难之处'、'关键之处'、'细微之处'、'含蓄之处'、'传神之处'，通过设问生疑，促进自己思考，以便消化、吸收文章的精华。"

同学们的思维火花被点燃了，他们一下子"生"出了几十个"疑"来，如"井喷"，又如"泉涌"：

课文为什么用"人民的勤务员"做标题？如果用"雷锋主动做好事"做标题呢？

课文开头和结尾为什么要引用雷锋的一句话？这两句引语在文章中起什么作用？

课文为什么要记雷锋的六个小故事？如果只记三四个呢？为什么不记十个、八个，几十个呢？

课文为什么先略写雷锋在列车上为旅客服务，后详写雷锋在旅途中给大嫂补票……

为什么要强调"到沈阳换车的时候，雷锋出了检票口"，就"发现一个背着小孩的中年妇女丢了车票……就上前问道……"？

"他过地下道时，在熙熙攘攘的人流中，看见一位白发苍苍的老大娘……"如果去掉"熙熙攘攘"这个词，好不好？

……

洪老师听着这一个个"为什么"，一个个"如果"，仿佛听到了春蚕在沙沙地食叶，蜜蜂在嘤嘤地采蜜，心里不由得涌起了一阵阵欣喜。他为同学们积极学习"于不疑处生疑"而欣喜，为同学们化静为动、由表及里走向思维深层而高兴。

"于不疑处生疑方是进"，这是至理。教会学生于不疑处生疑，在平静中兴波，其意义和价值，绝不只是教会学生怎样自能读书。洪宗礼老师以"淡而藏味"的范文为例子，通过对语言文字、篇章结构的辨析、探究，在"无疑"处"设疑"，于"不疑"处"生疑"，激起学生思维的兴趣，最大限度地调动学生思维潜能，逐渐由课文形式的表层进入作者表情达意的深层，由兴味淡然的阅读心态进入兴味盎然的思辨佳境，这样，学生思维的准确性、深刻性、广阔性和批判性，就在语言形式的品评、鉴赏过程中，得到了一次极为有效的锻炼。教会学生于不疑处生疑，学生就可能在人们习以为常、司空见惯的现象中，在人们以为平淡无奇而熟视无睹、不假思索的事物中，见人之所未见，思人之所未思，进而有独到、新颖的创见如春笋破土而出，有深刻、卓越的见解如新竹拔地而起，这该是多么令人欣喜和鼓舞啊。

5. 找到了一根 "辅助线"

灯下，洪宗礼老师在伏案备课。

摊在他面前的课文是李白的《行路难》。

这首诗，虽说只有二十句，八十二字，但写得腾宕跳跃、百步九折。

读诗，贵在"贯通"；讲诗，难点也在于此。

怎样启发学生准确地把握诗人复杂多变的情感，完整地理解整首诗蕴含的丰富内容？

先逐句串讲，然后再收拢小结？面对的是高三学生，他们可能不"领"这一套……

他在长时间地钻研教材，寻求教法。

洪老师说过一句话："如果说一堂好的语文课是件艺术品，那么，备课就是雕塑这件艺术品。"

现在，他做的就是这"雕塑"工作：试图求得一个不落窠臼、富有实效的方法，解决这个教学难点。

蓦地，他双眼一亮：曲线！诗人波澜迭起的情感，是一条连贯的曲线！他赶紧把这条曲线画了出来：

"金樽清酒斗十千，玉盘珍馐值万钱。"好友设宴，美酒珍馐，李白大可"一饮三百杯"，这是感情线上的第 1 个点，但诗人因仕途失意，被变相逐出京城，苦闷抑郁而"停杯投箸"、"拔剑四顾"，可见肴馔之丰盛，餐具之贵重，原是为了反衬诗人内心的苦闷之深。感情线上的第 2 个点，应处"1"之下。

"欲渡黄河冰塞川，将登太行雪满山。"这是正面写"行路"的艰难，诗人用"冰塞川"、"雪满山"象征人生道路上的艰难险阻，此两句极言怀才不遇的痛苦，深沉而又愤激，这该是感情线上的最低点"3"。

"闲来垂钓碧溪上，忽复乘舟梦日边。"诗人在心境茫然之中，忽然想起古代两位在政治上开始并不顺利，而最后终于大有作为的人物，觉得光明在前，希望尚有，感情从低谷中复又上升至"4"。

一旦回到现实，诗人在离筵上瞻望前程，又发出"行路难，行路难，多歧路，今安在"的感喟，感情在尖锐复杂的矛盾中再一次回旋，故又下跌到"5"。

但诗人倔强、自信，对光明充满执著的追求，他具有积极用世的强烈要求，这终于使他唱出了全诗的强音："长风破浪会有时，直挂云帆济沧海"，感情升腾至曲线的最高点"6"。

太好了！这条曲线的作用太大了：它串联起整首诗十二个句子，使得句与句之间贯通畅达，全诗成为一个有机的整体；它形象地反映出诗人复杂多变的感情脉络，时而低沉凄婉，忽又豪气冲天，使人清楚地了解到这些情感是如何转换的；它鲜明地显示了这首诗写作上的主要特色：跳荡纵横、承转无迹。

有了这根曲线，很多需要详细讲析的东西，便豁然在目了。

夜阑人静。洪老师为找到新的教法而兴奋不已，在备课本上"刷刷"地书写教案……

待到上《行路难》这课时，洪老师在黑板上画出了那根诗人感情曲线，让学生在了解李白生平以及写作此诗背景的情况下，依据这根曲线自己分析全诗。学生理解迅速，见解正确，分析深刻，且又兴趣盎然，起到事半功倍之效。

课后，有学生这样说："在我们求证一道几何题，久思不得之时，一经老师指出一条辅助线，思路便完全打开；想不到学习古诗，语文老师也作了一条'辅助线'，帮助我们迅速而又深刻地领会了诗的内容，诗人的情感，诗作的写作特色。"

6. 终课前的涟漪

还有几分钟就要下课了，课堂如湖水一样又渐渐恢复了平静。

忽然，风乍起，吹皱一池湖水。洪宗礼老师不紧不慢地问大家："明朝末年，有个吊死在煤山上的皇帝，说说看，他是谁？"

"崇祯。"

"怎么写？"洪老师追问。

"'崇'是'崇高'的'崇'，'祯'是'礻'旁加个'忠贞'的

洪老师板书了"崇祯"二字后，又追问："你们都知道明朝末年有个崇祯皇帝？"

"早知道了。"嗓音里有明显的"问不倒"的骄傲。

平素惜时如金的洪老师，今天这是怎么啦？怎么忽然在课堂里不紧不慢地扯起历史小常识来了呢？

洪老师忽然幽默地说："不知大家注意到没有，我们学的《阿Q正传》里，却又冒出了一个'崇正'（板书：崇正）皇帝来了！同学们看一看课文的第三自然段。"

课文上赫然写着："……穿着崇正皇帝的素"。

奇了。怎么又冒出个"崇正"来了呢？

《阿Q正传》是不朽之作，语文课文节选了其中的七、八两章。几节课里，同学们热情很高，从各个方面提了问题。这一节课，是《阿Q正传》（节选）的总结课，洪老师问大家还有什么问题，同学们是"虽欲言，无可进者"，有的已悄悄地合上了课本，套上了笔套，静待下课的钟声响了。现在，终课前几分钟，经洪老师这么一提一点，大家又立刻兴奋起来了，脑海中又激起了层层思考、探究的涟漪：

"会不会是笔误呢？鲁迅先生也是人，不是神，他也难免有笔误……"

　　"不可能有这样的笔误吧。鲁迅先生说过，写完后至少看两遍。就是第一次笔误了，那在看第二遍、第三遍的时候，总会发现、纠正的。"

　　"明朝末年的皇帝是'崇祯'，这是历史常识，几乎尽人皆知。鲁迅先生不可能把'崇祯'误写成'崇正'。"

　　这是一个涟漪。涟漪中闪动着思考、探究的光彩。

　　"会不会是印刷排版中的差误呢？"

　　"你的意见有两处站不住脚。一是仅凭猜测来解决问题，如同在沙滩上盖房子，这站不住脚，二是书下注释明确指出，'崇正'就是'崇祯'，可见，这不是什么排版的差错。"

　　又是一个涟漪。同学们的思维向着研究问题的科学性方向流动……

　　"艺术不等于历史。《阿Q正传》中的'崇正'，不等于历史上的'崇祯'。"

　　"艺术真实固然不等于历史真实，但是，艺术真实必须符合历史真实，而不能违背历史真实。鲁迅先生的《故事新编》等，都是二者完美结合的典范……"

　　这也是一个颇有生气的涟漪。同学们思维的批判性、论辩性得到了实际的锻炼。

　　此时，面带微笑的洪老师插了一句："能不能从后文用'柿油党'来代'自由党'中得到一点启发呢？"

　　一波才动万波随。立即有学生举手发言："我以为，鲁迅先生把'崇祯'写成'崇正'，很可能是有深刻的含意的，课文里用'柿油党'去代替'自由党'，讽刺艺术的效果很好。我想，用'崇正'来代替'崇祯'，至少是对封建帝王的一种讥讽和嘲弄……"

　　这差不多是一个漂亮的涟漪了。同学们思维的独立性、灵活性、深刻性很耀眼地荡漾在这闪光的涟漪中。

课堂像湖水一样，一层又一层地漾起了涟漪……

7. 一颗枣核该有多重

洪老师手托几颗生枣核走进课堂，问："它重不重?"

学生众口一词："不重。"

洪老师说： "它究竟是重，还是不重，答案在《枣核》这篇课文里。"

洪老师读课文第一段，要学生一一指出老师读错读漏的词、句。

生：漏读了"航空信"的"航空"，"再三托付"的"再三"，"东西倒不占分量"错读成"东西倒没有分量"。

师： 作者为什么要强调"信"是"航空信"？为什么要在"托付"前面特别写上"再三"二字？请用简洁、明白的话参加讨论。

生：写信人在美国，急着要家乡的生枣核，所以寄航空信给就要"动身访美"的作者，"航空信"能表示写信人心情急切。

生：那位"旧时同窗"生怕作者忘记带枣核，所以，托付了一遍又一遍。"再三托付"可以反映写信人的殷切心情。

师： 两位同学的发言简明扼要，有理有据，有说服力。下面继续讨论，"东西倒不占分量"为什么不能改成"东西倒没有分量"？

（学生阅读课文，准备发言。）

生："不占分量"，是说枣核好带。这是作者从旅行的角度说的。读过课文可以知道，几颗生枣核，寄托了那位"旧时同窗"热爱家乡、热爱故土的感情，它的分量是很重的。如果说"没有分量"，那就不对了。

生：我同意刚才同学的发言。不占分量，是说枣核个儿小，好放好带。表面上看，它分量不重，但骨子里它的分量很重，它寄托了海外华人热爱家乡、热爱故土的感情。（众笑）

师： 为什么笑呢？他的发言有什么不对吗？

生：他的发言，同别人的话重复。

师：噢。如果认为别人的观点是对的，可以表示同意，但不要重复别人的话。应该从不同的方面、不同的角度来加以说明。请联系课文，继续讨论我们提出的那个"为什么"。

生：那位旧时同窗，离开祖国快有"半个世纪"，已经是"风烛残年"的老人，还忘不掉家乡的枣核，这说明枣核在他心中，不是"没有分量"，而是很有分量。

生：那位旧时同窗，在机场得到了几颗枣核，就"托在掌心"，这个"托"字，也说明枣核很有分量。

生：我不同意。"托在掌心"，这个"托"，不是说明枣核很有分量，而是反映那位老人对枣核的爱惜、珍惜，课文上是这样写的，"托在掌心，像比珍珠玛瑙还贵重"，"贵重"是说"贵"，不是说"重"。所以，这个"托"字，是表现枣核在那位华人心中的分量很重，价值很高。

（众生频频点头）

师：这位同学否定别人的意见说理充分，同时注意态度，不讽刺挖苦别人。很好。

生：我补充一点。那位美籍华人"家庭和事业都如意，各种新式设备也都有了"，"可是心上总像是缺点什么"，他"想旧历年"，"想总布胡同里那棵枣树"，他托作者带几颗生枣核，是要"试种一下"，这就说明这几颗枣核的价值，超过了家庭和事业，超过了各种新式设备。

生：我也补充一点。刚才几位同学都是从那位华人的角度来谈枣核的，我想从作者的方面来谈枣核。课文开头，作者说生枣核"东西倒不占分量，可是用途却很蹊跷"，听旧时同窗说了思念家乡、想念总布胡同院里的枣树之后，作者在课文最后说："改了国籍，不等于就改了民族感情；而且没有一个民族像我们这么依恋故土的。"可以知道，枣核在作者的心中也是很有分量的。

洪老师带头为他的发言鼓掌，课堂一片活跃……

语文教师义不容辞地要培养学生探究思考的能力，而课堂则是提高学生探究能力的重要演练场地。如何根据教材设计讨论题目，授以参与讨论的 A、B、C，我们是可以有所作为的，而这个教学镜头对我们的启示是切实的，有益的。

8. 银杏树下的激思

此刻，是课外活动时间。初三文学社团的同学正站在校园南首的一棵银杏树下，把目光投向精神抖擞的洪老师。

洪老师动情地说："这棵古银杏树，它日复一日、年复一年地伫立着，满怀深情地迎送着同学们，满怀期待地盼望着同学们茁壮成长，早日成才。在这初中毕业的前夕，让我们一起来将这棵古银树好好地描绘一下，把它深深地刻在心中吧！"同学们被洪老师的情绪感染了，他们纷纷用富有感情的语言来形容银杏树："多么高大挺拔"、"多么巍峨壮观"、"耸天矗立"、"威风凛凛"、"树叶繁茂如巨伞"、"树干粗壮如巨人"、"质朴无华、饱经风霜，像慈祥宽厚的老人"、"不声不响、默默无闻，像我们敬爱的老师"……这些形容，恰如大珠小珠落玉盘。

洪老师又说："银杏树，已经成了我们学校的美好的象征。展翅高飞的校友们，一旦从天涯海角回到母校，都要到它身边来看看，有的还要在它身边留影纪念。"说着说着，洪老师突然把手指向学校大门口，绘声绘色地说："巧了！你们看，一位校友正向银杏树走来——"同学们聚精会神地听着，目不转睛地望着，洪老师却戛然而止。同学们急切地问："谁来啦？"洪老师极富表情地扬起两道眉毛说："请你们想象吧，他（她）可能是谁呢？"新奇而有趣的设问，使同学们产生了耳目一新的惊异感，激发起同学们的创造性思维的情绪和兴趣。"他可能是满头银发的老华侨"，"他可能是肩负重任的领导干部"，"他可能是有突出贡献的专家"，"他可能是建立战功的解放军战士"，"他可能是救死扶伤的白衣战士"，"他可能是受人尊敬的劳动模范"，"他可能是为国争光的运动员"……思维驰骋，想象丰富。

洪老师指着一位学生："假如你就是那位满头银发的老华侨校友，

当你来到银杏树下，你可能会有怎样的动作，怎样的心理活动？现在，请你给大家做一做，说一说，好吗？"

那位学生沉思片刻之后，很快地"进入角色"。只见他快步走近银杏树，双手在树的躯干上上上下下、反反复复地摩挲着，嘴里轻轻地、不断地说："我回来了，我回来了!"，"银杏树啊，你还是那样年轻，你没有老，你没有老!"说着说着，他摸出一块手帕拭起眼睛来了……

同学们愣了几秒钟，"哗"地鼓起了掌……

洪老师充分肯定了他的"小品"，称赞他"有激情，有个性"，然后，笑着问："谁来当有突出贡献的专家?""我!""我!"洪老师指着一位女同学，说："好，你来当女专家。请注意，我现在是校长。我陪你来到银杏树下。"

那位女同学边走边说："校长，母校发展很快啊!"走到银杏树下，她围着转了两三个圈子，仰头看看树冠，低头看看树根，深沉地对"校长"说："根深才能叶茂啊!只有把基础打扎实了，将来才能不断地开花结果啊!""校长"连连点头："根深叶茂，本固枝荣。"

同学们忍俊不禁，满场粲然。

"你来当建立军功的解放军战士……"

"你来当劳动模范……"

"你来当个体户校友。你在校时是个淘气鬼，现在是班主任陪着你来到银杏树下……"

不是戏剧小品，酷似戏剧小品。学生在古银杏树下，凭借生活逻辑，展开想象，构思出异彩纷呈的小品来。

一阵风吹来，刮得树叶飒飒响。风刮来几片飘飘悠悠的黄叶，洪老师的双眼始终随着这几片叶子，看着它掉下来，翻卷着，落在地上。他走过去，一片片地拾起来，又把它们轻轻地放在树根的周围，满怀深情地吟出一句古诗来："化作春泥更护花。"

"同学们，现在让你们以'十年后，我站在古银杏树下'为题写一篇想象作文，有没有'情'可'抒'，有没有'志'可'言'呀?"

"有!""有!"

情动而辞发，感情的闸门打开了之后，他们不仅感到有许多的话可说，而且强烈地感到不吐不快，只有一吐才快。

文章本是有情物。没有充沛、丰富的感情涌动，是很难写出富有激情和个性的文章来的。洪老师在作文教学中，把着眼点放在思想感情的培养上，放在思维能力的培养上，他因校制宜，因人制宜，把学生引入特定情境之中，让学生依据不同对象、不同条件、不同特点，展开想象和联想，进而把思维引向全方位、多层次，使学生思维的灵活性、敏捷性、多向性和创造性诸多思维品质得到培养，这对如何进行课外活动，如何进行作文教学，乃至如何进行阅读教学，都会是有所启迪的。

责任编辑　孙袁华
版式设计　宗沅雅轩　杨玲玲
责任校对　张　珍
责任印制　曲凤玲

图书在版编目（CIP）数据

品读洪宗礼／袁振国主编. —北京：教育科学出
版社，2009.12（2010.1重印）
　（这就是教育家）
ISBN 978 - 7 - 5041 - 4834 - 6

　Ⅰ.①品…　Ⅱ.①袁…　Ⅲ.①语文课—教学研究—中
学②洪宗礼—人物研究　Ⅳ.①G633.302②K825.46

　中国版本图书馆 CIP 数据核字（2009）第 208345 号

出版发行	**教育科学出版社**		
社　　址	北京·朝阳区安慧北里安园甲 9 号	**市场部电话**	010 - 64989009
邮　　编	100101	**编辑部电话**	010 - 64989559
传　　真	010 - 64891796	网　　址	http://www.esph.com.cn
经　　销	各地新华书店		
制　　作	北京金奥都图文制作中心		
印　　刷	北京人卫印刷厂	版　　次	2009 年 12 月第 1 版
开　　本	169 毫米×239 毫米　16 开	印　　次	2010 年 1 月第 2 次印刷
印　　张	23.25	印　　数	3 001—5 000 册
字　　数	318 千	定　　价	45.00 元

如有印装质量问题，请到所购图书销售部门联系调换。